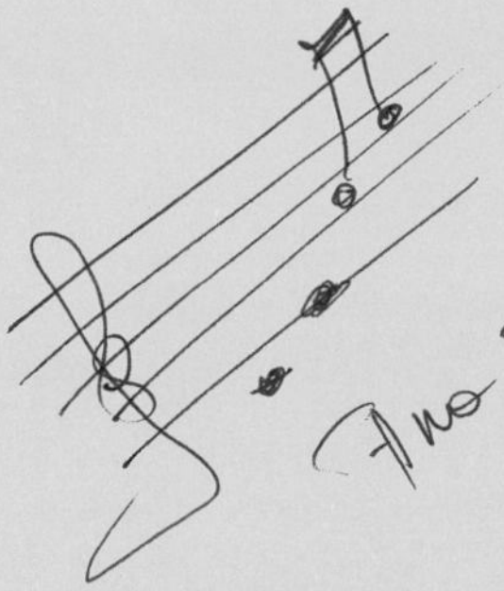

Pour petite mimi
momomimimi :
Sylvie.

Personnalisez
ou
Créez
vos
Chapeaux

Personnalisez ou Créez vos Chapeaux

Juliet Bawden
Préface de Marie Mercié

HACHETTE

Dédicace
À Douglas Bullock, qui porte admirablement bien le chapeau.

Première édition 1992,
par Charles Letts & Co Ltd, une production New Holland Publishers Ltd.
Conçu et dirigé par Anness Publishing Ltd.

Pour la présente édition :
Traduction : Olivier Le Goff
Suivi éditorial : Sylvie Gauthier
Couverture : Graph'M
Composition : Nord Compo

N° d'édition : 29313/94063
Dépôt légal : 1459 - septembre 1994
23.21.6034.01.5
ISBN : 2.0123.60.345

Imprimé à Singapour

Sommaire

Il y a quelques années, un ami américain de passage à Paris me glissa entre les mains « How to make a Hat », et ce fut le déclic : ce livre des années quarante était remarquable... mais unique. Il fallait donc en faire un nouveau !

Pourtant aucun de mes arguments passionnés ne rencontra un écho favorable auprès des éditeurs. Alors, de voyage en chapeau, de fil en aiguille, mon premier coup de cœur se trouva relégué dans le tiroir des projets.

Aussi quel ne fut pas mon enthousiasme lorsque je découvris « Personnalisez ou créez vos chapeaux ».

Cet ouvrage me plaît à plus d'un titre ; s'il est la réalisation d'un projet, il a surtout le mérite de combler un manque. Les élèves de mode, stylistes et modistes, ou plus simplement les personnes adroites de leurs mains, pourront s'y référer, puiser des idées, apprendre certains gestes... ou même détourner quelques techniques.

Une mise en page claire et agréable, des photos mettant bien en valeur les coiffes et les parures, une impertinence guillerette très britannique, font de « Personnalisez ou créez vos chapeaux » un livre drôle et joyeux, à mettre dans toutes les têtes.

Marie Mercié

Une création tout en élégance et féminité, à porter avec assurance ;
ce grand chapeau de paille souligné d'un nœud sophistiqué rose fuchsia
rehausse magnifiquement une tenue assortie *(ci-dessus)*

Coiffes dans l'histoire

Le couvre-chef sous toutes ses formes est depuis des siècles un signe extérieur de richesse, le symbole d'une nationalité, l'appartenance à une classe ou à un groupe social. Sous l'Empire romain, la couronne de lauriers était une marque d'insigne honneur. Les dames de l'aristocratie portaient des coiffes enrichies de pierres précieuses qui témoignaient de leur position au sein de la société. Dans la Grèce et la Rome antiques, seuls les citoyens libres avaient le droit de porter une coiffe. Dans l'Italie de la Renaissance, chaque grande famille détenait une coiffure de forme et de couleurs spécifiques. Le couronnement d'un souverain, quant à lui, passait par un échange de couronnes qui symbolisait l'accession à l'autorité royale.

Né comme les autres coiffures de la nécessité de se protéger des désagréments des intempéries, mais également du désir de se parer et de se montrer, le chapeau masculin n'est pourtant pas apparu en France avant le XIIe siècle. À cette époque, il emprunte sa forme aux bonnets des paysans : feutre gris initialement, il ne prendra sa teinte noire que beaucoup plus tard. Le chapeau féminin, lui, devra attendre – à quelques exceptions près, comme par exemple le port des hennins – plusieurs siècles avant de conquérir la tête de ces dames.

Sans doute peut-on expliquer ce tardif développement par le fait que pendant longtemps l'Église a exigé des femmes mariées qu'elles ne se montrent pas en public tête nue. À la Renaissance, elles portent indifféremment coiffes et bonnets, voiles et chaperons, à l'intérieur comme à l'extérieur. Et si elles commencent à emprunter aux hommes leurs véritables chapeaux, beaucoup plus pratiques, pour monter à cheval et voyager, elles ne l'adopteront véritablement comme accessoire de mode qu'au XVIIIe siècle. Le chapeau se porte alors de plus en plus et en de multiples occasions.

Chapeau bas !

L'histoire des chapeaux a toujours été indissociable de la coiffure. En Angleterre, par exemple, lorsque les femmes des classes sociales supérieures commencent à arborer de superbes anglaises, le port du chapeau s'en ressent fortement (il est vrai que les boucles avaient parfois une fâcheuse tendance à prendre de la hauteur). Ainsi, vers 1660, les coiffures très sophistiquées sont montées sur fil de laiton pour bien tenir en forme, entraînant inévitablement l'évincement passager du chapeau.

En France, un phénomène similaire atteint les couvre-chefs masculins. Si ceux-ci ont connu leur heure de gloire – allant jusqu'à entrer dans l'adage populaire avec le “Ralliez-vous à mon panache blanc” de Henri IV –, ils perdent leur panache vers la fin du XVIIIe siècle. La faute en revient... aux perruques ! C'est l'époque où celles-ci, particulièrement poudrées, nécessitent l'attention constante des gentilshommes en société. Les grands chapeaux à plumes, qui balayaient le sol, cèdent peu à peu le pas aux tricornes. La mode va même jusqu'à produire de faux tricornes, "les chapeaux de bras", aisés à dissimuler sous l'aisselle.

De la tête aux mains

Ce que les chapeaux masculins perdent, les chapeaux féminins le gagnent en hardiesse et en volume, grâce notamment à l'émergence d'un nouveau matériau, la paille. Le côté rustique du chapeau de paille séduit et connaît une grande période de vogue, confirmée notamment par la mode des robes de bergère ou de laitière inaugurée par Marie-Antoinette. C'est dans les mêmes années qu'apparaissent les professions de coiffeur et de chapelier, dont le plus fameux exemple est Rose Bertin. À la cour de Louis XVI, en 1772, quelques années avant la Révolution, elle impulse le mouvement des poufs, qui doivent, disait-elle, être capables de révéler et de manifester les sentiments. De "campagnard", le chapeau de paille devient noble, se gonflant d'une foule d'ornements comme les fleurs artificielles, et témoignant d'une grande créativité au niveau des formes qui, parfois, peuvent confiner à l'excentricité voire à la bizarrerie. C'est également de cette époque que date l'essor de la profession de modiste telle que nous pouvons la connaître aujourd'hui.

Mary, comtesse Howe, dont Gainsborough (XVIIIe siècle) fit le portrait, porte un costume de bergère en vogue à l'époque, ainsi qu'un chapeau de paille assorti. *(Ci-contre, en haut)*

Chez la modiste, par Edgar Degas (1883) : deux femmes essaient des chapeaux de paille. C'est l'époque où les chapeaux sont abondamment garnis de fleurs, de rubans et de dentelles. *(Ci-contre, au centre)*

Départ pour le casino, par G. Barbier (1923) : la femme représentée arbore des formes et des motifs caractéristiques du style des années vingt. *(Ci-contre, en bas)*

Les influences modernes

Au XIXe siècle, l'émergence d'une classe moyenne et l'augmentation du temps de loisirs permettent à un plus grand nombre de faire l'acquisition d'articles de luxe comme les chapeaux. Les journaux et magazines féminins qui donnent les dernières tendances de la mode n'hésitent pas à proposer des patrons de chapeaux à réaliser soi-même, accentuant encore plus nettement, vers 1900, la différence de classe sociale entre la femme "en cheveux", c'est-à-dire l'ouvrière, et celle qui sort couverte dans la rue.

Au cours du XXe siècle, le style des chapeaux évolue constamment avec la mode féminine, s'adaptant de même aux divers mouvements artistiques qui voient le jour : si déjà on pouvait déceler en 1898 la patte du modern style dans le jeu des lignes courbes, inspirées par le style Louis XV, on retrouve la note du cubisme dans les chapeaux cloches des années 1925-27, à bords étroits, dépouillés de tous ornements ou décorations, aux arêtes et découpes plus vives, plantés sur des cheveux coupés à la garçonne. Les restrictions et le manque de "matières premières" qu'entraîne l'Occupation permettent en revanche l'éclosion de modèles plus innovants les uns que les autres. Le chapeau devient un exutoire et le turban, lui, y gagne ses lettres de noblesse.

Le cinéma, et plus particulièrement Hollywood, pénètre de plus en plus la vie quotidienne, imposant peu à peu ses modèles ; ainsi, dans les années soixante, alors que l'industrie chapelière est en plein déclin, les femmes se remettent à porter des bérets, imitant en cela l'exemple de Faye Dunaway dans *Bonnie and Clyde*. Les années soixante-dix, elles aussi période de vaches maigres pour les modistes, connaissent pourtant quelques sursauts, grâce à des films comme *Gatsby le Magnifique* où l'allure des années vingt et les coiffures garnies de perles sont remis à l'honneur. Quant à la vogue des grands chapeaux pour hommes portés bas sur les yeux, elle est due au retentissement de *Annie Hall* de Woody Allen.

Aujourd'hui

Avec les années quatre-vingt s'affirme une renaissance du port du chapeau, dont il faut chercher l'origine dans le processus d'identification aux nombreuses pop stars et autres personnalités qui initièrent cette tendance. De nos jours, le chapeau est devenu un moyen de gagner, par la tenue vestimentaire, une liberté d'expression plus grande. Grâce à cela, la profession de modiste reprend son souffle, et des boutiques spécialisées soutiennent une tendance qui avait pu sembler s'infléchir il y a encore peu de temps.

Ce jeune Afghan porte un chapeau typique de son pays, dont la broderie est entièrement réalisée au point de croix. Cette forme se retrouve dans la calotte grecque. *(Ci-dessus)*

Coiffes et folklore

Cet enfant du nord de la Thaïlande porte un chapeau typique à pompons, perles et broderies. *(Ci-contre, en haut)*

Le turban, noué plus ou moins lâche, offre une protection contre le soleil et se rencontre dans de nombreux pays chauds, comme ici au Guatemala. *(Ci-contre, en bas)*

Pratiquement tous les pays ont un ou des costumes folkloriques, mais au cours de ce siècle les particularismes vestimentaires ont été lissés, et d'un pays à l'autre on a de plus en plus tendance à adopter une tenue similaire. Cela tient à un certain nombre de facteurs : des méthodes de fabrication moins onéreuses et plus faciles, le poids accru de la communication, de la publicité et des industries de la mode.

Les costumes folkloriques répondaient souvent à des contraintes très pratiques, comme par exemple le climat, les matières disponibles, les règles locales de bienséance, et les chapeaux ont toujours joué un rôle important, abritant du soleil par temps chaud, du froid en hiver, et, dans certains endroits, permettant aux femmes d'être dissimulées.

Dans les pays chauds, on observe une tendance aux chapeaux à larges bords qui protègent le visage et la tête, ou le recours aux turbans qui peuvent être noués serrés ou lâches autour de la tête, selon les coutumes. Ainsi en Afghanistan, le turban peut être attaché sous le menton ou comporter une traîne qui passe sur l'épaule après avoir masqué le nez et la bouche. Ailleurs encore, comme en Arabie Saoudite, en Algérie ou au Maroc, ce sont des vêtements flottants qui couvrent la tête et le corps tout entier. Certaines régions de différents pays, sans partager une histoire commune, ont cependant connu un même développement industriel : tel est le cas de la France, la Suisse, l'Autriche, la Finlande, l'Estonie, la Tchécoslovaquie qui possèdant un grand savoir-faire en matière de dentelle et de broderie ont su le décliner et l'adapter aux coiffes de femmes.

Variations sur un thème

Il est fréquent que la mode prenne pour point de départ d'une création un chapeau folklorique traditionnel, et qu'elle l'adapte aux tendances ou goûts de l'époque. L'exemple le plus révélateur à cet égard est sans nul doute celui du béret – une coiffure que l'on retrouve dans le *blue bonnet* des Royal Highlands et dans certaines régions de Grèce – : tricotée par les bergers des Pyrénées, qui la moulaient ensuite sur leur genou, cette toque aplatie a connu un essor important à la Restauration, et a su conquérir depuis quelques années le nouveau public des jeunes. De même, le chapeau melon, signe distinctif du gentleman britannique, semble être l'avatar d'un chapeau traditionnel porté par les Péruviennes. Quant à la calotte, on la retrouve dans de nombreux costumes, de la Macédoine au Pakistan, en passant par la Malaisie.

Au fil du temps, les chapeaux et coiffes folkloriques ont ainsi été "revisités" donnant de nouveaux modèles qui ont privilégié la couleur ou le motif décoratif, la forme ou bien encore les matières.

Créations sans frontières

Pour Philip Treacy, l'élément le plus important, pour créer un chapeau parfait, est l'attitude. Le chapeau doit se porter et s'assumer, et non pas l'inverse : il ne doit en aucun cas donner l'impression qu'il n'est là que pour cacher un éventuel défaut physique ! *(Ci-contre)*

Autrefois, les femmes ne juraient que par les créations françaises ; aujourd'hui, les Britanniques orchestrent la mode des chapeaux. Il est vrai que les Anglaises, à l'image de leur reine, n'hésitent pas à arborer de superbes couvre-chefs, en toutes circonstances.

Parmi les plus célèbres créateurs contemporains d'outre-Manche, citons Graham Smith, Stephen Jones, Philip Somerville, John Boyd, David Shilling ou encore les Anglais d'adoption tels Philip Treacy et Frederic Fox. Le Royal College of Art de Londres a même créé un prix qui permet à un styliste diplômé de suivre une formation en chapellerie ; le premier à en avoir bénéficier fut l'Irlandais Philip Treacy, dont les créations furent très remarquées lors du défilé de Karl Lagerfeld pour Chanel, en 1992. Si son parcours est exemplaire, puisque Treacy connut la notoriété au bout d'un an de production, il montre surtout à quel point, aujourd'hui, le chapeau peut jouer un rôle essentiel dans la mode et la haute couture.

Mais chaque pays possède ses propres talents et, les distances n'étant plus un obstacle, les maîtres du chapeau n'hésitent pas à passer d'un continent à l'autre pour travailler avec tel ou tel créateur de mode. Comme dans la haute couture, les créateurs ont tendance à ne viser que leurs clientes attitrées. Pourtant, ils sont de plus en plus nombreux à monter des collections, dont la diffusion plus large permet de toucher un public moins restreint, ou à s'associer ponctuellement avec les grands de la mode.

On assiste même aujourd'hui à un phénomène très intéressant : viennent à la création de chapeaux des stylistes dont la formation était initialement autre : par exemple la création sur textile, la céramique, la feutrerie, la bijouterie, le graphisme, le tissage ou le tricotage. Les productions y gagnent bien souvent en effets de textures, en utilisation de matériaux divers, en nouvelles formes, sobres ou plus excentriques par exemple, qui se répandent dans le monde entier.

L'émergence et le développement de cette nouvelle génération de "têtes pensantes" promet beaucoup d'éclectisme dans les créations futures.

Quelques créations de trois stylistes britanniques de renom : dans le sens des aiguilles d'une montre, Bailey and Tomlin, Graham Smith, Viv Knowland.

Attention au style

Il est très important que le chapeau que vous aurez choisi convienne à votre teint et à votre tenue, et que vous vous y sentiez bien. Ci-contre, un tricorne en feutre aux teintes douces et flatteuses, agrémenté de brandebourgs et d'une plume d'autruche. Il s'accorde parfaitement avec une tenue d'hiver. *(Herald and Heart Hatters)*

De nos jours, ce ne sont plus forcément les variations climatiques ou météorologiques qui conditionnent le port du chapeau, et les codes vestimentaires sont moins formels qu'autrefois. Autrement dit, en portant un chapeau aujourd'hui, on affirme plutôt sa personnalité, son humeur et son style. Le chapeau devient la touche finale d'une composition, sans jamais écraser celui ou celle qui le porte ; considéré comme accessoire, il doit bien évidemment s'accorder avec l'ensemble de la tenue vestimentaire. Un certain nombre de considérations sont donc à prendre en compte avant d'acheter ou de fabriquer un chapeau : la couleur doit être seyante au teint, le style, en accord avec la personnalité et convenir pour l'occasion ; il faut de même évaluer s'il sera un accessoire dominant dans la tenue ou au contraire un élément venant la souligner…

On sait que le style d'une coiffure donnée ne va pas à tout le monde ; eh bien, cela est également vrai pour les couvre-chefs. Le petit guide qui suit devrait vous permettre de choisir un chapeau selon la forme de votre visage. De plus, vous avez tout intérêt à passer un peu de temps dans un grand magasin ou une boutique de chapeaux : essayez des styles très différents, regardez-vous toujours dans une glace en pied, car le chapeau doit faire contrepoids à la taille, au décolleté et au bas de la tenue. Veillez aussi à ce qu'il soit parfaitement à votre taille. Trop petit, il donnera une impression de déséquilibre ; trop grand, il risque de vous gêner. N'oubliez pas non plus qu'en embellissant un chapeau, vous pouvez en modifier notablement les proportions, surtout si les ajouts consistent en de grosses fleurs en tissu ou en plumes d'oiseau.

La forme du visage

Ces conseils vous aideront à choisir un style de chapeau selon la forme de votre visage. Il est bon aussi d'avoir en tête quelques astuces : par exemple, une femme un peu enveloppée souhaitant porter un chapeau de petite taille aura intérêt à élargir l'ensemble avec des voiles ou d'autres garnitures.

VISAGE CARRÉ

Portez le chapeau de biais ou incliné, ou avec les bords asymétriques.

VISAGE ÉTROIT

Évitez les chapeaux étroits et tout en hauteur. Préférez les chapeaux à bords et les modèles un peu amples.

VISAGE LARGE

Choisissez des modèles qui dégagent le visage, par exemple les chapeaux bretons ou les toques portés un peu en arrière.

VISAGE ROND

Évitez les chapeaux du genre fez ou de forme un peu conique. Préférez les grands chapeaux, plus seyants, ou les chapeaux à bords portés plus ou moins inclinés. Veillez à ce que la calotte ne soit pas plus étroite que le visage, sauf si le bord est l'élément le plus important du chapeau.

VISAGE EN FORME DE CŒUR

Si vous avez des pommettes larges ou un visage en forme de cœur, réjouissez-vous ; vous pouvez vous permettre à peu près tout : turbans serrés, chapeaux cloches, chapeaux à la Devonshire, chapeaux bretons, canotiers… pourvu que la calotte ne soit pas plus étroite que la distance entre vos pommettes. Portez tous ces chapeaux droit.

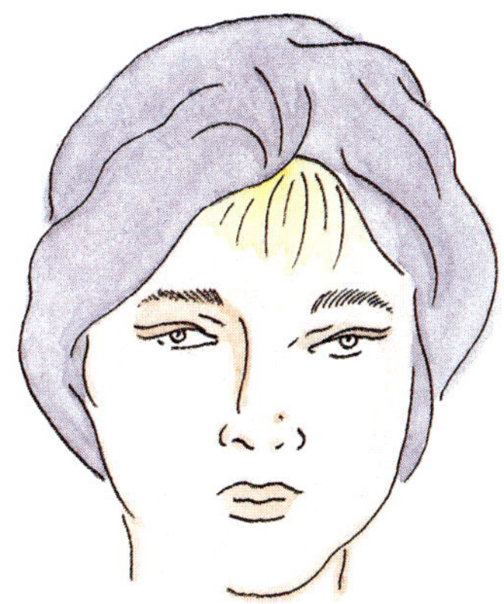

NEZ IMPORTANT

Coiffez-vous en penchant votre chapeau vers l'avant et non vers l'arrière. Un bord ou une visière sont recommandés : ils attireront le regard et le détourneront de votre nez.

Les types de chapeaux

La mode est un monde en perpétuel mouvement qui fait subir aux chapeaux des modifications constantes, à tel point que c'est généralement grâce à eux qu'il est possible de dater une vieille photo de famille. Voici les principaux types de chapeaux.

Béret

Boîte

Cloche

BÉRET

Symbole du Français, le béret peut prendre des allures différentes : plat ou gonflé, petit ou large… c'est le cas du béret basque, qui se diffusa hors de France pendant la Première Guerre mondiale, ou du béret écossais, nettement plus volumineux.

CLOCHE

Les bords sont assez courts et encadrent le visage la plupart du temps.

BOÎTE OU PILLBOX

Comme son nom l'indique, c'est un chapeau à fond rond, plat et qui se porte haut sur la tête, légèrement incliné. Une petite boîte garnie s'appelle un bibi.

TOQUE

Ce chapeau sans bord, parfois renforcé par un petit rebord rigide, s'emboîte bien sur la tête.

TURBAN

Venu d'Orient, il consiste en un drapé qui épouse la forme du crâne et se ferme au-dessus du visage par un nœud ou des plis. Très seyant aux personnes d'un certain âge, il peut cependant avoir des adeptes plus jeunes. Simone de Beauvoir le portait systématiquement.

BRETON

Il reprend, avec ses bords ronds, la forme des chapeaux de paille en usage chez les marins bretons.

CASQUETTE

Petite coiffure plate à visière qui enserre la tête.

CAPELINE

C'est un chapeau à grands bords plats courant tout le long de la tête. De tous les chapeaux, c'est sans aucun doute l'un de ceux qui produisent le plus d'effet et mettent le mieux en valeur la personne qui le porte.

CHAPEAU À LA DEVONSHIRE

C'est un chapeau dont les larges bords sont rabattus sur le visage et à l'arrière. Il évoque les mondanités de la belle saison. Il doit son nom au célèbre portrait de la duchesse de Devonshire qu'en fit le peintre anglais Gainsborough.

Toque

Casquette

Turban

Capeline

Breton

Chapeau à la Devonshire

POUR LES HOMMES

Parmi les types de chapeaux pour hommes que l'on rencontre fréquemment, citons le panama, la casquette, le melon, le canotier, le borsalino, le haut-de-forme ou le casque d'aviateur. La mode pour femmes s'en est inspirée au fil du temps.

Créez vos chapeaux

De nombreux artistes se tournent aujourd'hui vers la création de chapeaux, alors même que leur formation initiale est toute différente – textile, céramique, bijouterie, graphisme, tissage, tricot ; les chapeaux, en effet, leur autorisent une très grande liberté et permettent de donner cours à leur créativité. Sur la page ci-contre sont regroupées quelques-unes de ces réalisations dont on mesure toute la variété. Ces modèles sont expliqués et décomposés, étape par étape, dans les pages qui suivent. Pour les réaliser, il vous suffit de connaître quelques points de couture classiques et de travailler des tissus très simples. Pour ceux dont la technique demande un peu plus de maîtrise – points de broderie plus particuliers –, vous pouvez vous reporter aux conseils pratiques regroupés dans le chapitre "Techniques". Très vite, vous vous apercevrez que créer des chapeaux est à la portée de tous et procure bien des satisfactions.

Paille mondaine

Un chapeau de paille tout simple devient en un tour de main un magnifique accessoire pour les mondanités de l'été… Il suffit, par exemple, de rehausser la couleur verte de la paille par une garniture noire. Mais il ne s'agit là que d'une suggestion, et rien ne vous empêche d'opter pour une autre combinaison de couleurs : bleu marine et blanc, rose fuchsia et pourpre, ou noir et blanc, dont l'association est particulièrement élégante. Vous pouvez également varier les ornements et en jouer, recourir à des nœuds, des plumes, des voilettes…

PRÉPARATION

Cousez à la main le gros-grain à l'intérieur de la calotte, en piquant simplement le bord inférieur.

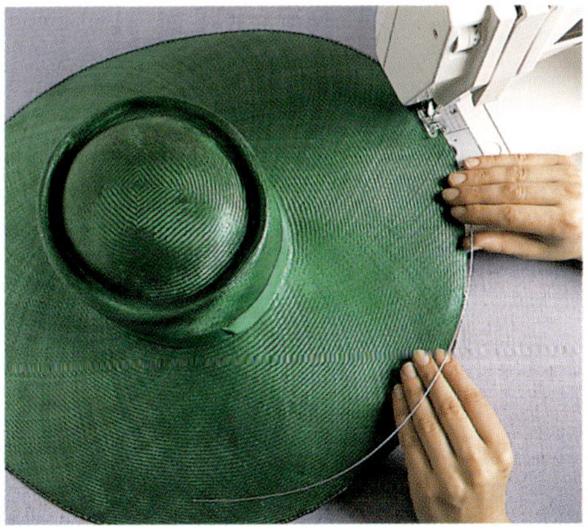

1 Renforcez le bord du chapeau avec du fil de laiton et fixez-le, à la machine, par de larges points zigzags (comme pour surfiler).

2 Prenez le gros-grain de 1 cm de large. Pliez-le en deux dans le sens de la longueur, et tournez-le : à l'aide d'un fer à repasser chaud, donnez-lui une forme courbe tout en l'étirant.

FOURNITURES & MATÉRIEL

ruban gros grain de 2 cm de large pour l'intérieur du tour de tête (prévoir 2 cm supplémentaires pour le croisement)
chapeau de paille
fil
fil de laiton (longueur : la circonférence du bord externe + 4 cm)
ruban gros grain de 1 cm de large (prévoir, pour la longueur, la circonférence du bord + 2 cm)
ruban gros grain de 2 cm de large (prévoir la circonférence de la calotte + le chevauchement des extrémités)
voilette
roses et feuillage de même couleur que la voilette
aiguille
machine à coudre
ciseaux de tailleur
fer à repasser

Cet élégant chapeau de paille vous mettra en valeur en maintes occasions. Le bord est renforcé par du fil de laiton et agrémenté d'un gros-grain assorti à la couleur de la garniture, des ornements floraux et de la voilette. *(Ci-contre)*

3 Piquez à la machine, à points droits, le gros-grain sur le bord externe, sans trop serrer, en commençant et en finissant par l'arrière du chapeau. Si vous craignez de rater cette étape à la machine, cousez à la main, à petits points invisibles.

4 Piquez le gros-grain de 2 cm au bas de la calotte, en mettant la couture finale bien au dos du chapeau.

5 Disposez la voilette sur la calotte, épinglez progressivement, et cousez une fois que le résultat obtenu vous satisfait. Limitez-vous à quatre ou cinq points, de façon à laisser la voilette souple.

6 Fixez les roses et le feuillage ; vous pouvez varier la décoration en piquant non pas une seule rose à l'arrière du chapeau, mais plusieurs de chaque côté de la calotte.

Ce chapeau de paille noir supporte des décorations de couleurs très contrastées : plumes d'un rose soutenu, ruban noir, nœud moiré rose pâle. Ces fournitures sont assez chères, mais font des ornements très faciles à réaliser. *(Page de droite : Herald and Heart Hatters)*

Calotte grecque

La calotte grecque, très portée à la fin du siècle dernier, était souvent rehaussée de cordons de soie, de glands, de broderies ou de motifs subtils en patchwork. Selon les goûts, il est possible de décorer les deux parties de la calotte ou une seule. La confection d'une telle calotte ne nécessite ni équipement sophistiqué ni savoir-faire particulier : il suffit d'une simple machine à coudre et de beaucoup de minutie.
Le modèle proposé ici est en faille, c'est-à-dire un tissu de soie à gros grain qui se tient, mais pratiquement tous les textiles se prêtent à sa confection : coton, velours côtelé ou non, ou tissus délicats.

PRÉPARATION

Reproduisez six fois le modèle ci-contre en respectant les dimensions indiquées dans le dessin ci-dessous.

Le modèle reproduit est environ deux fois plus petit que les dimensions réelles.

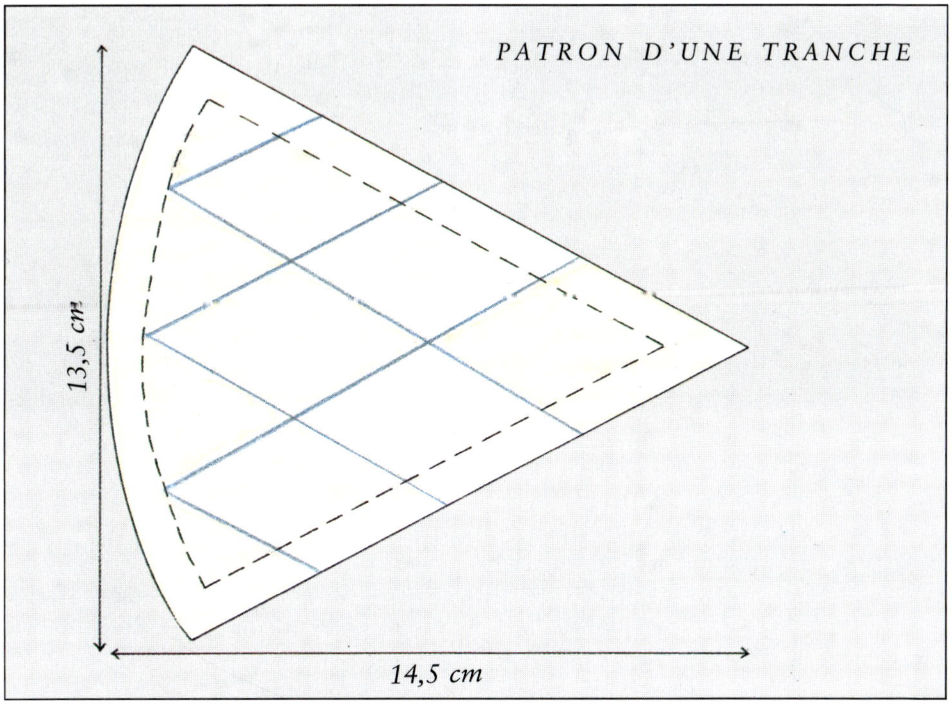

FOURNITURES & MATÉRIEL

coupon de faille noire (30 cm x 40 cm)
toile thermocollante double face (50 cm x 100 cm)
coupon de faille dorée (50 cm x 100 cm)
rembourrage en polyester fin (50 cm x 100 cm)
doublure rigide (10 cm x 75 cm)
étamine (50 cm x 100 cm)
fil rouge, fil noir
coupon de faille rouge (10 cm x 10 cm)
nécessaire pour recouvrir un bouton
cordon fin (120 cm)
doublure en acétate (50 cm x 100 cm)
papier calque
règle
crayon
ciseaux à papier
épingles de couture
fer à repasser
ciseaux de couture
machine à coudre
pièce de monnaie ou rondelle de petites dimensions
aiguille

Très seyante, cette calotte va aussi bien aux hommes qu'aux femmes.
(Page de gauche : Sarah King)

Découpez dans le papier calque un patron de 70 cm x 8 cm pour le tour de calotte. Disposez en rond les morceaux de papier de façon à former un cercle, puis épinglez-les sur le patron ; ajustez la calotte à votre tête. Collez la soie noire sur la toile thermocollante. Dessinez le motif en losanges sur le papier, puis découpez. Découpez ensuite, à chaque fois dans la dimension 70 cm x 8 cm, un morceau de chacune des matières suivantes : faille dorée, matière de rembourrage et doublure rigide. Superposez les trois dans le même ordre, la faille tout au-dessus. Procédez de même en prenant cette fois de la faille dorée, de la matière de rembourrage et de l'étamine, dans la dimension 30 cm x 40 cm ; bâtissez les trois épaisseurs en suivant les motifs.

1 Collez au fer les losanges noirs sur la faille dorée en vous conformant aux instructions du fabricant. Piquez à la machine les losanges noirs sur les pièces dorées avec un petit point zigzag.

2 Découpez chaque tranche, puis assemblez tous les bords à la machine, de façon à confectionner le fond entier de la calotte.

3 Collez la soie rouge sur la toile thermocollante double face. Dessinez-y puis découpez-y, en suivant le contour d'une pièce de monnaie de petits cercles. Placez ces cercles sur la calotte, et cousez-les. Recouvrez le bouton de soie rouge, cousez-le au milieu du fond de calotte.

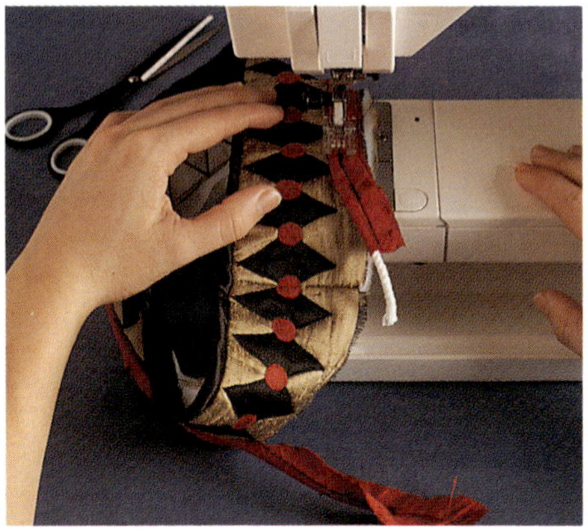

4 Coupez le cordon en deux parties égales, puis découpez dans le biais deux bandes de faille noire et de faille rouge larges chacune de 2,5 cm. Habillez-en les deux morceaux de cordon. Bordez de chaque côté le tour de la calotte avec les cordons.

5 Assemblez à l'aide d'épingles cette partie et le fond de la calotte, puis bâtissez. Faites un essayage et ajustez éventuellement. Cousez les deux extrémités du bandeau, puis le fond de la calotte.

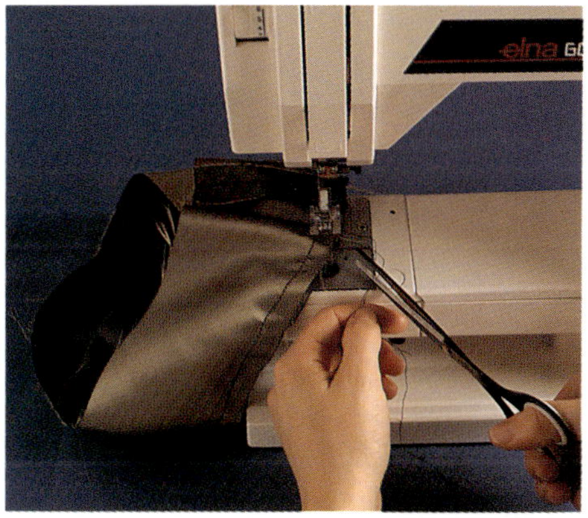

6 Pour faire la doublure, découpez un cercle de diamètre légèrement plus grand que celui du fond extérieur, puis une bande de même dimension que le tour de calotte en n'oubliant pas de rajouter 1 cm pour la couture. Piquez endroit sur endroit les deux pièces ensemble.

7 Placez la doublure dans la calotte, épinglez. Cousez le fond au point invisible. Retournez vers l'intérieur le bord du bandeau, faites un point d'ourlet en masquant toutes les irrégularités à l'intérieur de la calotte.

Quatre variations pour une calotte : rubans, losanges ou cerfs-volants en constituent les motifs.
(Ci-dessus : Sarah King)

Chapeau de cocktail

Délicieusement frivoles, les chapeaux de cocktail sont souvent de petite taille et se portent plutôt perchés sur la tête. Celui que nous vous proposons ici se compose d'une calotte de paille habillée d'un tissu broché et de velours, ornée d'une voilette qui donne la touche finale. Vous pouvez utiliser des matières très diverses pour faire un chapeau de cocktail, mais il est préférable de commencer par des matières un peu lourdes : celles utilisées ici, ou panne de velours, feutre, dentelle épaisse ou satin assez épais. La colle a en effet tendance à se voir sous les matières légères ; lorsque vous aurez acquis un peu d'expérience, vous pourrez travailler sur des soieries, dentelles ou jerseys plus minces.

FOURNITURES & MATÉRIEL

cône de paille (disponible dans quelques boutiques spécialisées ou chez certains grossistes) ou calotte prélevée sur un vieux chapeau de paille
cercle de tissu broché (prévoir de quoi recouvrir le chapeau + 5 cm à rabattre)
fil
coupon de velours (90 cm x 8 cm)
coupon de tissu broché (90 cm x 8 cm)
voilette
doublure (prévoir de quoi doubler l'intérieur de la calotte + la couture)
fil élastique ou peigne pour maintenir le chapeau en position
colle à tissu
aiguille
épingles

1 *Encollez sur une largeur de 2 cm le bandeau de la calotte ou du cône de paille.*

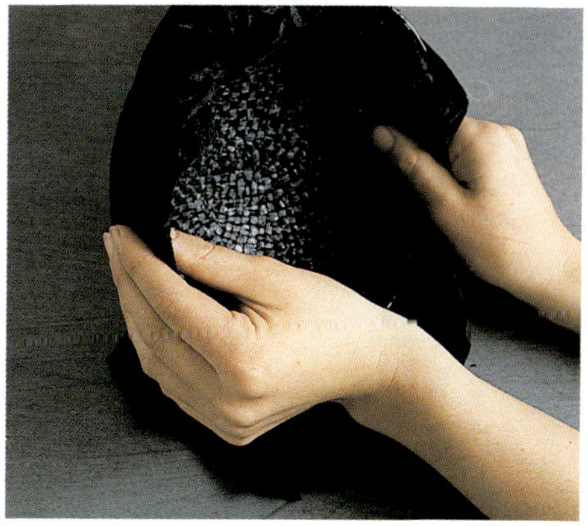

2 *Appliquez le cercle de tissu dessus ; tirez-le de façon uniforme vers le bord en éliminant bien les plis, puis repliez le bord à l'intérieur.*

Le chapeau de cocktail à réaliser se trouve à l'arrière-plan. Devant lui, une variante pour les fêtes : velours rouge et feuilles de houx, agrémentés d'une voilette bordée de paillettes. *(Variante page de gauche : Herald and Heart Hatters)*

3 Cousez le tissu, sur la face interne de la calotte, en pratiquant de tout petits points.

4 Confectionnez deux "boudins" dans des matières différentes : l'un dans le même tissu broché qui a servi à recouvrir la calotte, l'autre, dans du velours ; comptez 8 cm de largeur et 1 fois 1/4 la circonférence de la calotte pour la longueur.

5 Tressez les deux boudins ensemble sans trop serrer, épinglez-les sur le bord de la calotte. Fixez-les par un point invisible (pour avoir des précisions sur la façon de confectionner un boudin, reportez-vous à la page 75 "Décorer un feutre").

6 Froncez et disposez la voilette en un faux nœud ; cousez-le sur l'arrière du chapeau.

7 pour la doublure, découpez un cercle de tissu (en prévoyant 1 cm supplémentaire pour la couture). Collez-le, au centre, glissez les bords vers l'intérieur et cousez-les. Pour que le chapeau ne bouge pas sur la tête, cousez un peigne à l'arrière de la doublure ou un fil élastique.

Dans toute leur simplicité, ces deux chapeaux de cocktail sont très élégants. Les épaisses dentelles qui les recouvrent les décorent tout en leur donnant du relief.

(Ci-contre : Gilly Forge)

Bonnet de laine

Ce sympathique bonnet au bord torsadé et émaillé de points de broderie peut être tricoté avec ou sans oreillettes.

FOURNITURES & MATÉRIEL

100 g de grosse laine (6 fils)
laine de couleur contrastée pour la broderie
2 aiguilles à tricoter (5 mm)
aiguille circulaire
4 aiguilles à chaussettes n° 6
aiguille à broder

Abréviations
AC8A = glisser 4 mailles sur l'aiguille circulaire et retenir à l'avant de l'ouvrage, 4 mailles à l'endroit, puis 4 mailles à l'endroit avec l'aiguille circulaire ; AC8D = glisser 4 mailles sur l'aiguille circulaire et retenir à l'arrière de l'ouvrage, 4 mailles à l'endroit, 4 mailles à l'endroit avec l'aiguille circulaire. GER = 1 maille glissée, 1 maille à l'endroit, rabattre.

Deux bonnets tricotés dans des couleurs différentes, avec ou sans oreillettes. On voit distinctement la broderie venant en contraste au point de tige. *(Page de gauche : Jennie Atkinson)*

Échantillon
17-18 mailles et 25-26 rangs pour un carré de 10 cm de côté (point de jersey et aiguilles n° 6).

Tour du bonnet
Montez 24 mailles.
Rang 1 4 mailles à l'endroit, 2 à l'envers, 16 à l'endroit, 2 à l'envers.
Rang 2 2 mailles à l'endroit, 16 à l'envers, 6 à l'endroit.
Rang 3 Id. au rang 1.
Rang 4 Id. au rang 2.
Rang 5 4 mailles à l'endroit, 2 à l'envers, AC8 A deux fois, 2 à l'envers.
Rang 6 Id. au rang 2.
Rangs 7 à 10 Id. aux rangs 1 et 2 alternés 2 fois.
Rang 11 4 mailles à l'endroit, 2 à l'envers, 4 à l'endroit, AC8D, 4 à l'endroit, 2 à l'envers.
Rang 12 Id. au rang 2.
Répétez les rangs 1 à 12 jusqu'à ce que l'ouvrage mesure 50 cm, fermez.

Fond du bonnet
Montez 96 mailles.
Tour 1 Montez 2 tours de mailles avec des aiguilles à chaussettes n° 6.
Tour 4 (GER, 12 mailles à l'endroit, 2 ensemble à l'envers) ; répétez 6 fois. 84 mailles. Faites 3 tours à l'endroit.
Tour 8 (GER, 10 mailles à l'endroit, 2 ensemble à l'envers) ; répétez 6 fois. 72 mailles. Faites 3 tours à l'endroit.
Tour 12 (GER, 8 mailles à l'endroit, 2 ensemble à l'envers) ; répétez 6 fois. 60 mailles. Diminuez de la sorte tous les 4 tours jusqu'à ce qu'il ne reste plus que 24 mailles. Coupez le fil, passez-le dans les mailles restantes et fixez.

Oreillettes
Montez 18 mailles.
Montez 28 rangs au point de côte.
Rang 29 2 mailles ensemble à l'endroit, 14 à l'endroit, 2 ensemble à l'endroit.
Montez 2 rangs.
Rang 32 2 mailles ensemble à l'endroit, 12 à l'endroit, 2 ensemble à l'endroit.
Montez 2 rangs.
Rang 35 2 mailles ensemble à l'endroit, 10 à l'endroit, 2 ensemble à l'endroit.
Rang 36 À l'endroit.
Rang 37 2 mailles ensemble à l'endroit, 8 à l'endroit, 2 ensemble à l'endroit.
Rang 38 2 mailles ensemble à l'endroit, 6 à l'endroit, 2 ensemble à l'endroit.
Rang 39 2 mailles ensemble à l'endroit, 4 à l'endroit, 2 ensemble à l'endroit.
Rang 40 2 mailles ensemble à l'endroit, 2 à l'endroit, 2 ensemble à l'endroit.
Rang 41 2 mailles ensemble à l'endroit, 2 fois.
Rang 42 2 mailles ensemble à l'endroit. Coupez le fil et glissez-le dans les mailles restantes en laissant dépasser 15 cm.

Détail des torsades utilisées pour le tour du bonnet. *(Ci-dessus)*

Pour terminer
Cousez le bandeau en cercle pour former le tour du bonnet. Assemblez-le avec le fond au point lancé, couture à l'extérieur. Essayez le bonnet, positionnez les oreillettes. Cousez-les à l'intérieur à 1 cm du bord.

Brides
(instructions pour une bride)
Prenez un fil de couleur différente de 1 m de long. Pliez-le en deux, nouez les extrémités. Tenez fermement le nœud dans la main gauche, passez l'index droit au niveau de la pliure du fil, torsadez en tournant autour du doigt jusqu'à ce que le fil se replie de lui-même. Fixez solidement cette torsade au fil que vous avez laissé dépasser de l'oreillette.

Broderie
Prenez un fil d'une couleur différente et surfilez autour de la couture du fond et du bandeau. Cousez autour des oreillettes et, pour terminer, entre une torsade et une côte.

Bonnet de bébé

Appelons-le bonnet de bébé, même s'il est destiné aux chers petits âgés de 7 à 30 mois... Le même schéma de base permet de réaliser cinq bonnets différents.

FOURNITURES & MATÉRIEL

50 g de laine 4 fils pour la couleur de fond

2 aiguilles à tricoter n° 10

Décoration : paillettes, perles, fausses pièces de monnaie, morceaux de laine

Échantillon
23 mailles et 33 rangs pour un carré de 10 cm de côté, au point de jersey, et des aiguilles à tricoter n° 10.

Bonnet de base

Montez 115 mailles.
Tricotez au point de jersey en commençant par un rang à l'endroit, jusqu'à ce que vous obteniez 14 cm de tricot ; terminez par un rang à l'envers.

Haut du bonnet
Rang décroissant 2 mailles à l'endroit ; (3 ensemble à l'endroit, 3 à l'endroit) 18 fois ; 3 à l'endroit ensemble, 2 à l'endroit. 77 mailles.
Tricotez trois rangs droit (sans diminutions ni augmentations).
Rang décroissant 1 maille à l'endroit ; (3 ensemble à l'endroit, 1 à l'endroit) 19 fois. 39 mailles.
Rang décroissant 1 maille à l'envers, puis 2 mailles à l'endroit ensemble jusqu'au bout. 20 mailles.
Coupez le fil, passez-le dans les mailles restantes, et nouez fermement pour fixer le tout.

Bonnet à roses en relief

Pour faire une rose :
1 maille à l'endroit, 1 à l'envers, deux fois dans la maille suivante. Tournez, puis 4 mailles à l'endroit, tournez, puis 4 mailles à l'endroit, tournez, puis (2 fois) 2 mailles à l'endroit ensemble, tournez, puis 2 mailles à l'endroit.
Tricotez 10 rangs au point de jersey en noir en suivant les instructions concernant le bonnet de base.
Rang suivant 2 mailles à l'endroit ; (faites une rose, 9 mailles à l'endroit) 11 fois en faisant alterner le rouge, le jaune et le vert pour confectionner les roses ; 3 à l'endroit.
Tricotez 9 rangs droit.
Rang suivant 7 mailles à l'endroit ; (faites une rose, 9 mailles à l'endroit) 10 fois en commençant par le rouge et en suivant l'ordre des couleurs) ; 8 à l'endroit.
Tricotez 9 rangs droit.
Rang suivant 2 mailles à l'endroit ; (faites une rose, 9 mailles à l'endroit) 11 fois en commençant par le vert et en suivant l'ordre des couleurs ; 3 à l'endroit.
Terminez comme pour le haut du bonnet de base.

Décoration
Piquez trois roses de couleurs différentes au sommet du bonnet.

Bonnet à poche

Tricotez le bonnet de base au point de jersey.

Poche
Montez 15 mailles et, en commençant par un rang à l'endroit, tricotez 18 rangs au point de jersey. Tricotez 3 rangs au point de côte. Fermez. Cousez la poche sur le bonnet.

Queue
Montez 40 mailles. En commençant par un rang à l'endroit, montez 8 rangs au point de jersey, puis fermez. Roulez la pièce tricotée, cousez les bords.
Cousez la queue au sommet du bonnet. Faites un pompon et cousez-le à l'autre extrémité.

Décoration
Décorez de fausses pièces de monnaie, enroulez autour de la queue un collier de perles dorées.

Étoiles

Tricotez le bonnet de base au point de jersey.

Queue
Montez 7 mailles et, en commençant par un rang à l'endroit, tricotez 8 rangs au point de jersey. Fermez.

Pose
Roulez la pièce ainsi tricotée, fermez et cousez au sommet du bonnet.

Décoration
Décorez de paillettes en étoiles que vous fixerez par des petites perles.

Fraise

En suivant le schéma du bonnet de base, tricotez une hauteur de 4 cm au point de jersey à la laine rouge en terminant par un rang à l'envers.
Rang 1 À l'endroit (1 jaune, 3 rouges) jusqu'aux trois dernières mailles, 1 jaune à l'endroit, 2 rouges à l'endroit.
Tricotez 5 rangs en rouge.
Rang 7 2 mailles rouges à l'endroit, 1 jaune, puis (3 rouges, 1 jaune) jusqu'à la fin du rang.
Tricotez 5 rangs en rouge.
Tricotez une fois les rangs 1 à 7.
Tricotez 3 rangs en rouge.

Feuilles
Rang 23 4 mailles rouges à l'endroit, 1 verte, puis (11 rouges, 1 verte) jusqu'aux deux dernières mailles, 2 rouges à l'endroit.
Rang 24 1 maille rouge à l'envers, puis à l'envers (3 vertes, 9 rouges) jusqu'aux six dernières mailles, 3 vertes à l'envers, 3 rouges à l'envers.
Continuez de la sorte en augmentant le nombre de mailles vertes et en diminuant d'autant le nombre de mailles rouges, jusqu'à ce qu'il y ait 11 mailles vertes pour 1 maille rouge à l'envers.
Réalisez le haut du bonnet en n'utilisant que de la laine verte.

Queue

À faire avec de la laine verte en se reportant aux indications fournies pour le bonnet à étoiles.

Deux petits bonnets doux, chauds et légers à porter : l'un ciel étoilé (*page de gauche*), l'autre en forme de fraise (*ci-dessus*).

Serpent

En suivant le schéma du bonnet de base, tricotez 10 rangs au point de jersey.
Faites le serpent d'après le schéma ci-dessous, soit au tricot, soit en broderie.
Finissez le bonnet comme pour le modèle de base.
Décorez la langue et les yeux du serpent avec de petits diamants en strass.

Note :
Certains de ces bonnets sont décorés avec des perles, de fausses pièces de monnaie ou des paillettes. Ne laissez jamais sans surveillance un enfant portant ce genre de bonnet, car ces décorations de petite taille peuvent être un danger pour lui s'il les avale ou les mâche.

Cinq variantes à croquer d'un même bonnet de base : bonnet d'un vert doux terminé par une queue et un pompon, décoré de fausses pièces de monnaie et de perles dorées ; bonnet noir agrémenté de roses en relief de trois couleurs ; bonnet bleu parsemé d'étoiles et orné d'une lune en paillettes ; bonnet bleu marine décoré d'un serpent et de diamants en strass ; au centre, fraise. *(Page de droite : fabrication June Buckland ; décoration Jan Bridge)*

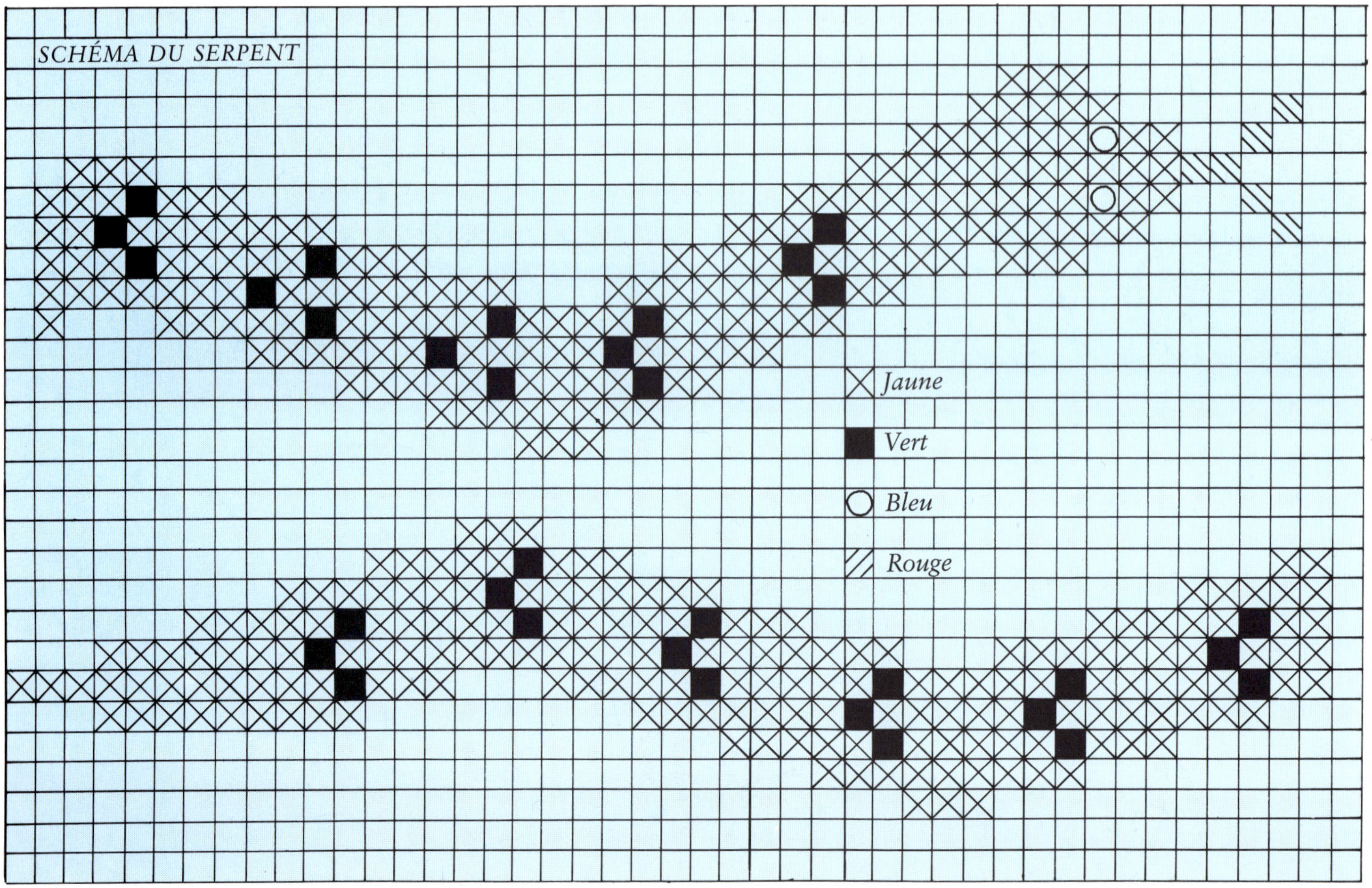

Faluche de velours

Ce chapeau est une version fantaisiste – et assez éloignée – du traditionnel béret que portaient les étudiants. Six tranches assemblées lui donnent son bouffant. Ce modèle plaira aux hommes comme aux femmes.

PRÉPARATION

Les dimensions indiquées correspondent à un tour de tête de 60 cm. Pour rapporter les mesures à votre propre tour de tête, divisez celui-ci par 6 : vous obtiendrez, en ajoutant 1 cm pour la couture, le bas d'une des six tranches du chapeau (voir schéma ci-dessous). Reproduisez ce schéma à vos dimensions sur un papier quadrillé, et découpez sur ce modèle six pièces de papier. Épinglez-les dans le biais du velours, découpez deux tranches dans chacune des trois couleurs de velours. Le tour de tête est plus facile à réaliser : il suffit de prendre le velours noir, la doublure et le tissu de doublure noir, et de tailler dans chacun une bande de 65,5 cm x 13,5 cm. Pour la doublure proprement dite, découpez dans le tissu un cercle de 18 cm de diamètre (ce qui laisse une bordure de 1 cm pour la couture).

PATRON D'UNE TRANCHE

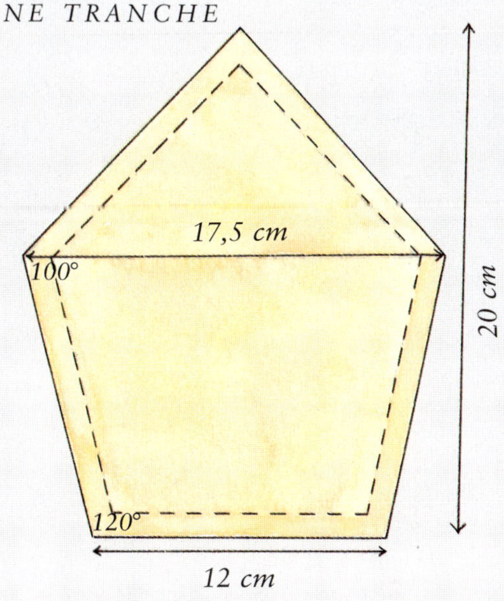

FOURNITURES & MATÉRIEL

velours violet (90 cm x 20 cm)
velours pourpre (90 cm x 20 cm)
velours vert (90 cm x 20 cm)
velours noir (90 cm x 15 cm)
doublure (90 cm x 20 cm)
doublure de coton noire (90 cm x 20 cm)
gland noir
fil noir
mètre de couturière
papier quadrillé
crayon
ciseaux à papier
ciseaux de couture
machine à coudre
aiguille

Ce faux béret comprend six tranches de velours en trois couleurs, un bord d'une quatrième couleur, et un gland. Il coiffe aussi bien les hommes que les femmes. Sur la photo de la page de gauche : un modèle pour homme garni d'un gland noir, un modèle plus féminin avec un gland rose.
(Page de gauche : Tamsin Young)

1 Superposez endroit contre endroit une tranche de velours vert et une tranche de velours violet. Épinglez-les ensemble sur un côté ; sur l'autre côté de la tranche verte, épinglez une tranche pourpre. Piquez à la machine en partant de la pointe.

2 Procédez de la même façon pour les trois autres tranches, réunissez-les toutes. Placez la première doublure sur l'envers de la bande de velours noir. Pliez en deux la bande dans le sens de la largeur, endroit sur endroit, et faites la couture arrière.

3 Pliez en deux la bande dans le sens de la longueur, fixez par des épingles à la calotte en veilllant à ce que la couture arrière corresponde avec celle d'une tranche. Épinglez tout le tour.

4 Piquez à la machine, au point avant, le bandeau et les tranches assemblées. Pratiquez des encoches aux coins pour donner du jeu.

5 Cousez à la main le gland au sommet du béret.

Note : Si le velours a perdu de son épaisseur pendant la manipulation, redressez-en le poil en le maintenant quelque temps au-dessus d'une bouilloire pleine d'eau bouillante.

6 Pour réaliser la doublure intérieure, appliquez un cercle de tissu rigide dans le fond du béret. Marquez les plis avec des épingles. Pliez en deux une bande correspondant au tour de tête et piquez à la machine, en partant du milieu. Assemblez le cercle et la bande et cousez cette coiffe à l'intérieur de la calotte au point glissé.

Une petite collection de faux bérets souples et doux à porter, avec une petite note surannée. Le bleu et le rose fuchsia sont en soie ; celui au premier plan est en velours, de même que la composition florale dont il est orné.
(Ci-contre : Tamsin Young)

Melon brodé main

Les décorations de ce melon sont réalisées avec des laines à broder, qui pourront éventuellement être remplacées par des cotons moulinés plus fins. Les points utilisés sont décrits dans le chapitre "Techniques", pages 138-139.

FOURNITURES & MATÉRIEL

- chapeau en feutre
- laines à broder
- craie de tailleur ou crayon de papier
- aiguille à broder
- ciseaux de couture
- dé à coudre (facultatif)

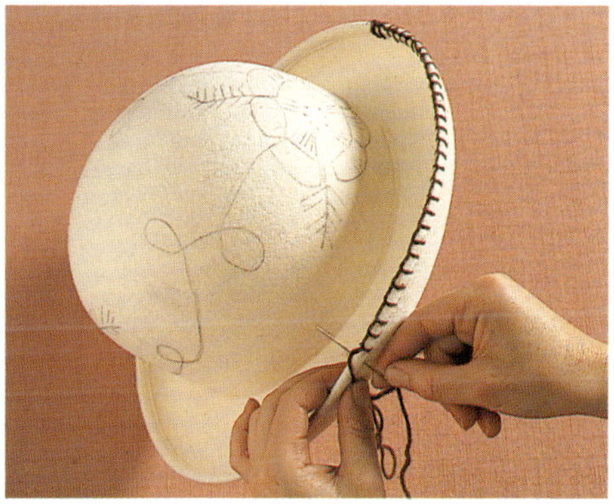

1 *Tracez sur le feutre le motif choisi. Si vous avez la main sûre, vous pouvez le faire directement au crayon ; sinon, prenez une craie de tailleur, qui s'efface plus facilement.*

2 *Décorez la lisière du feutre au point de grébiche. Vous avez intérêt à avoir préalablement pratiqué des piqûres à la machine tout le long de la lisière : le travail en sera facilité par la suite et vous obtiendrez un résultat plus net.*

Pour des melons noir et bleu marine, deux variantes d'harmonie de couleurs pour un motif identique, repris plus ou moins fréquemment. Le feutre beige est décoré selon un motif d'inspiration plus libre. *(Page de droite :* feutre beige *: Fred Bare ;* feutres noir et bleu marine *: Monsoon)*

3 *Faites des points de chaînette pour mettre en valeur les motifs les plus saillants comme les fleurs, et pour broder les courbes.*

4 *Remplissez l'intérieur des fleurs et figurez les feuilles au point lancé. Décorez le centre des fleurs au point de nœud, qui donne un relief très valorisant.*

Paille fleurie

Le chapeau de paille, si agréable à porter aux beaux jours, s'adapte à des styles très variés ; il offre l'avantage de se décorer facilement avec diverses garnitures, à choisir en fonction de la largeur des bords et selon les circonstances. Voici un chapeau de paille orné de dentelle et de fleurs fraîches parfait pour un déjeuner de famille ou pour coiffer une demoiselle d'honneur.

FOURNITURES & MATÉRIEL

ruban rose de 8 cm de large (100 cm)
fleurs fraîches et feuillage (ici, roses et lierre)
ruban de fleuriste
ruban de dentelle de 1 cm de large (circonférence du bord)
chapeau de paille
fil
ruban de dentelle de 7 cm de large (circonférence du bord)
boutons de rose en satin
ruban bleu pâle de 8 cm de large (75 cm)
aiguille
épingles

PRÉPARATION

Coupez le ruban rose en deux dans le sens de la largeur. Terminez l'un des bouts de chaque morceau par un V afin d'éviter qu'il ne s'effiloche.

Retirez les épines de roses ; écrasez la queue des tiges et enveloppez-les dans le ruban de fleuriste pour éviter qu'elles ne suintent sur la paille.

1 *Cousez le ruban de dentelle large de 1 cm sur tout le pourtour du chapeau.*

2 *Froncez l'autre ruban de dentelle jusqu'à obtenir une longueur d'environ les trois quarts de celle de la lisière du chapeau.*

Charme champêtre pour ce chapeau grâce à une garniture de roses fraîches et de lierre. Vous pouvez aussi l'habiller de fleurs séchées, de fleurs artificielles, ou encore de feuillage fraîchement coupé.
(Page de droite)

3 Épinglez la dentelle sur la face interne de la passe ; les deux extrémités doivent se trouver sur les côtés, et la dentelle déborder de la paille. Cousez le bord intérieur de la dentelle, puis les boutons de rose en satin, à intervalles réguliers, pour empêcher la dentelle de pendre.

4 Froncez les deux moitiés de ruban au niveau de leur coupe franche (le bout opposé à celui en V). Cousez chacune de ces extrémités au niveau de la dentelle et dissimulez-les sous des boutons de rose.

5 Positionnez, puis épinglez le ruban bleu sur l'extérieur du chapeau. Terminez par un point invisible. Ajoutez les fleurs fraîches et le feuillage.

Les fleurs fraîches se glissent et se coincent facilement sous un ruban de calotte pour créer une décoration instantanée. *(Ci-dessus)*

Vous pouvez aussi habiller un chapeau de paille de fleurs séchées ou artificielles : fleurs en satin, tiges et feuilles en feutre appliquées sur un ruban de tête tout simple. *(Page de droite : Bevali Read)*

Casquette de base-ball

Nous vous proposons ici la variante d'une casquette composée de plusieurs pièces assemblées. Dans certains pays, la casquette fait partie de l'uniforme des écoliers ; celle des joueurs de cricket ou de base-ball est plus grande et plus ajustée sur la tête.

PRÉPARATION

Photocopiez les éléments de la page 141 en agrandissant deux fois les cotes (1 cm supplémentaire pour la couture est compris). Découpez le nombre correct de morceaux du patron, étiquetez-les correctement. Collez au fer la toile thermocollante sur l'envers du tissu, épinglez les différents morceaux sur le biais comme indiqué (plans A ci-dessous et B, page suivante), puis découpez les pièces dans les deux tissus et la doublure.

Découpez la visière dans le carton ou le plastique ; à l'aide d'une brosse, passez trois couches de colle forte, successivement sur les deux côtés, en laissant sécher entre deux couches.

DISPOSITION PLAN A

Tissu de contraste/doublure

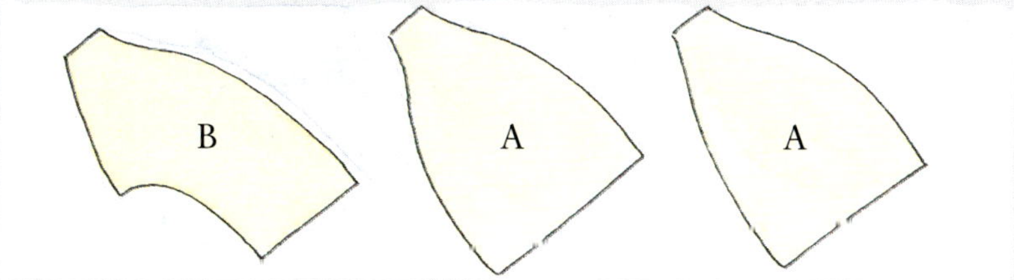

Tissu principal/doublure

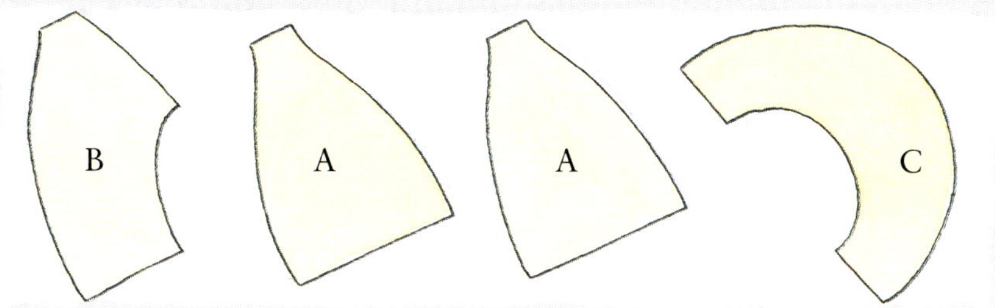

FOURNITURES & MATÉRIEL

- toile thermocollante (90 cm x 50 cm)
- pièce de tissu de contraste (laine jaune : 90 cm x 30 cm)
- pièce de tissu principal (laine rouge foncé : 90 cm x 50 cm)
- fil
- tissu de doublure (115 cm x 20 cm)
- ruban élastique (14 cm)
- ruban gros grain (60 cm)
- papier quadrillé
- crayon
- ciseaux à papier
- ciseaux de couture
- épingles de couture
- feuille de carton fort ou en plastique
- colle forte
- brosse à encoller
- machine à coudre
- aiguille

Toutes les casquettes présentées ici sont faites sur le même modèle. Celle du centre et celle du bas à droite ont des quartiers allongés dont les pointes ont été façonnées. La casquette en haut à droite est munie d'oreillettes. *(Page de gauche : Karen Triffitt)*

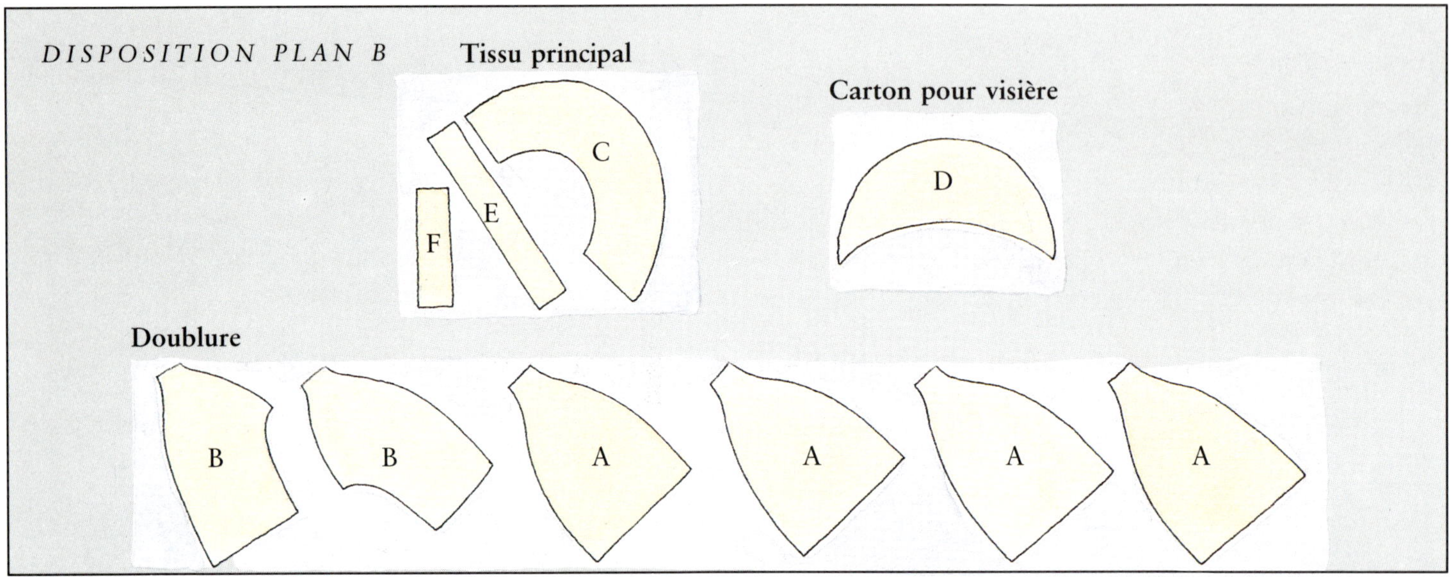

1 *Prenez les six panneaux (A et B) découpés dans le tissu principal et le tissu de contraste. Épinglez trois panneaux (A, A, B) en faisant alterner les couleurs. Rabattez deux fois le bord de chaque panneau. Recommencez avec les panneaux restants (B, A, A) de façon à obtenir les deux moitiés de la casquette. Pratiquez de petites entailles dans les courbes pour donner du jeu ; dépliez les coutures et aplatissez-les.*

2 *Épinglez, puis cousez les deux morceaux de la calotte en partant du milieu et en allant vers le bord. De la sorte, toutes les pièces doivent être parfaitement alignées au centre. Si tel n'est pas le cas, masquez cette imperfection en cousant au centre un bouton recouvert d'un des tissus.*

3 *pour réaliser la doublure, répétez les étapes 1 et 2, mais sans faire d'entailles dans les courbes.*

4 Placez cette doublure à l'intérieur de la calotte, envers contre envers. Piquez à la machine tout le long, à 5 mm du bord. Cousez la bande en biais (E) autour de l'ouverture à l'arrière de la casquette. Piquez à la machine à 5 mm du bord, puis roulez la bande et cousez à la main à l'arrière.

5 Faites une marque au crayon à 7 cm du bout de l'élastique. Placez l'élastique à l'intérieur de la bande de tissu F, fixez l'un des bouts avec quelques points. Cousez la bande à la main de façon à former une gaine. Tirez sur le fil élastique jusqu'à ce qu'apparaisse la marque au crayon. Cousez alors à cet endroit, puis coupez la partie qui dépasse et jetez-la.

6 Endroit sur endroit, cousez ensemble les deux faces de la visière (C avec la toile thermocollante) au niveau de la courbe extérieure en suivant le pointillé. Retournez l'ensemble. Insérez-y la forme (D) en carton fort en la tendant bien. Bâtissez à l'aide d'épingles la courbe intérieure en prenant les deux épaisseurs de tissu, le plus près possible du carton, et cousez.

7 Alignez le centre de la visière avec la piqûre au milieu avant de la calotte ; assemblez la visière à la calotte (ici, 1,5 cm a été prévu pour la couture).

8 Arrêtez cette couture à 1 cm, puis finissez le bord de la casquette par un point zigzag tout le long. Piquez à la machine le gros-grain de chaque côté, en partant de l'arrière de la calotte jusqu'aux extrémités de la visière, puis cousez à la main le long de la visière.

9 Cousez l'élastique à l'arrière, puis le bout de chaque ruban gros grain de part et d'autre. Appuyez sur tout le pourtour le gros-grain dans la casquette.

Feutre fait main

La fabrication du feutre est une activité qui remonte aux Égyptiens. Les techniques traditionnelles de foulage et de façonnage à la main, perfectionnées dès le Moyen Âge, se pratiquent toujours dans les villages de certains pays comme l'Iran et le Pakistan. Depuis des siècles, cet "assemblage de poils" sert à la confection des chapeaux et constitue encore aujourd'hui un matériau très courant. La méthode décrite est facile à suivre et donne d'heureux résultats ; simplement, elle demande beaucoup de patience : la laine doit en effet être roulée pendant au moins 25 minutes de façon que les fibres soient suffisamment enchevêtrées pour fournir un feutre de qualité.

PRÉPARATION

Avant de façonner le feutre, il faut le fabriquer ; pour cela, choisissez un endroit où le sol n'a pas à craindre les projections d'eau.
Posez la serviette sur une table, recouvrez-la de la natte de plage.
Déchirez la laine brute et dispersez les mèches sur la natte de façon à obtenir un carré de 30 cm de côté sur 5 cm d'épaisseur ; veillez à ce qu'il n'y ait pas de trou dans cette base. Effilochez la laine de couleur et disposez-la sur la base selon le motif choisi (voir illustration ci-contre à droite).
Remplissez le seau d'eau chaude et versez-y une bonne dose de liquide vaisselle. Aspergez la laine avec ce mélange et pétrissez-la un peu de façon que toutes les fibres soient totalement mouillées.
Commencez à enrouler la natte de plage en emprisonnant complètement la laine, puis la serviette autour, et roulez ce "boudin" d'avant en arrière comme si c'était un rouleau à pâtisserie. N'appuyez pas trop sur la natte, car c'est le frottement et non la pression qui provoque le feutrage.

Continuez ainsi pendant trois minutes.
Déroulez doucement la natte de plage, tournez le feutre d'un quart de tour.
Enroulez à nouveau, et faites comme précédemment pendant cinq minutes.
Répétez ainsi l'opération en faisant tourner trois fois le feutre d'un quart de tour. Pour terminer, roulez une dernière fois le feutre pendant cinq minutes, mais cette fois sur l'envers.

FOURNITURES & MATÉRIEL

- laine brute naturelle pour la base, blanche ou écrue
- laine cardée et teinte pour les motifs
- apprêt (facultatif)
- biais préplié
- fil
- serviette
- natte de plage
- seau
- eau chaude
- liquide vaisselle (détergent)
- bol en plastique peu profond
- bracelets élastiques
- ciseaux de couture
- aiguille

Voici la création d'une forme extrêmement simple, mais dont le motif très original donne un resultat insolite ; c'est un modèle qui convient aussi bien aux hommes qu'aux femmes. *(Page de gauche : Anne Marie Cadman).*

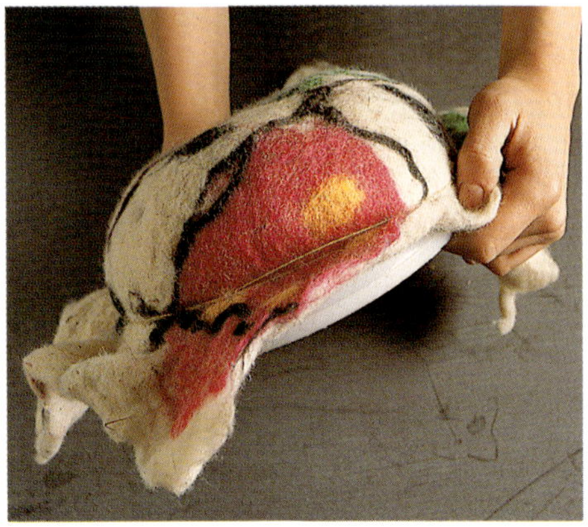

1 Après ce traitement, le feutre doit être bien épais et les fibres ne doivent pas bouger lorsqu'on les frotte avec l'ongle. La texture des bords peut, sans problème, être moins solide, puisque ceux-ci seront coupés après l'étirement sur le moule.

2 Faites tremper le feutre dans le seau pendant une minute, puis recouvrez-en un bol en plastique peu profond qui sert ici de moule. Posez les mains sur le fond du bol et étirez le feutre de façon qu'il en épouse bien la forme. Maintenez ensuite le feutre en place à l'aide des bracelets élastiques.

3 Lorsque le feutre est sec, ôtez-le du bol, et coupez les morceaux qui dépassent. Appliquez un apprêt, ou laissez-le tel quel si vous souhaitez lui garder sa douceur. Cousez le biais sur le bord interne de la calotte. Repliez-le sur l'extérieur et cousez-le en dissimulant les irrégularités.

Ces calottes en laine tricotée puis feutrée sont décorées de motifs de broderie entrelacés. *(À gauche : Teresa Searle)*

Une collection de toques faciles à porter en feutre fait main : on y voit une grande diversité d'effets de couleurs, et l'ajout intéressant d'un gland sur certains modèles. *(À droite : Anne Marie Cadman)*

Chapeau nénuphar

Curieux chapeau : la seule couture existante est celle qui réunit la calotte et la passe, tout le reste s'obtient, comme pour les origamis, par pliages. Commencez par vous entraîner en faisant ce chapeau avec du papier, vous pourrez ensuite le réaliser en tissu. Choisissez alors une matière qui se repasse bien, puisque vous marquerez les pliures au fer au fur et à mesure de l'avancement du travail.

FOURNITURES & MATÉRIEL

- pièce de papier parfaitement carrée (49,5 cm x 49,5 cm)
- papier supplémentaire pour confectionner le bord (de la taille que vous souhaitez)
- fil
- mètre de couturière
- ciseaux à papier
- aiguille

Le chapeau présenté ci-contre est en satin, mais les plis sont les mêmes que ceux du modèle en papier. *(Page de gauche : Mayling Hung)*

Note : Chaque étape est répétée de façon que le chapeau soit toujours symétrique. Faites des plis francs et parfaitement droits pour obtenir un résultat bien net.

1 *Pliez le papier en diagonale ; pliez encore une fois, dépliez.*

2 *Placez l'angle droit vers le haut, pincez exactement au milieu les deux côtés du triangle et rabattez sur l'hypothénuse (le côté opposé à l'angle droit) de façon à obtenir deux angles à 45°. Retournez, recommencez l'opération, en marquant bien les quatre coins, pour obtenir un losange.*

3 *Placez l'angle droit vers le haut, repliez les coins de gauche et de droite en ramenant le bord jusqu'au milieu. Répétez l'opération sur l'envers.*

4 *Relevez les rabats obtenus à l'étape 3, ouvrez-les et faites un pli de façon à obtenir une sorte de cerf-volant renversé. Pratiquez de même sur chaque rabat.*

5 *Pliez en deux les quatre formes en cerf-volant, en rentrant les bords extérieurs derrière les bords intérieurs. La forme terminée ressemble à un autre cerf-volant renversé (voir étape 6).*

6 *Repliez chacune des quatre pointes.*

7 *Ouvrez de façon à obtenir la calotte du chapeau.*

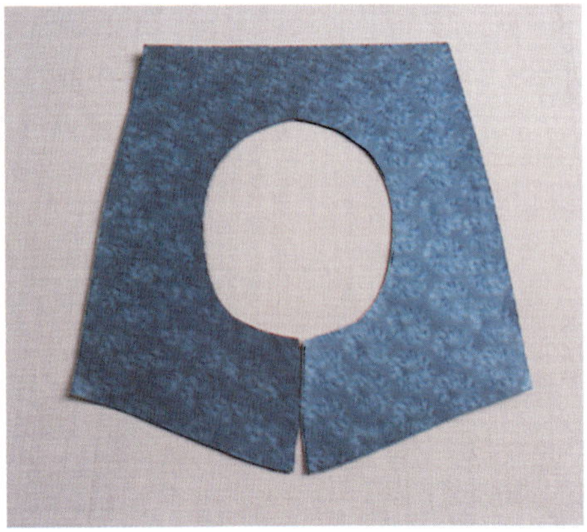

8 *Confectionnez le bord : mesurez votre tour de tête et ajoutez-y 1 cm pour la couture. Découpez ensuite en pratiquant une entaille à l'arrière, pour que le chapeau soit légèrement penché à l'arrière.*

9 *Cousez l'entaille au milieu de l'arrière et assemblez le bord (la passe) et la calotte. Mettez en forme en éliminant les irrégularités.*

Toque brodée à la machine

Les superbes toques que vous allez découvrir sont entièrement brodées à la machine ; leurs motifs, très colorés, dessinent une histoire naïve. Vous obtiendrez un effet très heureux en recourant à des formes géométriques pour vos propres motifs.

FOURNITURES & MATÉRIEL

calicot de poids moyen (90 cm x 120 cm)
fil à coudre (de préférence en rayonne de soie qui confère un joli lustre)
tissu de doublure (90 cm x 25 cm) (ici une faille de soie à carreaux, mais un autre tissu peut convenir)
crayon
machine à coudre munie d'un pied-de-biche à repriser
tambour à broder
ciseaux

PRÉPARATION

Si vous vous servez d'une machine à coudre d'amateur, veillez à faire des pauses dans le travail aussi souvent que nécessaire pour empêcher le moteur de chauffer. Avant de commencer la confection de la toque, nous vous conseillons de faire quelques essais sur une chute de calicot, afin de vous familiariser à la broderie à la machine et tester la tension que vous devrez utiliser. Abaissez le pied-de-biche. Réglez la longueur du point à 0, et la largeur à 0. En broderie à la machine, le tissu de fond se déplaçant d'avant en arrière dans un cadre, vous n'avez pas besoin d'une longueur de point. Tendez bien le calicot sur le tambour à broder. Commencez par le centre en progressant vers le bord, en déplaçant le cadre de façon à bien remplir chaque zone.

Note : Les dimensions de la pièce de calicot données ici comprennent une bordure de 15 à 20 cm autour de la calotte et du bandeau, qui facilite les opérations.

1 *Dessinez sur le calicot une bande de 62,5 cm x 11 cm (brodée, elle fera environ 61 cm de long). Tracez le motif au crayon sur le calicot ; piquez ensuite à la machine, au point avant, en suivant les contours du dessin, le pied-de-biche en position normale.*
Pour le dessus de la toque, tracez un cercle de 20 cm de diamètre sur le calicot. Dessinez dessus le motif au crayon comme vous l'avez fait pour la bande de calicot (après broderie, le cercle n'aura plus que 19,5 cm de circonférence). Placez le calicot dans le tambour à broder. Lorsque vous aurez piqué les contours du motif, vous pourrez préparer la machine pour effectuer la broderie.

2 Brodez l'intérieur des contours en laissant reposer la machine lorsque le moteur chauffe. La broderie entraîne une légère rétractation du calicot ; si celle-ci s'avère trop importante, faites déborder la broderie au-delà des bords de façon à obtenir les dimensions correctes une fois le travail fini.

3 Lorsque les motifs brodés sont finis, découpez-les en laissant environ 5 mm tout autour pour la couture.

4 Cousez ensemble les deux pièces de calicot, en vous reportant à la même étape dans la confection de la calotte grecque (pages 26 à 29). Dans la doublure, découpez deux pièces aux mêmes dimensions que la toque. Assemblez-les.

Trois chapeaux aux motifs floraux ou d'inspiration primitive joliment brodés à la machine. *(Ci-contre à droite : Fred Bare)*

Quatre toques brodées à la machine sur toutes leurs faces ; la rayonne leur ajoute un lustre très flatteur. *(Ci-contre à gauche : Linda Miller)*

5 Placez cette doublure dans la toque ; fixez-la par un point au milieu du fond de calotte. Retournez les bords et cousez au point glissé le long du bord de la toque.

Fausse fourrure

Voici un chapeau à porter, selon son humeur, en haut-de-forme ou avec le bord retroussé sur un côté et fixé par une piqûre. La fausse fourrure existe dans des qualités, des poids très variables et avec des motifs fort divers. Choisissez la meilleure qualité par rapport à votre budget. Le support devra être coupé dans le biais pour donner de l'élasticité et assurer une bonne tenue sur la tête.

FOURNITURES & MATÉRIEL

doublure intermédiaire (140 cm x 50 cm) (ici, une mousseline rigide, genre étamine)
pièce de fausse fourrure (140 cm x 50 cm)
pièce de tissu pour doublure (70 cm x 50 cm)
ruban gros grain de 2,5 cm de large (60 cm)
fil
papier quadrillé
crayon
ciseaux à papier
épingles de couture
ciseaux de couture
machine à coudre
aiguille

PRÉPARATION

Photocopiez le patron de la page 140 en l'agrandissant à 4 fois ses dimensions. Les morceaux, une fois agrandis, comprennent une couture de 1,5 cm. Découpez-les.
Placez la doublure intermédiaire sur l'envers de la fourrure, épinglez les pièces de patron par-dessus (voir disposition ci-dessous), découpez les deux épaisseurs en suivant les contours des morceaux de papier.
Placez les pièces D et E sur le tissu de doublure, épinglez-les, puis découpez-les.

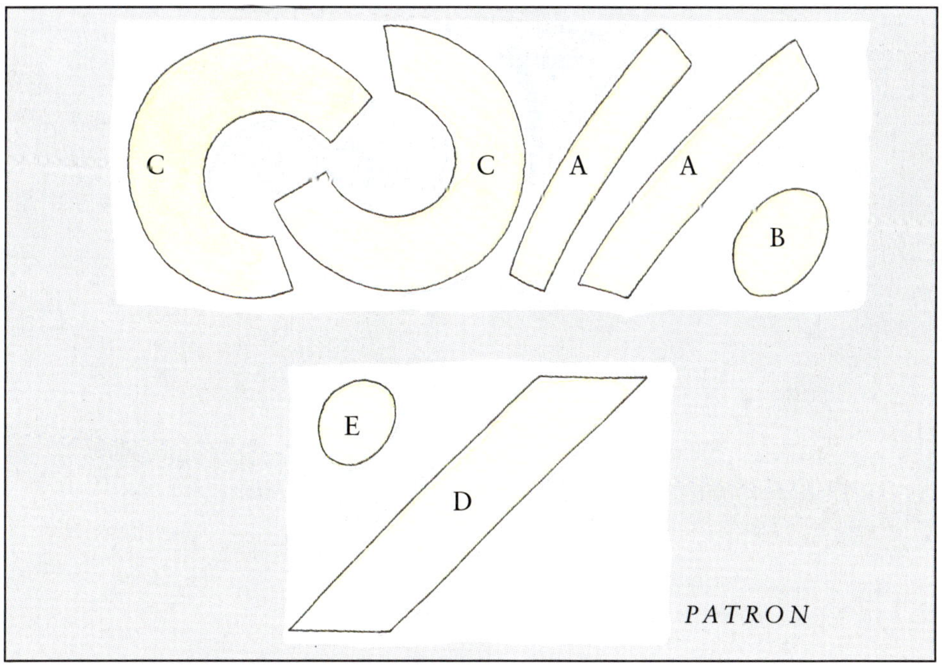

PATRON

Le même patron de base a permis la confection de ces trois modèles : celui du fond, à droite, a été réalisé dans une fourrure plus fine convenant mieux à la forme et au style du chapeau. La calotte du modèle noir et blanc est moins haute que celle des deux autres. Tous ces chapeaux ont été taillés dans une fausse fourrure de bonne qualité et d'épaisseur suffisante.
(Page de gauche : Karen Triffitt)

1 Pour la doublure, pliez la bande D endroit contre endroit. Cousez à la machine pour fermer ce bandeau. Marquez des plis le long de la partie supérieure, maintenez-les avec des épingles. Épinglez la pièce D avec le fond de calotte (pièce E), endroit contre endroit, et ajustez tout en retirant au fur et à mesure les épingles.
Piquez ; ôtez les épingles.

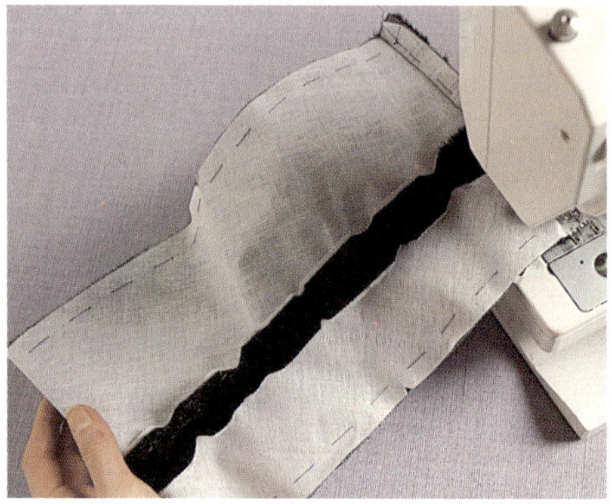

2 Pour obtenir la calotte haute du haut-de-forme, assemblez les deux pièces A, endroit contre endroit, en suivant les lignes en pointillé. Écartez bien la couture, puis pratiquez des entailles à intervalles réguliers, le long de la couture. Cousez les deux extrémités – l'une sur l'autre – pour fermer le bandeau. Faites des entailles de 5 mm sur toute la longueur supérieure.

3 Endroit contre endroit, épinglez le fond (morceau B) à la partie la plus large du bandeau (A), le long des encoches ; celles-ci permettent d'ajuster le bandeau au fond de calotte. Piquez à la machine en enlevant les épingles et coupez l'excédent de tissu à 1 cm de la couture. Retournez le tout à l'endroit.

4 Piquez à la machine la doublure de calotte à 5 mm du bord, envers de doublure contre envers de fourrure.

5 Confectionnez la passe du chapeau en cousant ensemble les bords extérieurs de chacune des pièces C. Coupez l'excédent de tissu à 1 cm de la couture ; écartez bien les coutures.

6 Dépliez les deux morceaux cousus. Épinglez ensemble les deux extrémités et faites la couture arrière de la passe. Écartez bien la couture, puis pratiquez des entailles tout le long.

7 *Retournez le bord à l'endroit, piquez ensemble l'avant et l'arrière à 1 cm du bord ; pratiquez des encoches, à intervalles réguliers, tout le long de la lisière.*

8 *Cousez cette partie à la calotte ; terminez par un point zigzag.*

9 *Piquez à la machine le ruban gros grain en suivant la même ligne.*

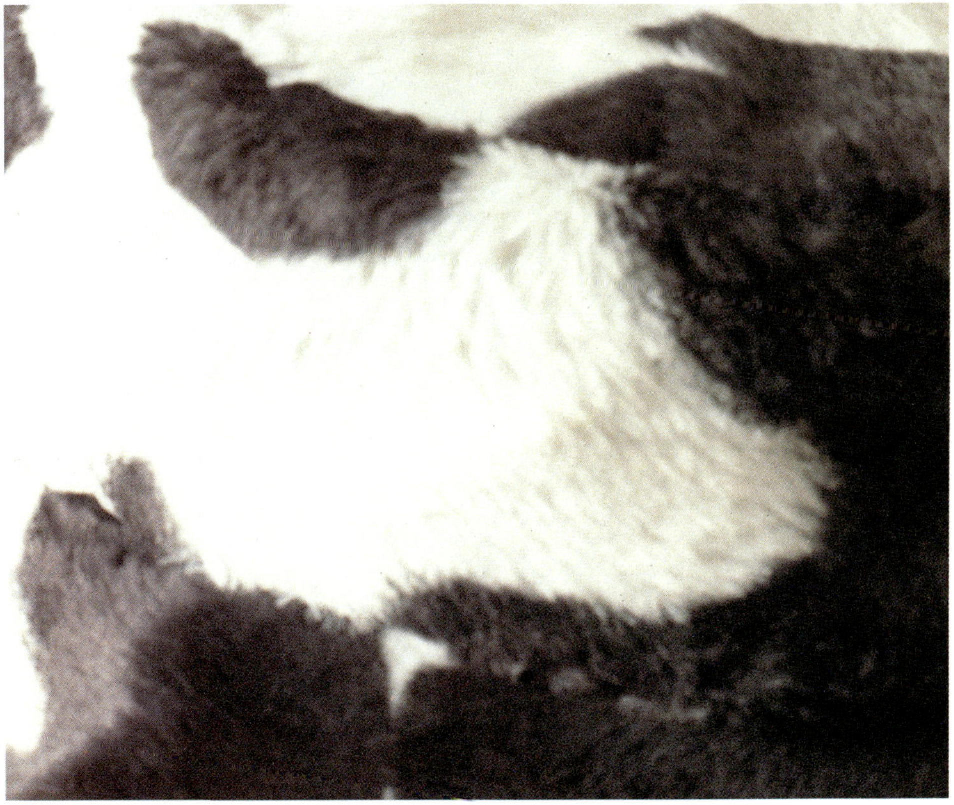

Conseil : Lorsque vous piquez de la fausse fourrure, arrangez-vous pour ne pas prendre les poils dans la piqûre. Sinon, dégagez-les avec une épingle.

Bordure fleurie

Complètement décalotté, ce chapeau si élégant n'a en fait conservé que son large bord qui a été abondamment orné de motifs floraux. Sa confection passe par différentes phases : teinture, mise en forme, broderie et couture. Les fleurs brodées sont également une idée à exploiter pour un chapeau de paille tout fait ou un feutre.

PRÉPARATION

Le cône de paille peut être enduit d'apprêt lorsque l'opération de teinture est terminée.
Si vous avez des difficultés à vous procurer les tissus indiqués, remplacez-les par d'autres un peu luxueux.
Si vous préférez le feutre à la paille, vous pouvez fort bien le fabriquer vous-même (voir pages 56 à 59).

1 *Teignez à froid le gros-grain et la paille en respectant les instructions du fabricant. Découpez la calotte à 5 cm de son sommet, puis mouillez la paille sous le jet d'eau du robinet. Commencez par l'étirer au niveau du bord intérieur.*

2 *Punaisez l'entrée de tête sur une forme en bois, laissez sécher la paille. Retirez de la forme en bois après séchage complet.*

FOURNITURES & MATÉRIEL

- teinture à froid
- cône de forme capeline en paille blanche
- ruban gros grain blanc
- lamé perlé
- coupons de velours jaune et vert
- coupon de feutrine violette
- matière de rembourrage
- coupons de soie pourpre et orange
- organza vert moiré
- mousseline pourpre
- fil
- aiguille
- ciseaux de couture
- bouilloire
- forme en bois
- punaises
- machine à coudre
- fil de laiton (facultatif)
- épingles

À bas la calotte : voici un (presque) chapeau à porter par une belle et chaude journée. La paille, teinte dans le coloris souhaité, est agrémentée de motifs floraux en soie et en feutrine. *(Page de gauche : Abigail Mill)*

3 Cousez à la main ou piquez à la machine le gros-grain au niveau de l'entrée de tête des deux côtés de la lisière.

4 Appliquez les fleurs en lamé perlé et le velours jaune sur la feutrine, découpez.

5 Confectionnez des décorations florales : faites de petites boules en matière de rembourrage de tailles différentes, recouvrez-les de morceaux de soie, de velours et d'organza, fixez-les par des coutures. Réalisez des fleurs en boutons avec de grosses boules enveloppées de soie et d'organza.

6 Froncez une bande d'organza vert et une bande de mousseline pourpre ensemble et drapez-en l'extérieur de l'entrée de tête. Fixez par des épingles lorsque l'effet obtenu vous satisfait.

7 Cousez les décorations florales sur le drapé d'organza et de mousseline. Si vous le souhaitez, vous pouvez en renforcer la bordure avec du fil de laiton.

Quatre chapeaux, tous différents, tous décorés selon une technique particulière de broderie. Dans le sens des aiguilles d'une montre : bord velours, perles et dentelles ; bord arrondi et coquillages ; passe très ondulée, rubans et boules habillées de soie ; chapeau melon rehaussé de motifs "queue-de-paon".
(Page de droite : Abigail Mill)

Décorer un feutre

Nous avons choisi ici de vous proposer d'enrichir un feutre, mais ces suggestions conviendraient tout aussi bien à un autre type de chapeau. Celui à décorer est déjà mis en forme. Vous pouvez également acheter un feutre classique, dont vous ôterez les rubans pour les remplacer par de nouvelles parures.

FOURNITURES & MATÉRIEL

- chapeau de feutre noir
- ruban gros grain pour l'intérieur
- fil
- pièce de velours rouge (90 cm x 100 cm) pour la confection des boudins (voir étape 1)
- nécessaire pour recouvrir un bouton
- plumes fantaisie
- aiguille
- ciseaux de couture
- machine à coudre
- épingles de couture

Ce chapeau de feutre tout simple a été métamorphosé grâce à une pièce de velours rouge harmonieusement drapée et à des plumes disposées en cocarde autour d'un bouton également recouvert de velours.

PRÉPARATION

Pour faire la cocarde, disposez les plumes comme si vous teniez des cartes en main et maintenez-les ainsi en les cousant au niveau de la pointe des tiges, sur un petit morceau de velours plié en deux.

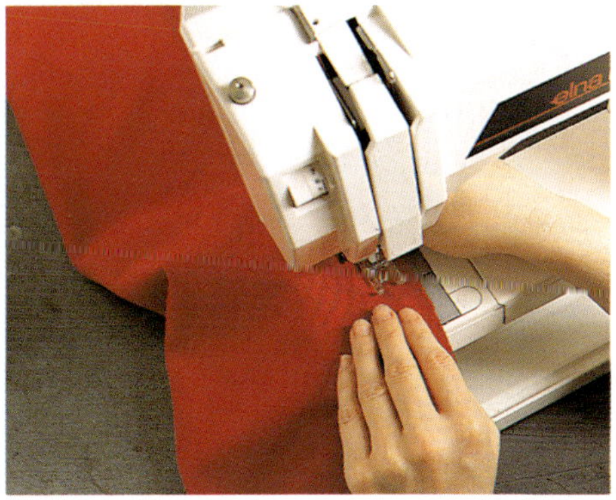

1 Cousez le gros-grain à l'intérieur du chapeau. Confectionnez un boudin en coupant dans le biais du velours une pièce (une fois et demie la circonférence de la calotte sur deux fois la profondeur). Pliez le tissu en deux, endroit contre endroit, et piquez à la machine.

2 Retournez le boudin à l'endroit, et agencez-le autour de la calotte ; fixez avec des épingles les extrémités, là où vous le souhaitez : sur le côté ou à l'arrière. Arrangez le boudin de façon à obtenir les plis et drapés voulus en fixant avec des épingles.

3 Terminez en retournant les extrémités du boudin de façon à masquer les irrégularités. Cousez le boudin en veillant à ce que le gros-grain ne se trouve pas pris dans les piqûres. Plantez la cocarde de plumes et cachez la pointe des tiges avec le bouton recouvert de velours.

En toutes occasions

Pourquoi porter un chapeau ? Pour des raisons pratiques – se protéger du soleil ou du froid –, pour être dans le ton – coller à la tendance –, pour une occasion particulière – l'arrivée en France de la tante d'Amérique, un mariage sélect… Voici certains chapeaux retenus pour les raisons qui poussent à les porter, sans oublier les enfants qui aiment si peu avoir quelque chose sur la tête, et les hommes qu'il est conseillé de détourner, au niveau du chapeau s'entend. Chapeaux pour l'été, chapeaux pour la montagne et l'hiver, chapeaux fous fous fous : ils sont tous passés en revue et vous donneront des idées pour reproduire les modèles donnés, ou pour embellir un chapeau que vous avez déjà.

Suprême élégance

Dans certaines circonstances, le chapeau est un impératif, mais le formalisme n'exclut pas la créativité. Vous pouvez par exemple choisir un chapeau comportant une large passe habillée de tissus transparents et aériens, ou jouer avec une combinaison de couleurs particulièrement élégante : marine/crème, vert émeraude/marine ou pourpre, ou encore pourpre/rose fuchsia. Les chapeaux à large bord sont très élégants, mais si vous n'en portez pas régulièrement peut-être serez-vous plus à l'aise avec un modèle plus étroit.

Au moment de l'achat, essayez-le toujours avec la tenue que vous porterez pour l'occasion, et veillez aux proportions de l'ensemble chapeau-vêtements. Ensuite, habituez-vous à votre chapeau : vous éviterez ainsi de vous sentir un peu emprunté en public lorsque le grand jour sera venu. Sans aller jusqu'à confier votre tête à un créateur, vous pouvez arborer un chapeau très réussi : achetez un modèle tout simple dont la forme et la couleur vous plaisent, en paille ou en feutre, et personnalisez-le au niveau de ses ornements.

Deux réalisations très élégantes : à gauche, des plumes d'autruche roses ; à droite, une paille crème dont le bord ajouré est orné de fausses perles. (*Ci-contre à gauche : Bevali Read. À droite : Karen Triffitt*)

En haut, un chapeau de paille dont la calotte est recouverte d'un tissu transparent noué à l'arrière. À droite, une forme conique accueillant des pétales dans deux nuances de couleurs. À gauche, un chapeau cloche orné d'un ruban de tête tout simple. (*Ci-contre.* Dans le sens des aiguilles d'une montre : *Viv Knowland, Lucy Barlow, Lucy Barlow*)

Dos à dos, deux chapeaux de paille noire. La calotte de celui de gauche a été nettement agrandie par une enveloppe de soie grège. Celui de droite est orné de plumes d'autruche et de roses en tissu bleu canard. (*Page de droite : Bevali Read, Herald and Heart Hatters*)

Fabriquer des pétales en organdi

PRÉPARATION

Ces pétales en organdi peuvent servir à de nombreuses réalisations. Pour obtenir des fleurs, réunissez-en un certain nombre à la base et cousez-les. Pour une fleur ouverte, ajoutez au centre des pétales plus petits. Figurez les étamines avec un bouton recouvert de tissu. Au lieu de rouler le bord des pétales, vous pouvez aussi les faire en double épaisseur, poser les deux épaisseurs endroit contre endroit, les épingler et les assembler au point avant, puis les retourner à l'endroit, en cousant le long des bords si vous le souhaitez.

1 Confectionnez le patron d'un pétale dans du carton fort. Placez le patron sur l'organdi, dans le biais. Reportez au crayon ou à la craie de tailleur la forme du patron sur le tissu, taillez le nombre de pétales souhaité, étirez les pétales et laissez-les s'aplatir.

Style et féminité pour ce chapeau marguerite. Les pétales en organdi sont très faciles à confectionner ; recouvrez-en un chapeau ayant une calotte peu profonde, puis terminez par quatre pétales plus grands en soie et une tige roulée dans la même matière. *(Ci-contre : Ellen Bonner)*

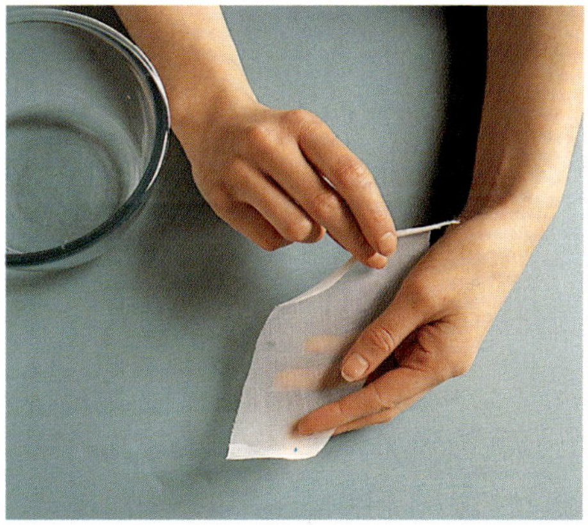

2 *Trempez le pouce et l'index dans un bol d'eau, et les doigts ainsi humides, roulez les bords des pétales.*

3 *Veillez à obtenir des bords bien nets ; travaillez ainsi tous les pétales.*

4 *Fixez la pointe de chaque pétale sur la paille, en recouvrant le bord de plusieurs épaisseurs.*

Deux couvre-chefs parfaits pour les beaux jours ! À gauche, une capeline garnie de soie orange. À droite, une paille recouverte de pétales en organdi et en soie. (*Ci-dessus à gauche : Herald and Heart Hatters* ; *à droite : Ellen Bonner*)

Chapeaux de cocktail

Voici trois chapeaux de cocktail aux ornements sophistiqués. À gauche, une forme en toile gommée recouverte de velours rouge, agrémentée de feuilles en feutre renforcées au fil de laiton. Au fond, un élégant chapeau rehaussé d'une voilette, de plumes et de perles ; à droite, une composition en noir et blanc ornée d'une plume d'autruche. *(Ci-contre à gauche : Herald and Heart Hatters)*

Le chapeau de cocktail dans toute sa splendeur : élégance et sophistication. La voilette apporte une touche de mystère, mais permet aussi de remettre à sa juste place le skaï dont est composée la calotte. La note finale est fournie par une grosse perle et une magnifique plume. *(Ci-contre à droite : Herald and Heart Hatters)*

Le chapeau de cocktail n'a qu'une seule justification : celle de vous faire remarquer. Pour cela, il faut que ce soit une création résolument futile et pleine de piquant, de petites dimensions ; portez ce chapeau perché sur le haut de la tête, de préférence légèrement incliné, en ajoutant éventuellement une touche de charme et de mystère grâce à une voilette. Mais surtout, portez-le avec une forte dose d'assurance.

Les chapeaux de cocktail sont faciles à réaliser, leurs formes de base étant simples ; voyez les suggestions des pages 30 à 33. Vous pouvez par exemple recouvrir une forme en paille ou en toile gommée avec des matières un peu luxueuses – soie, satin, velours ou organza moiré –, puis personnaliser le tout à grand renfort de tissu de voilette, de plumes, de perles ou de dentelle. Les réalisations présentées sur ces deux pages vous donneront quelques idées que vous pourrez décliner selon vos goûts.

Haute toque de velours couronnée par une marguerite. *(En haut : Herald and Heart Hatters)*

Variations sur le thème des instruments de musique : carton fort et toile gommée renforcée au fil de laiton sont recouverts de velours, de soie et de feutrine. *(Ci-dessus : Lucy Barlow)*

Chapeaux de vacances

Pour les vacances d'été, le chapeau s'impose comme protection de soleil, surtout si vous vous trouvez dans un pays chaud. La paille est une matière intéressante à travailler puisqu'elle se façonne et se teint facilement. Elle accepte des ornements très variés : petits galets ou coquillages, fleurs fraîches ou herbes diverses. Et pourquoi même ne pas orner un chapeau de paille de décorations différentes chaque jour pour l'accorder à votre tenue vestimentaire !

Ce chapeau en laine feutrée s'orne de franges et de décorations figuratives sur le thème de la nature. Il sera parfait à la montagne, pour skier ou faire du patin à glace. *(Ci-contre : Tait and Style)*

Pour les vacances d'hiver, le chapeau doit vous tenir chaud sans pour autant être sévère. Il pourra être décoré de broches, d'insignes divers ou de broderies. Les bonnets de laine accueilleront volontiers pompons et broderies diverses, à moins que vous n'optiez pour un casque d'aviateur en cuir !

Chapeau de plage : filet, broderies sur le thème de la mer et coquillages ramassés sur la plage. *(Ci-contre à gauche : Herald and Heart Hatters)*

Trois chapeaux pour les vacances. En haut, paille tressée complétée par une garniture toute simple. À gauche, chapeau orné d'un ruban de tête artistement noué. À droite, chapeau de coolie de style rétro. *(Ci-dessus : Herald and Heart Hatters)*

Deux chapeaux en para-sisal teint, agrémentés d'une garniture en voile et de fleurs en tissu assorties. Très agréables à mettre l'été, ils se portent avec un simple Tee-shirt ou une petite robe légère.
(Ci-dessus : Gil Fox)

Si vous voyagez à l'étranger, pensez à rapporter un chapeau typique du pays. Un vrai, pas un article pour les touristes : par exemple, un fez de Turquie, un sombrero du Mexique ou un stetson des États-Unis. Non seulement vous aurez un souvenir de voyage, mais en plus vous pourrez le porter avec vos tenues : un béret s'accorde avec pratiquement tout, un fez complète parfaitement un pantalon à pattes d'éléphant et un corsage brodé.

Décorer un chapeau de vacances

Transformez un chapeau de paille tout simple en décorant au pochoir le bord et la calotte. Ici, nous avons utilisé des crayons pour pochoir en cire, faciles d'utilisation et pas du tout salissants. Les tons utilisés pour les motifs se retrouvent dans la garniture.
(Ci-contre)

Ce délicat ouvrage en paille compose un jeu d'harmonies très réussi : le bord a été teint dans des nuances dégradees qui vont du rose soutenu au jaune pâle en passant par l'orange et finissent par se fondre dans la couleur crème de la calotte.
La rose, réalisée dans la même matière, reprend les mêmes tons.
(Ci-contre à gauche : Bailey and Tomlin)

1 *Barbouillez un coin du pochoir au crayon en cire, puis trempez dans le dépôt ainsi formé une petite brosse. Tapotez ensuite avec la brosse chargée de cire le premier motif à décorer.*

2 *Laissez sécher 3 ou 4 heures, puis appliquez de la même façon l'autre couleur sur le deuxième motif. Procédez ainsi jusqu'à ce que la décoration soit entièrement réalisée.*

Chapeaux pour enfants

Pour la jeune classe, des feutres légers et confortables, décorés avec des pompons et brodés aux points lancés et de grébiche. (Ci-dessous : Gil Fox)

Le corps humain est le siège d'une déperdition de chaleur dont 30 à 40 % se fait par le crâne : voici une donnée très concrète qui montre à quel point il est important d'avoir la tête couverte en hiver, et tout particulièrement lorsqu'il s'agit d'enfants.

Mais nos chers petits ont aussi besoin de l'avoir protégée en été contre le soleil. Les enfants sont absolument craquants avec des chapeaux ; le problème, c'est qu'ils les gardent difficilement plus de quelques minutes sur la tête... Vérifiez tout d'abord que le chapeau est à la bonne taille et pas trop lourd. Ensuite, n'hésitez pas à biaiser ou à recourir à de vieilles ruses afin de rendre le chapeau attractif pour l'enfant : un chapeau de paille, c'est avant tout un chapeau de pêcheur ou de princesse ; un feutre, c'est bien sûr un chapeau de pirate ou de cow-boy. Pour renforcer l'intérêt de l'enfant, rapportez sur le chapeau des broderies ou agrémentez-le de colliers en fausses perles pour dessiner des animaux, ou brodez-y des yeux et un grand sourire. Pour les petites filles qui sont si coquettes, le choix est encore plus grand : vous pouvez décorer un canotier avec des fleurs, de la dentelle ou des rubans, transformer un chapeau avec des broderies ou des pompons.

Demoiselles d'honneur insolites. À gauche, un turban en soie peinte à la main, constitué de deux boudins rembourrés et tressés agrémentés de "bijoux" pour enfants. À droite, un diadème composé de métal, de broderies faites à la machine et d'applications en tissu. *(Ci-contre à droite. Diadème : Judy Clayton)*

Le béret constitue une coiffure classique qui se porte soit tel quel, soit rehaussé d'ornements, telle une plume, ou de passementerie, une cordelière par exemple.
(Ci-dessus)

Ce mignon petit chapeau de paille a d'abord été teint, avant d'être orné, selon les cas, d'une fleur en papier ou d'une mentonnière. Léger et facile à porter, il est parfait pour les jeunes enfants.
(Ci-dessus et ci-contre : Gil Fox)

Décorer un chapeau d'enfant

A partir d'un chapeau tout simple en paille ou en coton, d'étoiles de mer et de boutons en forme de coquillages, vous pouvez obtenir un résultat fort original. L'idée se décline indéfiniment au niveau des supports et des formes de boutons.
(Ci-contre)

1 *Cousez les boutons fantaisie autour du bas de la calotte.*

2 *Collez l'étoile de mer sur le haut du chapeau.*

Chapeaux pour hommes

Le canotier s'accommode de tout, gardant toujours son élégance : aussi bien sur une petite natte et un maillot de pêcheur qu'avec un blazer. *(À droite : Herbert Johnson)*

Les chapeaux que portaient traditionnellement les hommes – feutre, panama, haut-de-forme ou melon – ont conservé toute leur classe même s'ils ont été un peu boudés depuis la dernière guerre. Aujourd'hui ils retrouvent les faveurs du public, qui les arbore dans un contexte moins formel. Les créations de Fred Bare illustrent bien cette tendance, puisqu'il brode des fleurs et des animaux sur des melons ou des feutres.

Quelques chapeaux pour hommes à porter l'été : casquette, canotier et panama. Trois sortes de panamas sont regroupées ici. Dans la boîte en bois, un Montecristi fino : la Rolls Royce des panamas si l'on peut dire. Roulé dans son étui, le panama repliable. Sur le carton à chapeau, le panama classique avec sa calotte si reconnaissable. *(À droite : Herbert Johnson)*

Une belle collection de chapeaux pour hommes à porter l'hiver : feutres divers et casquette de laine. Les générations passent, mais les modèles demeurent, assurant toujours aux porteurs de chapeaux la marque de l'élégance. *(À gauche : Herbert Johnson)*

De même, la mode revient à la calotte grecque, avec ses soieries chatoyantes et ses glands raffinés. La casquette, quant à elle, a toujours été en vogue, mais se découvre des allures et des couleurs audacieuses. Tous ces chapeaux conviennent aussi bien aux hommes qu'aux femmes. Madame, si vous voulez porter un chapeau plutôt masculin, n'hésitez pas : préférez carrément le chapeau d'homme, et non pas une coiffure pour femmes de style masculin !

Feutre traditionnel : non seulement il vous protégera efficacement, mais il vous introduira peut-être dans la place... comme un détective privé. *(À gauche : Herbert Johnson)*

Au siècle dernier, la calotte grecque préservait les cheveux de ces messieurs de la fumée du tabac. Aujourd'hui, elle convient aux hommes et aux femmes soucieux des tendances actuelles. *(Ci-dessous : Herbert Johnson)*

Difficile de passer inaperçu avec un haut-de-forme ; a fortiori avec ce modèle dont les précieux motifs changent des teintes traditionnelles comme le noir ou le gris perle. *(À droite : Herbert Johnson)*

Casquettes de jockeys de couleurs : qui a donc dit que le cheval était une affaire d'homme ? *(À droite : Herbert Johnson)*

Oui, un chapeau d'homme peut parfaitement accepter des ornements ; en voici la preuve : une ou deux plumes coincées dans la garniture, une ceinture à grosse boucle ou une cordelière au bas de la calotte, ou un foulard joliment noué sur un panama. *(Ci-contre)*

Chapeaux fantaisie

Si le chapeau fantaisie se porte en de multiples occasions, il mérite cependant qu'on lui attribue une place à part : il faut avouer que ce genre de coiffure n'a pas toujours l'aspect de chapeau auquel on pourrait s'attendre. Ces "œuvres" sont typiquement des productions individuelles, des manifestations de créativité, d'insolence et de savoir-faire, qui peuvent notamment se déchaîner à l'occasion de la Sainte-Catherine.

Voici quelques créations complètement folles, empruntant des matériaux absolument incroyables – des sacs en plastique ! – ou des formes déraisonnables – le pont de la Tour de Londres... qui vous donneront quelques idées. Une seule contrainte : ne confectionnez pas un chapeau trop lourd à porter.

Aussi attachants qu'insolites, ces chapeaux sont pourtant parfaitement naturels... en ce qui concerne les matériaux utilisés : flore marine, branchages et feuillages. Les supports sont en feutre et en tulle peints à la bombe, les éléments naturels, eux, ont été décolorés puis teints. *(Ci-dessous : Sharon Mitchell)*

Le pont de la Tour de Londres, à votre tour de tête ! Base en mousse habillée de feutre et décorée de velours et de cordons dorés. Quelle bonne idée de reproduire ainsi les monuments les plus célèbres de notre vieille Europe ! Le jour où vous aurez terminé la tour Eiffel, prévoyez de vous déplacer en cabriolet. *(À droite : Bevali Read)*

Des couronnes en paille pour des hommes de paille ? En tout cas, beaucoup de créativité à partir d'un matériau très conventionnel et relativement banal. *(Ci-contre : Victoria Brown)*

Cette couronne se compose de deux cônes en feutre emboîtés l'un sur l'autre. Les bords sont roulés et brodés tandis que la calotte est ornée de feutre vert. *(Ci-contre : Gil Fox)*

Trois couronnes en feutre façonnées à la main, avec des ornements d'inspiration indienne, réminiscence d'un voyage de la créatrice. *(Ci-contre : Victoria Brown)*

Cône recouvert de pétales en tissu teints dans différentes nuances de vert.
(Ci-dessous : Bevali Read)

Pour se protéger de la pluie, un chapeau imperméable… fait avec des morceaux de sacs en plastique réunis en patchwork.
(Ci-dessus : Karen Triffitt)

Fleur géante : les pétales sont découpés dans une plaque de sparterie, puis recouverts de coton et de soie.
(Ci-contre : Wendy Watt)

Faire un chapeau en papier

Voici une création idéale pour les soirées costumées : vous aurez autant de plaisir à la porter qu'à la mettre sur pied. La forme de base peut accepter de multiples variantes selon les moules utilisés. Pour comble de bonheur, les possibilités de décoration sont infinies.

1 Prenez un moule à gâteau un peu plus grand que le tour de tête à coiffer. Graissez-le à la vaseline, tapissez-le peu à peu de papier journal trempé dans un mélange adéquat (2/3 de colle à papier peint, 1/3 d'eau). Laissez le papier complètement sécher avant d'appliquer une nouvelle couche. Posez en tout six épaisseurs de papier.

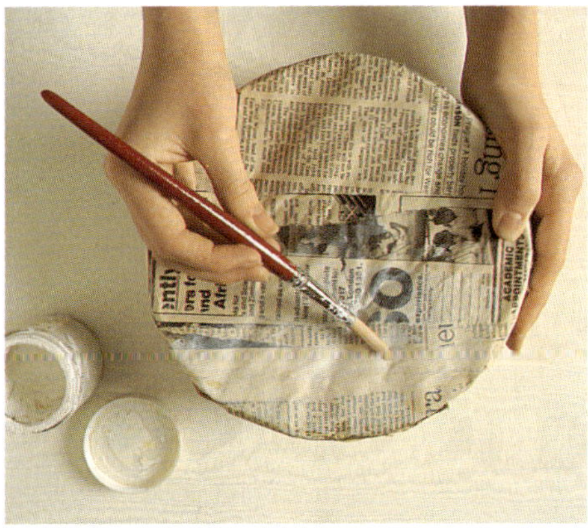

2 Démoulez, puis badigeonnez le papier de blanc.

3 Confectionnez les roses en papier : découpez des bandes de papier journal, trempez-les dans la colle, pliez-les en deux dans le sens de la largeur, puis roulez-les pour figurer des roses en bouton. Faites les tiges avec du fil de laiton recouvert lui aussi de papier.

4 Colorez le chapeau et les roses à l'acrylique, laissez sécher. Collez les décorations au chapeau à l'aide d'une colle forte.

EMBELLISSEZ VOS CHAPEAUX

C'est l'ornement qui donne au chapeau sa touche finale et son originalité, et les façons d'y parvenir sont multiples. Ainsi, si vous vouez une adoration particulière à un chapeau aux décorations un peu défraîchies et poussiéreuses, vous le rajeunirez facilement en lui ajoutant de nouveaux accessoires. Vous trouverez dans les pages qui suivent bien des suggestions de décoration, traditionnelles ou au contraire très insolites, avec des roses en soie, des rubans, des perles, des paillettes, des voiles... Et pour un budget plus restreint, vous puiserez des idées pour utiliser à moindre frais des chutes de tissus ou des morceaux de passementerie, cordelettes, franges ou autres. Tout cela est si facile : il vous suffit de suivre chaque étape pas à pas.

Les épingles à chapeaux

Collection d'épingles à chapeaux en métal travaillé, ornées d'applications brodées. *(Ci-contre : Judy Clayton)*

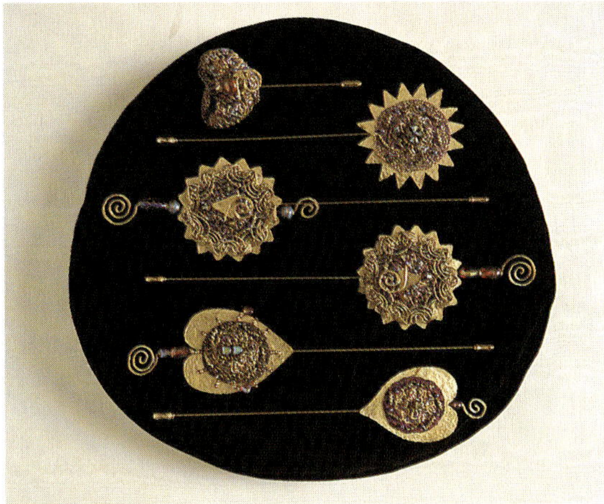

Les épingles à chapeaux ne sont pas aussi anachroniques qu'on pourrait le croire à première vue, et se révèlent comme un accessoire important de mise en valeur du chapeau. Dans certains cas, il s'agit d'anciennes épingles à cheveux qui traversaient à la fois le chignon et le chapeau, maintenant celui-ci contre le crâne. Les premières épingles à chapeaux apparurent à la fin du XIXe siècle. À l'origine, elles mesuraient une douzaine de cm, mais sous l'influence de certaines modes elles ont pu atteindre parfois jusqu'à 30 cm environ : tel était le cas pour les grands chapeaux de ce début de siècle qui se portaient sur des coiffures très fournies. À la différence des épingles d'aujourd'hui – qui d'ailleurs sont revenues à des dimensions plus sages –, celles d'autrefois ne comportaient pas de cache-pointe de protection ; il s'ensuivit un certain nombre d'accidents, parfois sérieux, qui entraînèrent finalement la promulgation d'un arrêté en 1912 : il interdisait l'accès des lieux publics et des transports aux belles munies d'un tel instrument ! Décoratives en elles-mêmes, les épingles à chapeaux permettent d'ajouter d'autres ornements : plumes, perles, rubans, cordelières, fleurs miniatures, petits objets sculptés en métal, en bois ou en os...

Les épingles à chapeaux dans toute leur diversité : perles, plumes, paillettes, strass, glands ou métal ouvragé : à chaque occasion un chapeau, à chaque occasion une épingle. *(Ci-dessous : Penny Pins,* sauf la rosette en velours : *Tamsin Young)*

Fabriquer une épingle à chapeau

Décorées de perles de formes et de couleurs différentes, ces épingles composent une gamme susceptible de s'accorder à bien des styles de chapeaux.

FOURNITURES & MATÉRIEL

épingle de revers de veston avec embout de sécurité
perles variées
perle de blocage
pince de bijoutier à bout plat

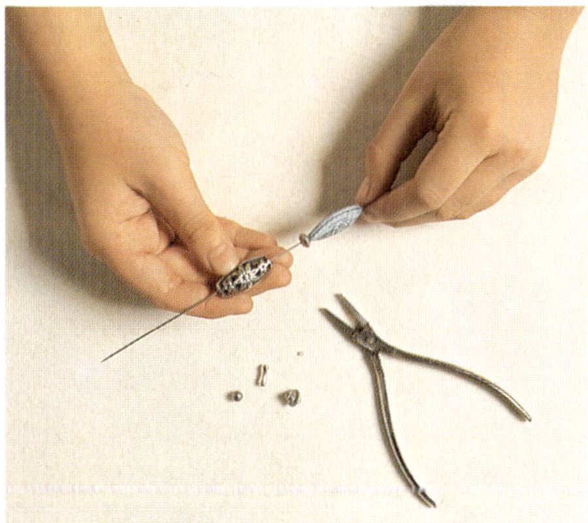

1 Ôtez l'embout de sécurité, essayez des dispositions de perles différentes jusqu'à trouver la composition qui vous plaise. Enfilez les perles dans l'ordre choisi.

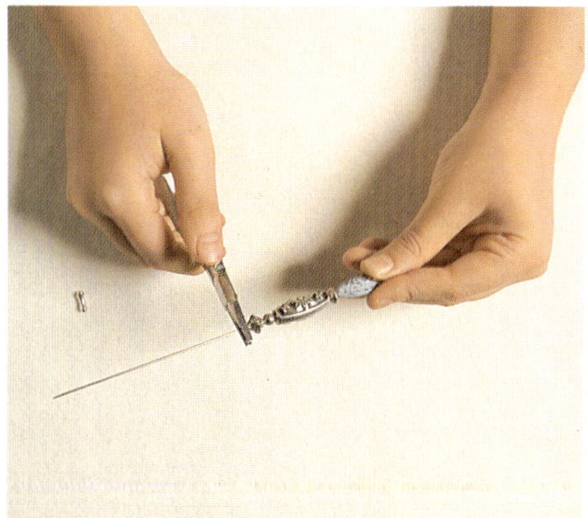

2 Enfilez la perle de blocage. Poussez jusqu'à la garde les différentes perles, puis coincez la perle de blocage en vous aidant de la pince.

Les fleurs faites main

Les roses : des ornements très utilisés en chapellerie, dans toutes les tailles et dans tous les matériaux.

On peut réaliser soi-même des fleurs en tissu, mais il en existe tellement toutes faites en papier ou en tissu que cela ne vaut peut-être pas le temps qu'on y passe. Concédons deux exceptions : d'une part les roses en tissu, faciles à fabriquer dans des matières assorties à telle ou telle tenue (voir page 106 "Réaliser une rose en tissu") ; d'autre part, les pétales de grandes dimensions que vous pourrez facilement fabriquer avec de l'organdi (voir pages 80-81). On trouve dans le commerce des fleurs artificielles réalisées dans des matériaux très divers : tissus comme la soie, le velours, le satin, l'organdi, le polyester, ou d'autres supports comme le plastique ou le papier. Le choix des formes et des tailles est vaste. Si vous voulez confectionner vous-même des fleurs et leur feuillage, vous vous procurerez séparément le matériel dont vous aurez besoin et vous en assurerez ensuite la composition. Vous assemblerez tiges, pétales et feuillage avec du fil métallique, et enrichirez l'ensemble avec des étamines ou de petites baies toutes prêtes et disponibles dans le commerce. Si vous achetez des fleurs toutes faites dont la verdure est un peu chétive, donnez-lui de l'opulence avec du fil métallique et du tissu en biais. La décoration florale est très variable d'un chapeau à l'autre : tel modèle sera parfait rehaussé d'une seule fleur, tel autre demandera plusieurs fleurs regroupées, tel autre encore une seule fleur avec du feuillage, de la mousseline ou un ruban. En la matière, l'expérience certes compte, mais plusieurs essais seront toujours indispensables avant d'arrêter son choix.

Trois décorations florales très différentes : paille orange garnie de fleurs assorties à la couleur de la garniture ; paille naturelle rehaussée de roses en papier d'emballage (genre papier craft) ; paille ajourée décorée d'un ruban drapé et d'applications en tissu, le centre des fleurs étant constitué par un bouton recouvert. (*Page de droite : Gil Fox, Viv Knowland, Bevali Read*)

Réaliser une rose en tissu

Achetez un chapeau de paille tout simple ; habillez-en la calotte et le bord avec de la voilette que vous fixerez par une couture. Puis cousez des roses faites main et recouvrez le tout d'une autre pièce de voilette. *(Meryl Lloyd)*

PRÉPARATION

Selon que la rose est plus ou moins fournie et grande, vous aurez besoin de plus ou moins de tissu. Si vous confectionnez une rose importante avec un tissu un peu trop fin, renforcez celui-ci avec une toile thermocollante appliquée sur son envers. Lorsque vous découperez le tissu, comptez deux fois la hauteur de la rose terminée en ajoutant un surplus pour la couture – sauf si vous utilisez un ruban gros grain ou du feutre, auquel cas vous n'aurez pas d'ourlet à faire.

1 *Disposez la pièce de tissu à plat, l'endroit tourné vers vous. Pliez le tissu en deux et cousez un côté au point droit. Retournez à l'endroit la pièce de tissu.*

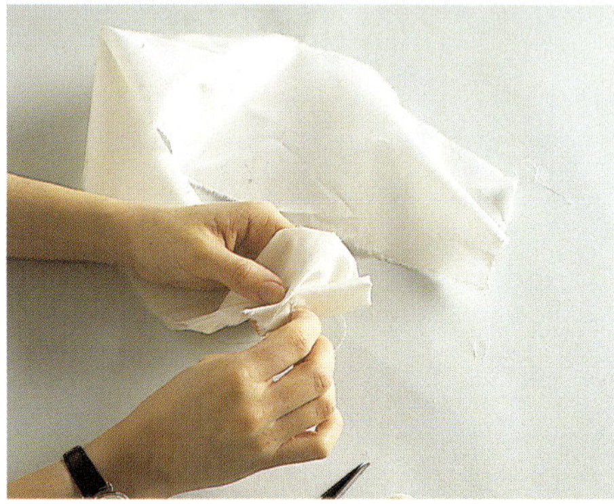

2 *Tout en gardant la pièce de tissu pliée en deux, pliez le tissu sur lui-même trois ou quatre fois, en commençant par le bout que vous avez piqué. Vous obtenez ainsi le centre de la rose. Piquez la base avec quelques points droits.*

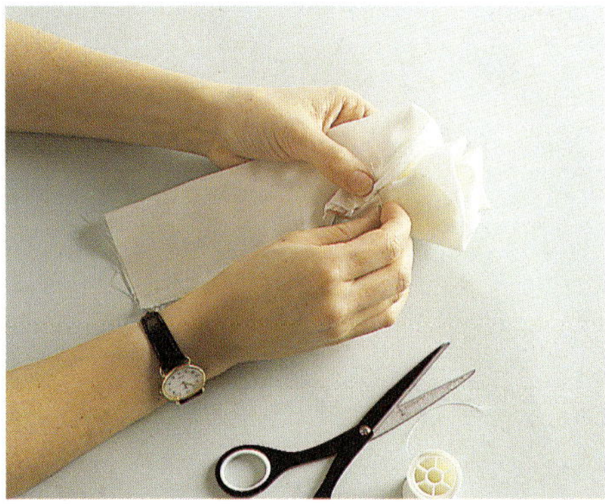

3 *Pour faire les pétales, pliez également le tissu, mais de façon plus lâche sur l'un des bords. Nous vous conseillons de froncer la base et de la fixer avec de petits points à mesure que vous l'enroulez. Pour donner à vos pétales un air plus authentique, retroussez-en le bord supérieur.*

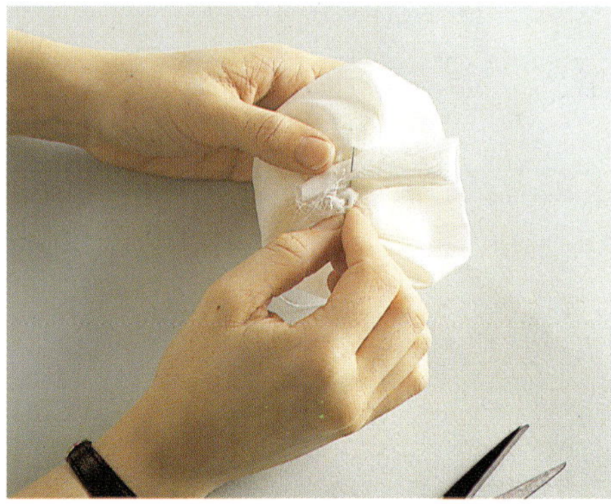

4 *Pour terminer, rentrez les lisières du tissu et repliez, puis fixez par quelques points de couture. Ne vous préoccupez pas trop de l'aspect de la face interne, qui ne sera pas visible une fois la rose piquée au chapeau.*

Les rubans

On trouve des rubans raides ou souples, tissés ou imprimés, d'aspect mat ou brillant, bordés ou non d'une engrêlure, à motifs floraux ou géométriques ; le tout dans une très grande variété de matières, de largeurs, de couleurs et de textures. Le ruban le plus courant est le gros-grain, qui s'utilise surtout en chapellerie pour les garnitures extérieures ou les entrées de tête.

Il est beaucoup plus difficile qu'on ne le croit d'ajuster correctement une garniture car le résultat doit être bien uniforme. Le gros-grain a une bonne élasticité, ce qui est loin d'être la règle pour toutes les matières, et certains rubans doivent être étirés par passage à la vapeur, puis au fer à repasser. Quant au velours ou au satin, il faut les torsader à mi-longueur autour de la calotte ou en tailler l'extrémité en V avant de la dissimuler sous une décoration.

Galons d'apparat pour ces trois chapeaux. En haut, une intéressante recherche de volume autour de rubans de différentes matières mais tous de même teinte. À droite, deux drapés qui se complètent parfaitement. À gauche, un large nœud rehaussé de picot de paille. *(Ci-contre : Herald and Heart Hatters)*

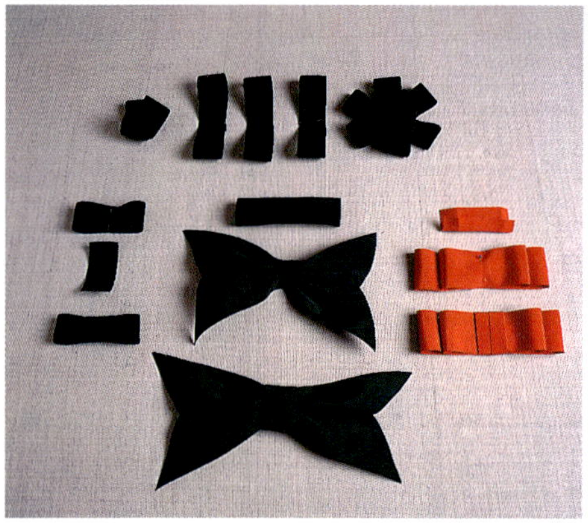

Quatre nœuds différents très simples et les différentes étapes de leur réalisation. Dans le sens des aiguilles d'une montre : rosette plate, nœud double, nœud papillon, nœud simple.

Trois arrangements différents. De haut en bas : ruban froncé, rosette, composition en triangles.

Nœud de cravate
Il permet de varier les effets en jouant sur la taille du nœud et des extrémités, et se fait avec un seul morceau de tissu. Repliez une extrémité pour faire la première boucle, recommencez pour obtenir la seconde ; passez la première boucle devant la seconde, puis au centre. Ajustez en tirant sur les extrémités.

Nœud simple
Selon que vous souhaitez obtenir un nœud large ou petit, vous choisirez une largeur de ruban plus ou moins grande. Faites une boucle, enroulez autour du point central un morceau de ruban ayant à peu près la moitié de la taille de la boucle, puis piquez sur l'envers.

Nœud double
Il se réalise de la même façon que le nœud simple, mais cette fois avec deux boucles de taille légèrement différente. Assemblez les boucles l'une sur l'autre, puis masquez la couture par un petit morceau de ruban plat ou plissé.

Nœud papillon
Découpez un morceau de ruban de forme oblongue à la dimension du nœud terminé, puis un morceau étroit mesurant à peu près la moitié du premier morceau. Coupez en V les deux extrémités du grand ruban, puis faites une ligne au point droit au centre ; froncez le centre et faites un nœud au fil pour fixer le fronçage. Recouvrez cette fronce avec le petit morceau de ruban, repliez-en les extrémités sur l'envers, fixez par quelques points.

Rosette plate
Cette rosette très simple à réaliser se fait avec quatre pièces de ruban en boucle de la même longueur. Placez-en trois l'une sur l'autre de façon à former une étoile, cousez au centre. Repliez la dernière boucle et cousez au centre de la rosette de façon à dissimuler la première couture.

Rosette froncée
Froncez un morceau de ruban en faisant de petits points droits sur un des grands côtés du ruban. Disposez en rond le ruban ainsi froncé, superposez légèrement les deux extrémités. Masquez le centre de la rosette par un bouton recouvert du même ruban ou d'un ruban de couleur contrastée.

Ruban plissé
Plissé, le ruban gros grain permet de faire une jolie garniture ou d'orner la lisière d'une passe. Les plis doivent être bien nets, chacun ne devant pas excéder la largeur du ruban. Prévoyez une longueur de ruban équivalente à trois fois celle du ruban une fois plissé. Pour réaliser les plis, suivez les nervures du ruban. Répartissez-les tous sur la longueur, en veillant à leur régularité, puis bâtissez l'ensemble. Pour faire un tour de calotte, prenez-les dans les plis et faites des points invisibles tout le long, au milieu.

Composition en triangle
Elle se réalise avec une bonne longueur de ruban et un fer à repasser. Pliez le ruban de façon à obtenir des triangles situés alternativement au-dessus et au-dessous d'une ligne médiane ; repassez les triangles au fur et à mesure. Une fois que tous les triangles sont constitués, rabattez ceux du dessous en pliant le ruban par son milieu, et repassez pour tout aplatir. Vous obtenez ainsi une ligne de triangles se recouvrant légèrement. Ajustez autour de la calotte, piquez au point invisible.

Confectionner une cocarde

Cette cocarde noire complète parfaitement le ruban d'une lisière et tranche nettement avec la couleur du support.

1 Prenez une bande étroite de ruban gros grain, pliez-la en deux dans le sens de la longueur, roulez-la ; cousez.

2 Prenez du gros-grain plus large, pliez-le en cercle, en cousant les plis au centre à mesure que vous les réalisez.

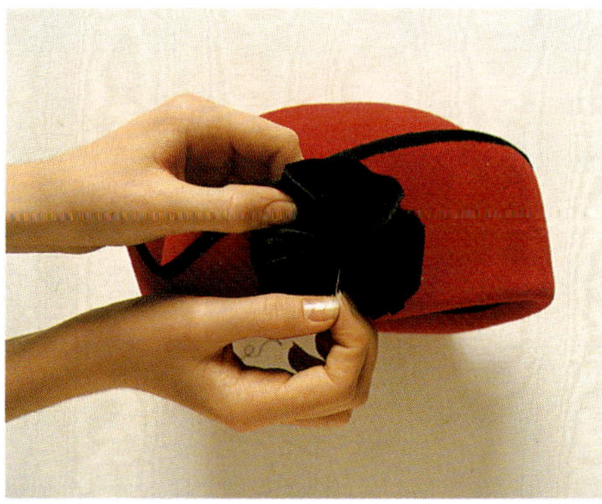

3 Fixez la cocarde au chapeau.

4 Cousez au centre de la cocarde le petit rouleau que vous aviez réalisé au début.

Les plumes

Ornements sobres ou plus sophistiqués, les plumes constituent l'un des moyens les plus simples et les plus rapides d'embellir un chapeau. Naturelles ou artificielles, elles existent dans une très grande variété de couleurs. Elles s'achètent à l'unité ou déjà assemblées par les hampes à un support. On peut également les trouver en ornement d'épingles à chapeaux.

Les plus luxueuses sont les plumes d'autruche. Elles sont à la fois flatteuses et très féminines, et disponibles dans un nombre incroyable de teintes : avec elles, vous pouvez à coup sûr trouver une plume assortie à votre tenue, ou au contraire jouer franchement le contraste de couleurs.

Mais il en existe bien d'autres, tout aussi seyantes et plus discrètes : celles de perdrix ou de faisan par exemple, dont les couleurs naturelles donneront au chapeau une touche un peu sport ; en période de chasse, vous vous les procurerez facilement chez certains bouchers qui vendent du gibier ou chez les volaillers.

Orner avec des plumes

Pour ce chapeau très classique, plusieurs plumes : les unes s'harmonisent à la couleur du tissu, les autres dénotent par une touche osée de couleur.

1 Avec du fil de laiton, liez ensemble des plumes de petites dimensions et quelques-unes plus grandes, auxquelles vous aurez coupé la pointe du tuyau.

Trois chapeaux, trois effets de plumes. En haut, des plumes teintes reprennent la couleur du chapeau, tout en lui conférant un accent dynamique. À droite au contraire, le contraste entre une plume d'autruche et un support vert foncé. À gauche, un chapeau de cocktail dont la forme générale est affinée par deux plumes de perdrix. (*Ci-contre : Herald and Heart Hatters)*

2 *Passez au pinceau de la colle sur les extrémités de plumes et coincez-les dans une épingle de broche.*

Pour avoir de l'éclat

Déjà aux temps préhistoriques, les hommes ornaient leurs vêtements de décorations variées. Plus près de nous, les perles ont connu une vague d'engouement au siècle dernier, ainsi que dans les années vingt et trente où elles accompagnaient des tenues somptueuses.

La décoration des chapeaux peut passer par des broches ou des chaînes, présentées seules ou au contraire regroupées, et réalisées dans différentes matières : métal, pierres diverses ou strass. Perles et boutons légers peuvent être tout simplement collés sur le support. Certaines pierres sont fixées sur des montures à piquer dans le feutre ou la paille ; d'autres comportent un trou qui permet de les coudre au tissu de soutien. Quant aux paillettes, elles se trouvent à la pièce, ou assemblées et déjà cousues sur une bande de tissu fin.

Les illustrations de ces deux pages montrent bien à quel point ce genre d'ornements peut donner à un chapeau un air tantôt élégant, tantôt impertinent. Si l'on recouvre complètement un chapeau de "pierres précieuses", l'effet obtenu est tout à fait éblouissant ! À l'inverse, une petite zone décorée d'un motif – feuille, cœur, etc. – réalisé en perles ou en paillettes donnera un résultat plus discret et plus subtil.

Le choix des perles, paillettes et éléments en strass est proprement incroyable ! Un haut-de-forme arbore avec une certaine discrétion quelques perles et boutons répartis ici et là. La couronne à droite, en velours frappé, s'enrichit de paillettes sur ruban imitant rubis et émeraudes. Quant au modèle de gauche, où des perles alternent avec des broderies moirées, il témoigne d'une plus grande recherche encore. (*Ci-contre : Ellen Bonner, Bevali Read, Abigail Mill*)

Ces deux chapeaux illustrent parfaitement quel peut être l'apport d'étoffes riches dans la décoration et l'embellissement d'un chapeau. Au premier plan, un chapeau en velours grand-teint richement brodé de fils dorés et bleus. Les lisières ont été roulées à la main avant d'être brodées avec un simple point avant. À l'arrière-plan, un modèle de forme plus classique, avec sa petite calotte et une grande passe rentrée ; il doit son côté somptueux aux éléments de décoration : tresses, passepoils, rubans et tissu dorés. (*Ci-contre de haut en bas : Herald and Heart Hatters, Judy Clayton*)

Appliquer perles et paillettes

Un béret peut changer instantanément d'allure grâce à quelques feuilles en paillettes. Les paillettes de formes et de couleurs très variées vous permettront d'assortir la décoration à votre tenue.

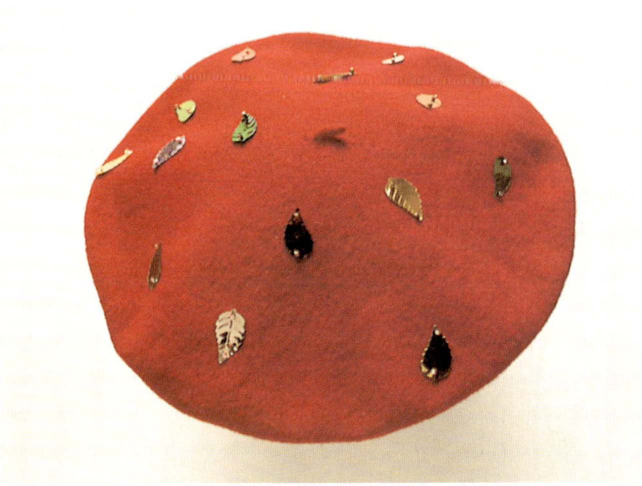

1 La décoration avec des paillettes vous prendra bien un peu de temps, mais elle en vaut la peine. Épinglez-les pour les positionner, puis fixez-les avec de toutes petites perles rocaille.

La paille décorative

La paille se trouve généralement sous forme de cônes (supports préformés) qu'il suffit ensuite de mettre en forme. Mais elle peut également s'acheter en bandes : si celles-ci peuvent bien sûr servir à la confection des chapeaux, on les réserve plutôt à la décoration. Elles existent dans un très grand nombre de largeurs, de couleurs et de textures.

La paille en bandes permet par exemple d'ajuster la lisière d'un bord ou de confectionner une garniture. Elle peut servir à ajouter de la texture lorsqu'elle est cousue sur la calotte ou la passe, en l'agrémentant de dessins géométriques, d'arabesques ou de motifs floraux.

Vous pouvez aussi obtenir un effet de relief en façonnant à la main un contour en boucle qui vous plaise, puis en le figeant avec du fil de laiton avant de le piquer sur le côté ou à l'avant du chapeau.

Fixer de la paille décorative

Votre vieux chapeau de paille connaîtra une nouvelle jeunesse avec une calotte et un bord décorés de paille. Ici, un ruban borde sagement la calotte et le bord, mais vous pouvez vous amuser à faire des dessins géométriques ou des courbes.

1 Débarrassez bord et calotte de leurs anciens ornements. Encollez l'endroit où se fait la jonction entre la calotte et le bord.

Une décoration toute simple pour un chapeau de paille tout simple : un ruban de paille noire formant un motif en zigzag. *(Ci-contre : Nicola Spillett)*

La paille décorative donne des résultats très variés. Au centre, passe décorée d'une lisière en zigzag ; à gauche, décoration ton sur ton ; à droite, un modèle très féminin dont le large tour de calotte transparent est orné de paille. (*Ci-dessous : Herald and Heart Hatters, Herald and Heart Hatters, Gil Fox)*

2 Encollez sur une plus grande largeur la lisière de la passe si celle-ci est armée de fil de laiton ou retroussée. Vous pouvez également fixer la paille par des points invisibles.

Voiles, tulles & dentelles

Rien de tel qu'un voile pour donner à un chapeau une touche de mystère. Au siècle dernier, il était particulièrement convenable de se voiler la face, une tendance qui se manifeste aujourd'hui encore avec les chapeaux de cocktail ; mais ces matières légères et transparentes se retrouvent également dans l'ornementation du chapeau, sous forme de nœuds ou drapés autour de la calotte. Le voile qui masque le visage doit, lui, être mis en forme sur un socle pour tomber bien en avant du visage.

Les voilages se rencontrent sous de multiples aspects : fin ou plus épais, ajourés plus ou moins largement, à mailles fines ou à reflets. Ils peuvent ensuite être décorés de perles, de rubans ou de paillettes.

Le tulle a un peu le même usage que la voilette, mais offre l'avantage d'être disponible dans une gamme plus large de couleurs et de motifs tissés. Comme il ne s'effiloche pas, on peut laisser les bords vifs après la coupe ou, si on le préfère, les décorer.

La dentelle, quant à elle, apporte au chapeau un regain de féminité. Elle peut même servir à recouvrir complètement un cône. Avant de la coudre sur un support (cône ou tissu de soutien), rigidifiez-la avec un fond en tulle raide.

Les voiles et la dentelle conviennent aussi bien à la paille qu'au feutre, comme le prouvent ce chapeau d'été enveloppé d'une mousseline vaporeuse et ce feutre rehaussé d'un voile noir bordé d'or.
(Ci-contre : Herald and Heart Hatters)

Confectionner un voile

1 Découpez une pièce de tulle ayant deux fois la longueur de la traîne après confection. Bordez le tulle de ruban de satin sur les quatre côtés pour obtenir un beau fini.

2 Pliez la traîne en deux dans le sens de la largeur, et appliquez-la, à partir de son centre, autour d'une couronne revêtue de tissu. Fixez le tour par quelques points.

3 Pour terminer, ajoutez un nœud en satin au point de jonction entre couronne et traîne.

Le tulle se salit vite, mais il est facile d'en changer pour habiller une couronne. Celle-ci a été réalisée avec du satin rembourré, puis enveloppée d'un tulle cousu par endroits, avant d'être agrémentée de petites fleurs blanches en tissu.

Des supports à agrémenter

Pour peu que vous trouviez un chapeau dont la forme et la couleur vous plaisent, il vous sera facile de l'agrémenter vous-même si les décorations en sont un peu trop sommaires.

Quelques idées pour un feutre

Chapeaux de paille, chapeaux de feutre : les idées qui conviennent à l'un comme à l'autre se trouvent page 120 ; mais le feutre offre plus de possibilités, car la matière plus épaisse et plus solide peut recevoir des ornements plus lourds comme des éléments en strass.

- Un vieux feutre mis au rebut peut retrouver une nouvelle fonction : il vous permettra de décorer un feutre en bon état d'une couleur autre. Vous agrémenterez ce dernier de torsades, de plis ou de motifs floraux découpés dans le vieux.
- Découpez une forme ondulée sur la lisière de la passe et décorez avec un cordon, ou habillez-la avec un ruban.
- Prenez des perforatrices de différents calibres et pratiquez des trous tout le long de la lisière ; dans le même esprit, vous pouvez y faire, à l'aide de ciseaux à cranter, des zigzags.
- Avec des ciseaux ou un cutter, découpez dans la calotte des dessins divers, puis doublez-la avec la calotte de l'ancien chapeau pour que les motifs ressortent dans une couleur de feutre différente.
- Garnissez un chapeau de clous métalliques (genre crampons de cycliste) qui existent dans des formes très diverses – pyramides, étoiles, cônes, ronds –, dorés ou argentés. Ils sont munis d'une griffe qui permet de les fixer sans problème au support.
- Ornez le feutre de velours, soit pour en garnir la face interne de la passe, soit pour en faire une garniture.
- Cousez des pièces de suédine ou de cuir.
- Brodez le feutre avec de la laine, de la soie ou du fil à broder.
- Décorez-le de glands ou de pompons maison.
- Ajoutez des franges, des brandebourgs ou toute autre passementerie insolite.
- Comme garniture, prenez une ceinture de cuir munie d'une jolie boucle.

Cinq résultats très différents pour un même feutre de base : guirlande de fruits et de feuillage, rubans de velours argenté et violet, étiquettes tissées, ruban à fils métalliques, galon de tête composé de deux pièces de tissu torsadées. Pour réaliser la décoration du chapeau bordeaux, tracez très légèrement à la craie de tailleur des lignes sur la calotte, puis faites-y des encoches. Faites passer dedans le ruban d'étiquettes ; cousez ensuite les deux extrémités à l'intérieur de la calotte. Sur le feutre noir, notez que le ruban de tête se termine par un bout en V afin qu'il ne s'effiloche pas. *(Ci-dessus)*

Quelques idées pour un béret

Le béret offre l'avantage d'être peu onéreux et de pouvoir se porter de multiples façons. On le trouve dans une large gamme de coloris, et il accepte d'innombrables décorations.

- Faites des trous à la perforatrice et garnissez-les d'œillets.
- Posez une cordelière ou des brandebourgs avec un gland au bout.
- Faites un ruban de tête avec un galon de tissu dans des couleurs vives.
- Coupez par le milieu deux bérets de couleurs différentes et interchangez les moitiés, en dissimulant la couture sous un biais de couleur vive.
- Cousez en spirale une vieille fermeture à glissière sur tout le fond.
- Cousez sur la lisière un ruban de velours ou de satin, et plantez au milieu un nœud avec une grosse pierre en strass.
- Décorez avec des étiquettes de vêtements ou avec des pin's.
- Entrelacez différents biais ensemble.

Quelques idées de décorations de bérets. Dans le sens des aiguilles d'une montre : pour le soir, un béret noir sert d'écrin à de fausses grosses pierres ; un béret bleu roi décoré d'un labyrinthique ruban de velours (arrêtez le tracé, épinglez le ruban en position, puis retirez les épingles à mesure que vous cousez le ruban) ; un béret vert parsemé de tout petits boutons de roses en tissu (ceux-ci ont été collés, mais ils peuvent tout aussi bien être cousus) ; un béret violet constellé d'étoiles en plastique argentées ; un béret brun recouvert de “gros pâtés de peinture” en feutrine et surmonté de deux pinceaux piqués au centre ; un béret rouge décoré de feuilles de houx en feutrine et de baies en perles de bois.

Quelques idées pour une paille

Typiques des beaux jours, les chapeaux de paille peuvent être confectionnés dans des pailles coûteuses et agrémentés d'ornements délicats ; mais le plus classique abandonnera la plus grande sobriété pour une extrême élégance grâce à l'ajout de fleurs fraîches ou de garnitures.

Pendant les vacances, vous pourrez chaque jour assortir votre chapeau à votre tenue grâce à un ruban tressé ou noué autour de la calotte.

- Découpez la calotte ; piquez le bord vif à la machine ou prélevez-y quelques brins de paille que vous disposerez en éventail, imitant en cela une plume.
- La paille accepte et supporte très bien les teintures à froid ; seul inconvénient, ce traitement la déformant, vous devrez lui redonner forme par la suite. Si vous souhaitez éviter cette opération, donnez à la paille une nouvelle couleur avec une peinture en bombe, à l'huile ou acrylique.
- La voilette ou le voilage complètent très bien un chapeau de paille ; pour l'été, choisissez-les de couleurs vives.
- Enfilez des petits cailloux ou des coquillages sur une lanière de cuir ou un élastique à froncer métallisé.
- Doublez la face intérieure de la passe avec une dentelle ou un voilage.
- Brodez la paille avec du raphia, complétez la décoration avec des épis de blé ou d'autres herbes.

Il est si agréable de modifier l'allure d'un chapeau de paille pour l'assortir à son humeur ou à sa tenue ! On peut en changer la couleur par teinture à froid ou peinture en bombe ; on peut aussi ajouter des roses en tissu, un foulard comme garniture, une algue ou de la paille ; on peut encore broder une fleur toute simple dont les coloris reprennent ceux de la paille. *(Ci-contre : Bailey and Tomlin, Viv Knowland, Gil Fox)*

Préserver ses chapeaux

Non seulement les boîtes empêchent les chapeaux de se déformer, mais en plus elles savent se faire belles ! Voici quelques cartons à chapeaux très réussis, décorés par collages, un moyen très commode de les personnaliser : mettez de côté des illustrations qui vous plaisent, découpez-les, collez-les sur un carton à chapeaux – peint ou non – et terminez par une couche de vernis.
(Emma Whitfield)

Un chapeau doit toujours être en parfait état, sauf si vous recherchez précisément à lui donner un aspect fripé... C'est pourquoi les cartons à chapeaux ne sont pas un investissement superflu.

Garnissez l'intérieur de papier de soie et rangez le chapeau à l'envers, la calotte vers le bas. Si la passe est très large, empêchez-la de s'affaisser et de se déformer en lui confectionnant un support en carton fort. Si elle comporte des décorations de fausses fleurs, enveloppez-les dans du papier de soie. Et surtout, n'empilez jamais des chapeaux les uns sur les autres.

Pour enlever d'un feutre cheveux et peluches, passez sur la surface un ruban adhésif. Si un feutre de couleur claire présente des salissures, frottez-le avec un morceau de pain rassis. Mais c'est surtout par ses ornements que le chapeau va vieillir. Un simple changement régulier de décoration lui apportera à chaque fois une nouvelle jeunesse.

Enfin, n'oubliez pas que ni le feutre ni la paille n'aiment l'eau, qu'un vieux chapeau peut toujours être teint, reformé ou découpé.

Bonne collection...

TECHNIQUES

Avant de vous lancer dans la confection ou l'embellissement d'un chapeau, lisez soigneusement les renseignements contenus dans cette partie. Vous y trouverez détaillées certaines techniques de couture, auxquelles il sera bon que vous vous exerciez avant de commencer vos travaux. Y sont également décrites les matières et fournitures utilisées en chapellerie, ainsi que l'équipement dont vous aurez besoin. Les techniques de base que nous vous expliquons sont similaires d'un chapeau à l'autre et vous n'aurez aucun mal à les acquérir, grâce notamment aux dessins détaillés. Enfin, vous y trouverez les principaux points de couture et de broderie qu'il vous faudra pratiquer.

Anatomie d'un chapeau

Avant tout, il est bon de connaître les termes usités pour parler des différentes parties qui composent un chapeau.

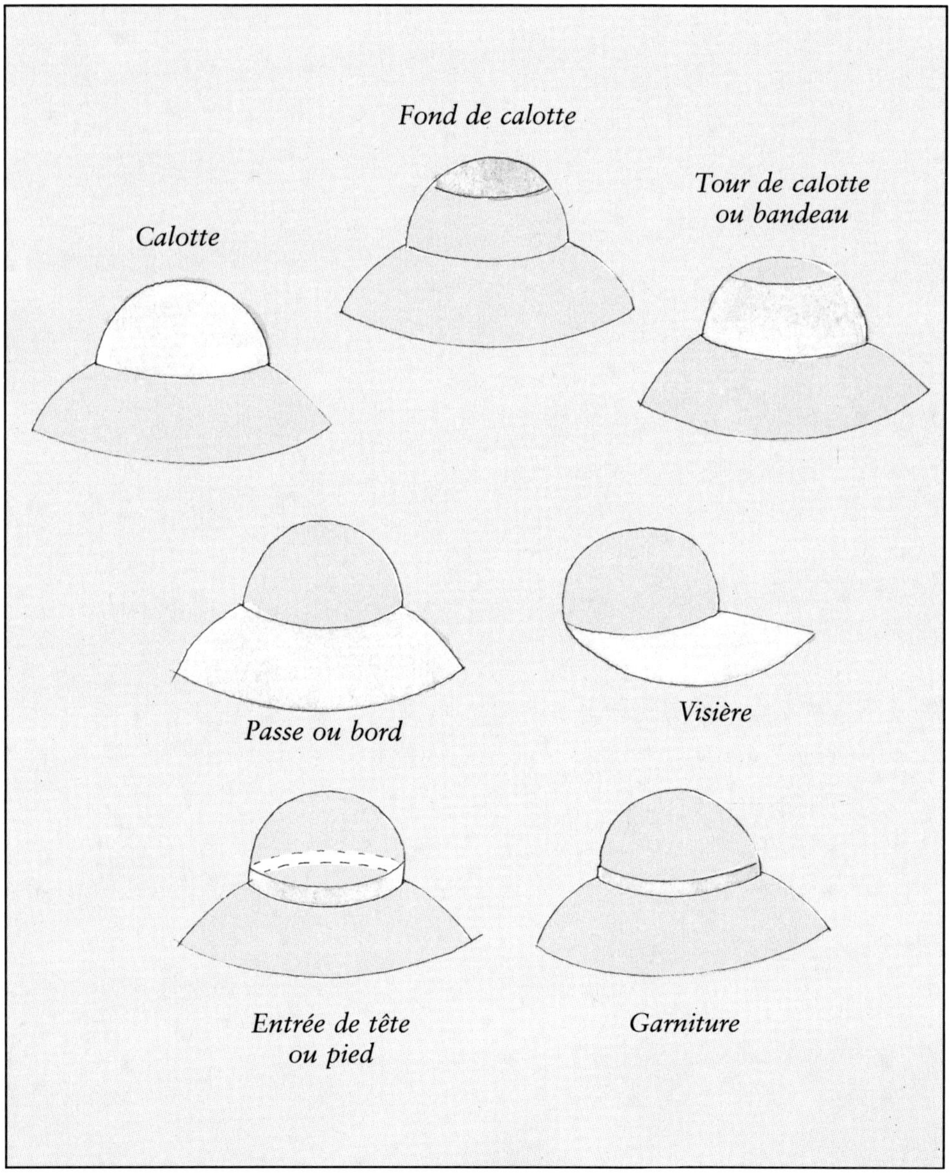

Calotte
Partie du chapeau située au-dessus de la passe ou bord et qui emboîte la tête ; la calotte peut être composée d'une seule ou de plusieurs pièces.

Fond de la calotte
Partie supérieure, de forme généralement ovale.

Tour de calotte ou bandeau
Partie inférieure, située entre le fond et la passe, généralement raccordée au milieu de l'arrière du chapeau.

Passe ou bord
Située sous la calotte, cette "avancée" peut être large ou étroite, plate ou retroussée, relevée vers le haut ou inclinée vers le bas.

Visière
Bord situé à l'avant d'une casquette et ne faisant pas le tour complet du chapeau.

Entrée de tête ou pied
Ligne d'assemblage de la passe et de la calotte, située sur la face interne du chapeau et en contact avec la tête. C'est là que le ruban gros grain est piqué et ajusté.

Garniture
Placé au niveau de l'entrée de tête, mais à l'extérieur du chapeau, ce galon sert souvent à dissimuler la jonction entre la calotte et la passe.

Outils & matériel

La plupart des travaux décrits dans ce livre ne nécessitent pas un équipement de spécialiste ; mais il vous sera utile de savoir quels sont les matériaux et outils utilisés par les chapeliers et les modistes. Vous trouverez également certains articles de base qu'il faudra vous procurer pour parvenir à réaliser la totalité des modèles décrits dans cet ouvrage.

Une série de moules en bois – plots et formes rondes des calottes – et quelques modèles de marottes.

Formes et moules

Marotte
L'amateur qui crée ses propres chapeaux n'a pas impérativement besoin d'avoir une grande variété de moules ; une marotte (tête en bois stylisée) lui sera cependant très utile : elle permet de manipuler le chapeau à loisir ou de travailler dessus.
Il faut, bien sûr, que vous utilisiez une forme dont la taille corresponde à celle de la tête qui portera le chapeau. Pour cela, procédez soigneusement à la prise de mesures : commencez par le tour de la tête, depuis le haut du front jusqu'à la proéminence située sur la face postérieure du crâne ; pour déterminer la profondeur de la calotte, mesurez la distance qui sépare le milieu du front du milieu de l'arrière du crâne. Marquez éventuellement ces repères sur votre marotte afin de les avoir toujours... en tête.

Pied de type ou rehausse-type
Il sert de support à la forme ou type pendant le travail sur le chapeau.

Plot
Cette forme plate ou bombée permet de travailler les passes ou bords.
Il est préférable d'avoir un plot grand plutôt que petit : il permet en effet d'obtenir des bords larges, tandis que le contraire n'est pas possible.

Type boule
Il s'agit d'une forme ovale et symétrique qui permet de confectionner notamment les calottes des feutres.

Poupée
C'est une marotte où le nez est légèrement esquissé, réalisée en balsa (bois très léger) recouvert de toile et pratique d'utilisation.

Colliers ou formillons
Ces anneaux de bois, de forme ronde ou ovale, correspondent à l'entrée de tête. Ils sont utilisés pour abattre et étirer les bords des feutres à la vapeur.

Formes diverses
Les moules en bois peuvent être de formes très diverses : carrée, "pot de fleur", etc.

Matériel de base

Pince coupante
Nécessaire pour courber et couper le fil de laiton. Choisissez de préférence une pince à bouts étroits, qui permet de couder plus facilement.

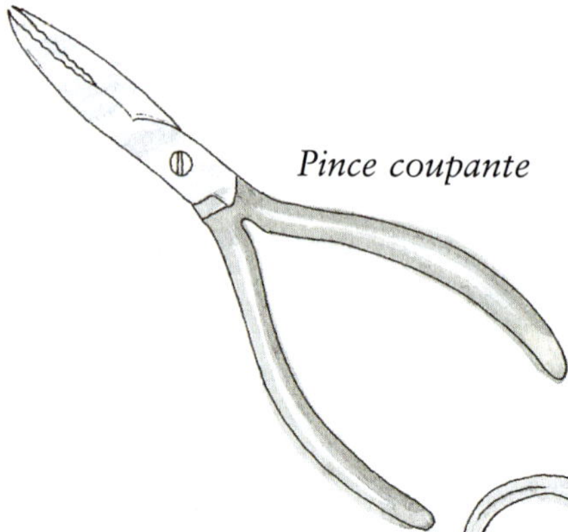

Pince coupante

Ciseaux
Il vous faudra en posséder au moins deux paires : l'une à papier pour couper la sparterie, le carton et les patrons en papier ; l'autre de tailleur, avec des branches de 20 cm de long, pour couper les différents tissus.

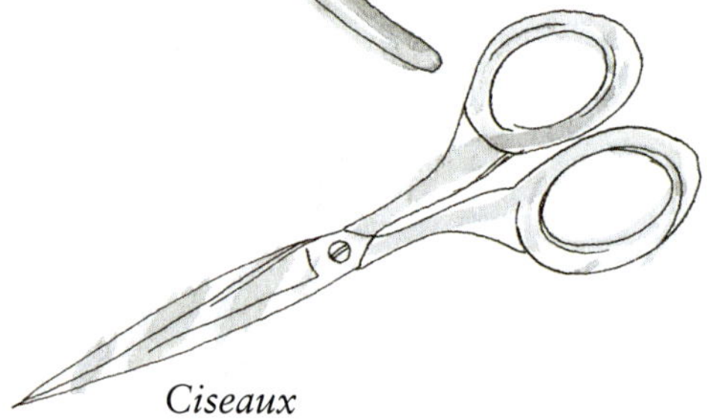

Ciseaux

Brosses
Elles vous permettront de redresser le poil du velours ou de lisser les longs poils de la panne et de certains tissus comme la mélusine. Vous aurez également besoin de pinceaux ordinaires (2,5 cm) pour appliquer les divers apprêts.

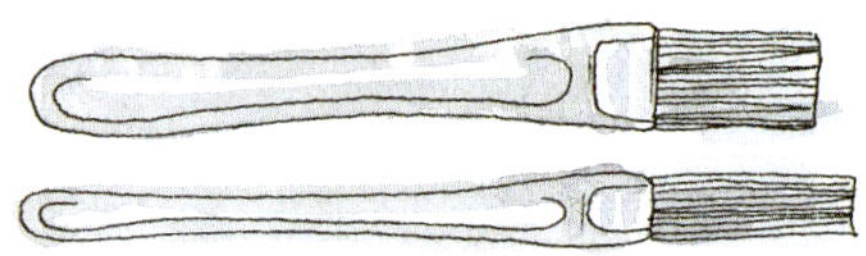

Brosses

Cutter
Pour découper le feutre sur la forme en bois.

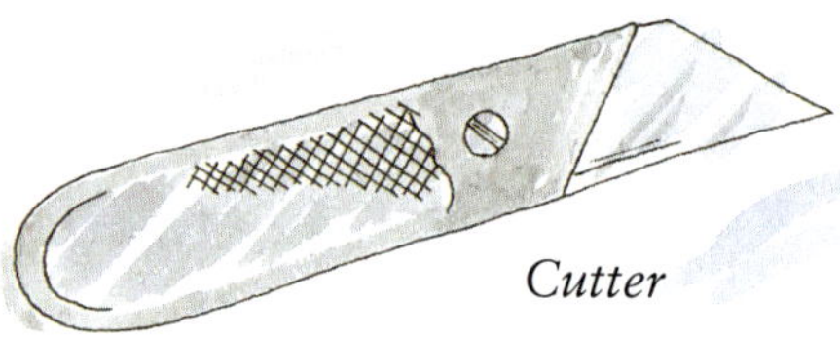

Cutter

Matériel de géométrie
Pour réaliser vos patrons sur papier, prévoyez une règle, un rapporteur, un crayon à papier, ainsi que du papier quadrillé.

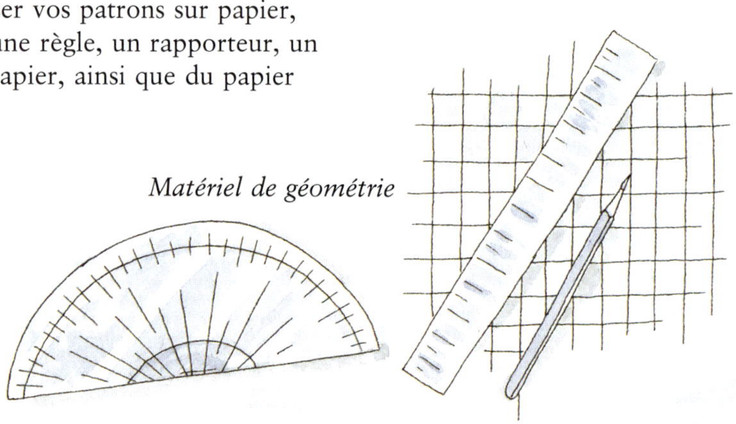

Matériel de géométrie

Épingles de modiste ou "emballeurs"
Vous aurez très souvent besoin de longues épingles de couture (3 cm). Certaines, très fines, sont utilisées spécialement pour les soieries fines et les velours de prix. Ne laissez jamais d'épingles sur un feutre que vous passez à la vapeur : elles y laisseraient des marques.

Aiguilles modistes
Les aiguilles de chapelier ou de modiste existent dans différentes dimensions. Plus un tissu sera fin, plus il faudra le travailler avec une aiguille fine ; cette règle de base souffre une exception, puisque le cuir et le daim doivent eux aussi être cousus avec des aiguilles fines. Vous utiliserez des aiguilles n° 3-6 (pour mettre en forme la sparterie), n° 7-8 (feutre), n° 9-10 (satin, mousseline, travaux délicats) ; prévoyez également une grosse aiguille courbe.

Dé à coudre
Un accessoire indispensable pour pousser les aiguilles. Choisissez-le de préférence en acier.

Mètre de couturière
Pour prendre les bonnes mesures.

Craie de tailleur
Elle permet de dessiner des motifs sur tous les tissus sans laisser de marques.

Punaises
Elles sont indispensables lors de la mise en forme du chapeau ; choisissez-les très solides, car elles auront à subir une tension énorme. Les professionnels recourent plus généralement à des épingles en laiton qu'ils clouent sur la forme en bois.

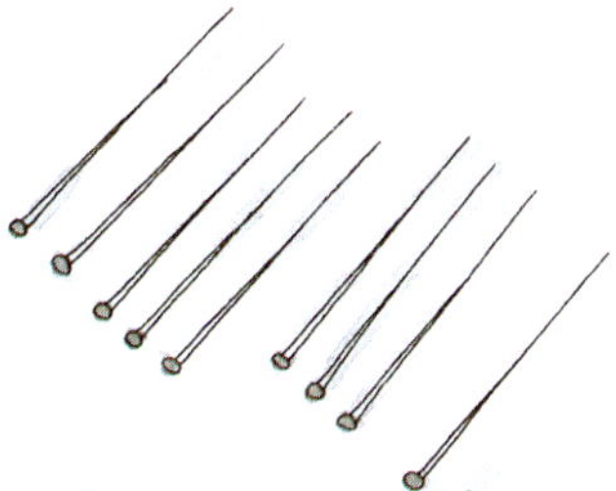

Épingles de modiste

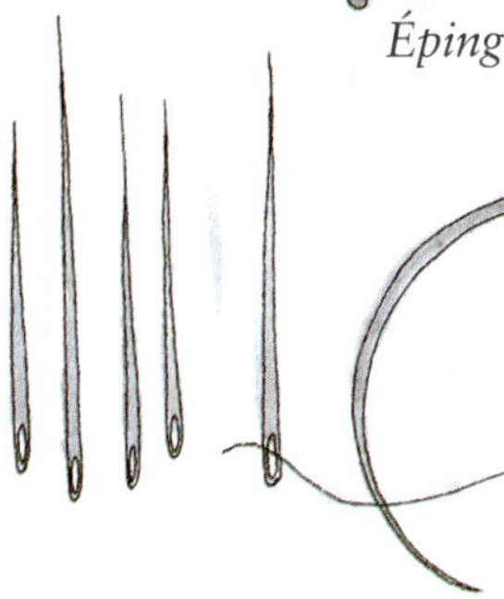

Aiguilles modistes

Dé à coudre

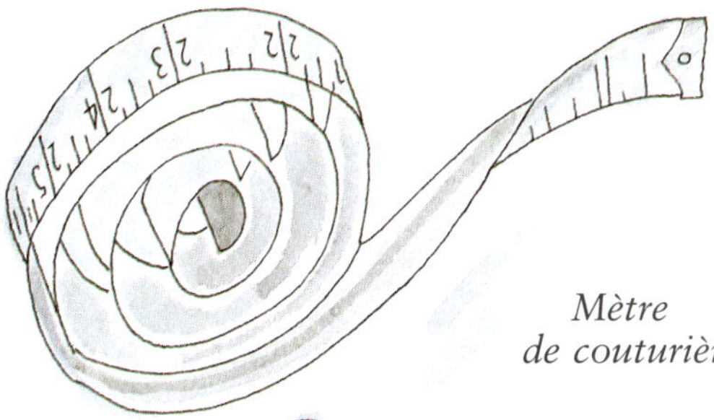

Mètre de couturière

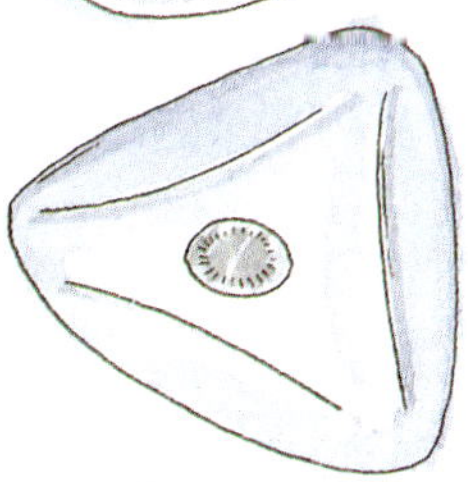

Craie de tailleur

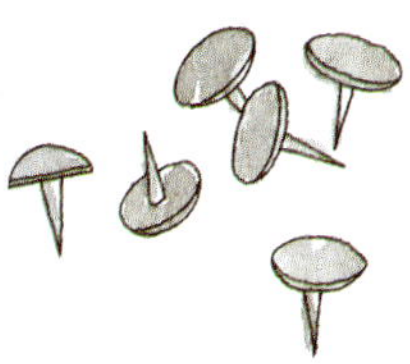

Punaises

Machine à coudre
Elle s'utilise assez peu en chapellerie, sauf pour confectionner des chapeaux en tissu, pour coudre les coiffes (doublures intérieures) et piquer les fonds de calottes ; en revanche, il vous en faudra une pour réaliser la plupart des travaux décrits dans ce livre.

Fer à repasser
Plus léger il est, moins le travail sera fatigant, puisque vous devrez la plupart du temps l'utiliser en l'air et non posé ; un fer de voyage à sec est la meilleure solution.

Coq ou fer à coquer
Il s'agit d'un petit fer à repasser en forme d'œuf muni d'une longue tige. Il sert surtout à modeler le feutre et les draperies.

Bichon
Cette sorte de coussin dur est utilisée pour fignoler, parachever la forme du chapeau. Il est indispensable pour tenir la pièce au moment du repassage. Vous pouvez en réaliser un vous-même en pliant plusieurs fois une toile de coton jusqu'à obtenir un carré d'environ 10 cm de côté, dont vous piquerez les bords à la machine à coudre.

Bouilloire
La vapeur est souvent employée en chapellerie, car elle permet d'étirer et de détendre les matières. Sans aller jusqu'à vous procurer un appareil spécial, vous pouvez parfaitement vous contenter d'une bouilloire, toute simple, sans dispositif automatique d'arrêt, ou d'un couscoussier.

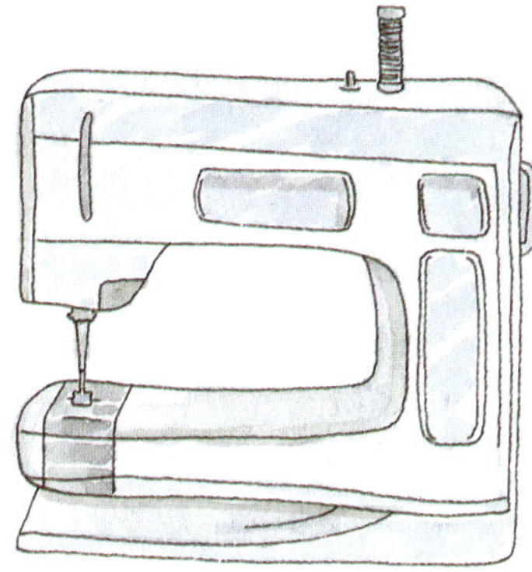

Machine à coudre

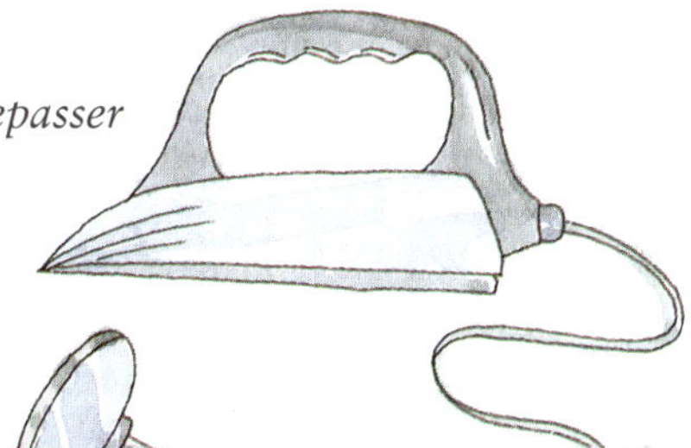

Fer à repasser

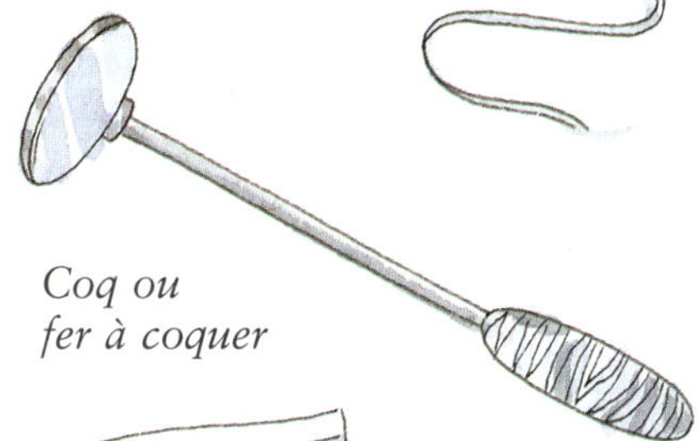

Coq ou fer à coquer

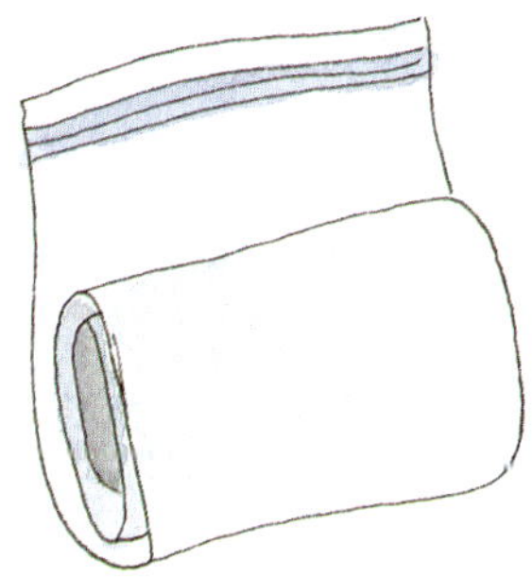

Bichon

Bouilloire

Matériaux & matières

Voici différents matériaux utilisés en chapellerie, regroupés en quatre catégories : dans la première, les cônes en paille et en feutre, destinés à être façonnés selon des formes diverses. Ensuite, les matériaux de base et les tissus de soutien utilisés par les professionnels. Dans la troisième rubrique sont rassemblés les principaux tissus de revêtement, et dans la quatrième ceux qui servent à la réalisation de chapeaux souples.

CÔNES DE FEUTRE & DE PAILLE

C'est principalement sous forme de cônes que se présentent la paille et le feutre tels que l'achètent les chapeliers. Il existe deux configurations de base : le cône, proprement dit, semblable à un fez mais beaucoup plus grand, sert à confectionner des chapeaux sans passe ou à bord étroit ; la cloche, avec un bord, plus grande que le cône, convient pour réaliser des chapeaux plus grands avec une passe. Les cônes de paille ou de feutre sont disponibles dans une grande variété de couleurs, de qualités et d'apprêts.
Il semblerait que depuis l'Antiquité égyptienne le feutre serve à la confection de chapeaux, et sa structure s'y prête très bien. Cette matière, dont la meilleure qualité est en poils, n'est pas un tissu : elle résulte d'un foulage et d'une agglutination de poils ou de laine, et peut donc aisément s'étirer sous l'action de la vapeur. Lorsqu'il doit être travaillé à la main, le feutre de poils est préférable au feutre de laine, qui a tendance à rétrécir et à faire des peluches.
Quant à la paille, véritable ou d'imitation, elle offre de multiples variétés qu'il est impossible de décrire en détails ici.

Mérinos
Ce feutre de laine est le plus commun.

Feutres véritables
Ce sont des matières en poils d'animaux, de nos jours uniquement de lapin.

Taupé
Ce feutre anciennement en poils de taupe (d'où son nom à l'origine), ou de lapin, a subi un traitement spécial qui en fait une matière coûteuse et très prisée.

Mélusine
Feutre dont l'aspect est celui d'un taupé, mais dont les poils ne sont pas foulés.

Demi-feutres
Ce sont des mélanges pour moitié de poils et moitié de laine.

Pailles exotiques
Venues d'Extrême-Orient, elles sont ordinairement tressées en spirales. Elles s'obtiennent à partir des fibres de chanvres exotiques ou des tiges entières de végétaux : c'est le cas des variétés comme le bangkok du Siam, le bakou du Caucase, le sisol du Mexique, le bengale de l'Inde, le para ou parabuntal des Iles de la Sonde, le paka de Madagascar, le manille des Philippines ou encore le fameux panama, fait avec les feuilles séchées et roulées d'une sorte de bananier. La plus jolie paille utilisée très souvent pour les chapeaux classiques est le para-sisal.

Véritables pailles
Sous cette appellation sont regroupées la paille d'Italie, le picot ou paille anglaise – sans envers et très fine –, le paillasson plus gros et à relief, c'est-à-dire des pailles composées à partir de la partie supérieure du blé (près de l'épi). Les brins, appréciés pour leur finesse, sont cousus les uns aux autres en spirale à partir du point central de la calotte. Ces pailles se vendent sous forme de plateau ou de capeline.

Pailles d'imitation
On trouve dans cette catégorie les pailles à base de crin naturel ou artificiel, des pailles chimiques (pailles suisses) ou à base de cellulose, comme la cellophane, et des pailles de papier. Elles sont vendues en tresses et comprennent des variétés infinies.

Paille de riz
Blanche et fine, généralement vendue en tresses, elle est très fragile et coûteuse. La paille de bois de peuplier ou de bouleau l'a peu à peu remplacée.

Une série de matériaux de base, indispensables à la confection des chapeaux : cônes de feutre et de paille, plaques de sparterie, type bardé, fils de laiton de diverses grosseurs, apprêt...

MATÉRIAUX DE BASE & TISSUS DE SOUTIEN

Grâce à eux, modistes et chapeliers peuvent confectionner le type du chapeau, lequel sera ensuite habillé d'un autre tissu.

Sparterie
C'est la matière de base la plus employée. Il s'agit d'une plaque de paille végétale tissée et recouverte d'une mousseline amidonnée, d'épaisseur variable. Après l'avoir humidifiée pour qu'elle ne casse pas, on la modèle pour lui donner la forme désirée. Elle garde cette forme en séchant. La sparterie permet de créer des "types" (formes de base) ou sert d'armature aux chapeaux destinés à être recouverts de tissus plus lourds comme le velours ou le satin ; on l'utilise aussi pour confectionner à la main les bords et les calottes des chapeaux. La face endroit de la sparterie est celle qui est recouverte de mousseline, offrant une surface sans aspérités au tissu qui sera choisi et appliqué. La sparterie et le tissu se travaillent toujours dans le biais.

Tulles raides
Fortement apprêtés, ils permettent de renforcer un tissu trop léger, comme par exemple la mousseline, le crêpe georgette ou la dentelle. Humidifiés, ils peuvent être tendus sur des formes.

Tarlatane
Cette étoffe très légère peut servir à réaliser des motifs ou à doubler les tissus pour réaliser des chapeaux souples.

Barège
C'est un coton d'aspect pelucheux, utilisé pour recouvrir les types ou formes en sparterie. Il sert surtout de pattemouille.

Cingalette
C'est un tissu de coton, tissé lâche en armure toile, très apprêté à l'amidon. Mouillée, la cingalette est appliquée puis repassée sur la forme en sparterie afin de la glacer et d'en éliminer les aspérités.

Fil de laiton
Très malléable, ce fil gainé le plus souvent de coton est utilisé pour donner de la tenue aux passes et entrées de tête. Il prend des noms différents selon le calibre. Le fil de laiton le plus couramment employé est de calibre n° 5 (gainé de dentelle pour les travaux fins), n° 7 (utilisation standard), n° 10 (tenue de la sparterie). En ruban, il sert à faire les nœuds et les ornements. Le plus gros – la barre – convient pour renforcer les types.

Apprêts
Ce sont des substances qui servent à apprêter, c'est-à-dire à donner de la tenue à la paille, aux tissus ou au feutre, avant qu'ils ne soient travaillés ou présentés. Les apprêts sont de plusieurs sortes : à la gélatine (une poudre dissolvable dans l'eau), à la gomme arabique, à base d'alcool (déconseillé alors aux personnes asthmatiques). L'apprêt standard (à base d'alcool), le plus simple à utiliser, s'applique au pinceau sur les pailles ou à l'intérieur des feutres secs.

Tip-Fix
C'est un liquide épais et blanc qui s'applique uniformément sur le type en sparterie, formant un revêtement dur.

Fils à coudre
Du fil noir et du fil blanc suffisent pour effectuer les travaux de base.

Doublure
Elle permet de rendre impeccable l'intérieur d'un chapeau. On trouve également des coiffes (doublures de calottes) déjà toutes préparées.

Ruban gros grain
À côtes plus ou moins grosses, c'est le ruban d'ornement le plus courant ; il se compose généralement de soie et de coton, ou de rayonne et de coton. Très souple, il permet de faire facilement des nœuds. Il sert à la fois pour protéger les entrées de tête et comme garniture.

TISSUS DE REVÊTEMENT

En théorie, n'importe quelle matière textile peut convenir comme revêtement; dans la pratique, en revanche, peu acceptent de se prêter à ce travail. En chapellerie, la matière utilisée se caractérise avant tout par sa capacité à être étirée sur une surface convexe (moule en bois ou type en sparterie), à supporter sans dommage un traitement à la vapeur et le passage d'une épingle et à conserver, une fois sèche, la forme qui lui a été donnée. Lorsque vous choisissez un tissu, n'oubliez jamais non plus que c'est sur une tête qu'il sera porté : il faut donc qu'il soit à la fois léger et confortable. Pensez également à le prendre dans une texture assez facile à nettoyer.

Cuir et suédine
Choisissez-les très doux, d'une qualité similaire à celle du cuir de ganterie.

Dentelle
Elle est particulièrement indiquée à l'occasion de manifestations mondaines, mariages ou cocktails. La guipure peut être empesée à l'amidon avant d'être montée sur un léger tissu (genre mousseline), ou ses motifs être découpés et reportés sur un nouveau fond.

Jersey
Les jerseys de soie et de coton sont des tissus légers qui permettent de réaliser d'élégants drapés. Élastique dans les deux sens, le jersey ne demande pas à être couper dans le biais.

Laize
Tissu en fibres de raphia (d'où son autre nom de "tissu de paille") ou en synthétique, il est idéal pour la confection des chapeaux d'été ; il peut également être utilisé pour recouvrir des armatures, être découpé en motifs ou encore servir à doubler une calotte. Il faut toutefois le manipuler avec précaution, car il s'effiloche facilement, et le travailler légèrement humidifié.

Panne
Étoffe de laine, coton ou soie, semblable à du velours mais à poils longs, très utilisée en chapellerie ; les poils peuvent se lisser dans tous les sens.

Satin
Les satins mats sont les plus beaux mais aussi les plus difficiles à travailler. Ils sont également très coûteux.

Taffetas
Le taffetas, une soierie à armure unie, est très utilisé par les modistes. Le plus courant sert aux doublures, celui de belle qualité étant réservé pour les drapés et les turbans.

Tissus transparents
On citera les plus courants : mousseline, organza et tulle. Choisissez-les de bonne qualité, en n'oubliant pas que ce sont les tissus de soie qui vous donneront les meilleurs résultats.

Velours
Le meilleur velours est celui qui doit avoir un poil soyeux et présenter un envers de coton. Les velours de rayonne constituent une bonne et économique solution.

TISSUS POUR CHAPEAUX SOUPLES

Les chapeaux souples peuvent se confectionner avec n'importe quel tissu ni trop lourd ni trop raide. Les matières qui s'y prêtent bien sont le coton (calicot, guingan, batiste, serge de coton, toile tailleur...), la laine (fine, texturée, tricotée, tissée...), le velours côtelé, la dentelle et le jersey.

Des tissus fréquemment employés en chapellerie : cotons, organdi, toile tailleur, tissus de laine, dentelle, cuir et suédine, ainsi que velours, soieries et satins, plus riches.

POUR CHOCOLAT
FANTAISIES EN
POUR CHOCOLAT

Tours de mains

Cette partie vous convie à faire le tour des principales techniques utilisées par les chapeliers et les modistes pour donner forme aux cônes de feutre et de paille, pour renforcer la passe (ou bord) avec du fil de laiton et pour achever la confection du type (support). Vous apprendrez à armer une entrée de tête – un exercice qui peut être très utile pour une coiffure de mariage –, une calotte en sparterie. Enfin, vous aurez un bref aperçu des points de couture et de broderie les plus répandus.

Travailler le feutre

L'appropriage est l'une des dernières étapes dans la chaîne de fabrication du feutre : elle consiste à redonner élasticité, puis forme au chapeau, en fonction de l'entrée de tête et de la largeur du bord voulues. Les méthodes sont très variées et expliquent les écarts de prix. À cela s'ajoute également le coût du matériau de base utilisé. Les rayons de chapeaux des grands magasins regorgent de couvre-chefs dont la taille est généralement unique. À l'inverse de ces productions de grande série, il existe des chapeaux fabriqués à la main et sur des formes en bois, pièces uniques à l'intention de particuliers.
Les moules, dont les tailles et les formes peuvent être très diverses, sont coûteux à l'achat, et de surcroît difficiles à acquérir d'occasion ; cela dit, il est certain que c'est en les utilisant que vous pourrez obtenir une finition digne d'un professionnel.
Le feutre se prête particulièrement bien à cette technique de mise en forme : cette matière, en effet, où les poils sont foulés puis agglutinés, est dépourvue de grain et peut être étirée dans tous les sens (puisqu'elle n'est pas tissée) lorsqu'elle est chaude et humide. De plus, elle garde en séchant la forme qui lui a été donnée.
Traditionnellement, les meilleurs feutres sont en poils de lapin. Ils ont une bonne tenue et autorisent des modifications de forme après appropriage. Quant aux feutres de laine, leur qualité dépend bien sûr de celle de la matière première utilisée ; mais en tout état de cause, ils rétrécissent tous sous l'effet d'une vapeur trop chaude.
Choisissez les cônes en fonction du style de chapeau que vous prévoyez de confectionner : pour un petit chapeau sans bord, prenez une forme cône ; pour un modèle à passe importante, préférez une forme cloche. Évitez de les manipuler souvent et limitez l'emploi d'épingles.
L'apprêt, le produit rigidifiant, s'applique en principe à l'intérieur du chapeau après que celui-ci a été terminé ; néanmoins, certaines modistes enduisent le support avant de commencer la confection (voir étape 2 page suivante).

Pour un chapeau à larges bords, prenez un cône de feutre dont la forme est une cloche.

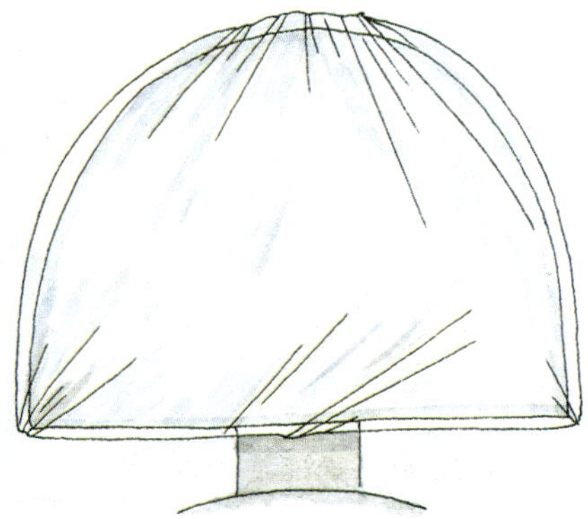

1 *Protégez le moule ou le type par un film de plastique ménager : vous éviterez ainsi qu'un reste de teinture ne le tache accidentellement et colore le prochain chapeau que vous réaliserez.*

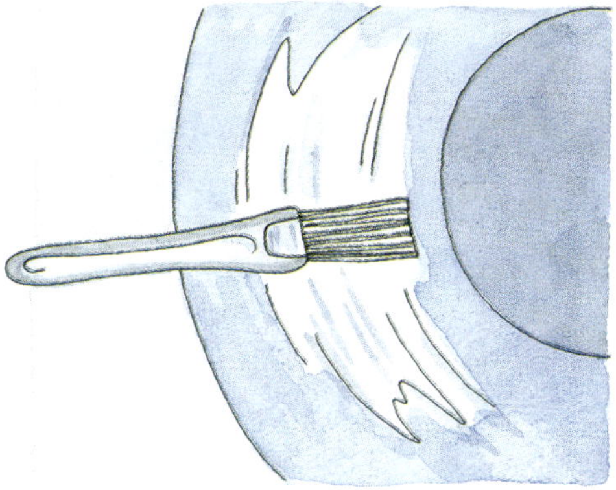

2 Si le feutre utilisé est fin ou s'il doit être très étiré, enduisez l'envers d'un peu de gomme arabique. Pour cela, retournez le cône, repérez au moyen d'une épingle le point de départ du badigeon, et passez le produit sur la totalité de la surface. Laissez sécher complètement.

3 Passez la cloche au-dessus de la vapeur pendant trois ou quatre minutes, de façon que l'humidité chaude pénètre bien le feutre. Puis tendez-la sur le moule en bois. Vous pouvez éventuellement la maintenir en place, soit avec des punaises ou, mieux encore, des épingles en laiton, soit avec une ficelle serrée et nouée au bas de la calotte si vous craignez que des traces de trous restent visibles. La position de la ficelle dépend, bien sûr, de la profondeur de la calotte.

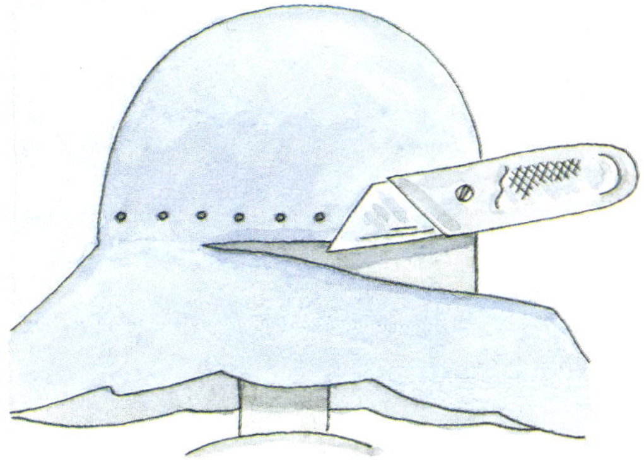

4 Coupez le feutre qui déborde en commençant au cutter et en terminant aux ciseaux de tailleur. Veillez bien à ne pas entailler cette chute qui servira à confectionner la passe du chapeau.

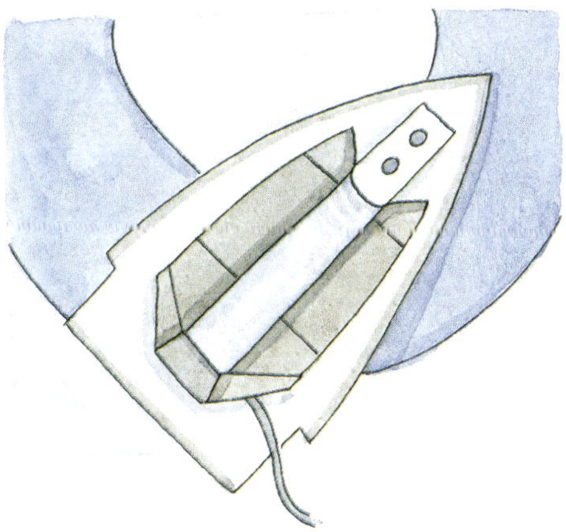

5 On procède de la même manière que précédemment pour tendre le bord du chapeau et le mettre en forme. L'entrée de tête doit avoir les mêmes dimensions que le tour de la calotte. Pour y parvenir, on étirera ou rétrécira la passe de feutre jusqu'à ce qu'elle vienne s'ajuster parfaitement à la calotte. Pour éviter la formation de bosses et obtenir un résultat régulier, étirez le feutre uniformément, dans un sens, puis dans l'autre. Pendant tout ce travail, envoyez de la vapeur sur le feutre en utilisant une bouilloire ou un linge humide et un fer à repasser.

Quelques trucs

- Les bords peuvent se façonner à la main, au prix cependant d'une belle dose de patience et de minutie. Vous pouvez aussi commencer sur un moule et terminer à la vapeur et au fer à repasser.
- Si vous obtenez une entrée de tête plus grande que le tour de la calotte, ôtez le surplus de feutre à l'arrière, au milieu, et cousez bord à bord au point de surjet.
- Si le tour d'une calotte est trop grand par rapport à la passe, rétrécissez-le à l'aide d'un coq (ou fer à coquer).
- Après avoir confectionné le chapeau, bichonnez-le : donnez-lui un aspect encore plus flatteur en le passant légèrement à la vapeur et en lui donnant un coup de brosse de façon à en redresser le poil.

Travailler la paille

Selon sa qualité, la paille se travaille plus ou moins facilement ; mais, quel qu'en soit le type, elle se traite et s'étire de la même façon que le feutre.

Le moyen le plus simple de confectionner un chapeau de paille est de partir d'un cône de paille, et de donner forme à la calotte et à la passe. Avant de placer la paille sur le moule, humidifiez-la légèrement de façon à la ramollir. Sinon, elle risque d'être trop raide et de se casser facilement.

Enfoncez la paille sur le moule, en veillant à ce que le haut de la calotte soit bien centré avant de la fixer avec des punaises. Il est important que la pièce centrale de la calotte soit bien placée, de manière que les cercles concentriques apparaissent. Les pailles d'imitation s'étirant beaucoup, punaisez-les fermement pour obtenir un fini lisse, notamment lors du moulage de la passe.

Si vous souhaitez travailler séparément la calotte et le bord, ne séparez ces deux parties qu'après avoir déjà donné sa forme à la calotte. Veillez également à ce que les tours de tête correspondent à peu de choses près. Pour réaliser la passe, et la modeler au gré de votre fantaisie, procédez de la même façon qu'avec du feutre.

Quand la paille est sèche, badigeonnez-la d'apprêt standard avec un pinceau.

Renforcer au fil de laiton

Le fil de laiton est largement employé par les modistes tout au long de la réalisation d'un chapeau.
Pour les travaux courants, prenez du fil de laiton pas trop épais, n° 6 par exemple. Il se présente en rouleau. Avant tout, redressez-le. Coupez-le avec une pince coupante et enroulez-le dans un sens, puis dans l'autre autour d'un pied de chaise arrondi. Si vous avez besoin qu'il fasse un angle aigu et non une courbe, donnez-lui la forme voulue à l'aide d'une pince plate. N'essayez jamais de couper du fil de laiton en le tordant : faites une coupe franche à la pince coupante.

BORD DROIT

1 Cousez le fil de laiton, à la main, en faisant un point de laiton, puis fixez fermement les deux extrémités croisées l'une sur l'autre. Le bord est maintenant prêt à accueillir un gros-grain.

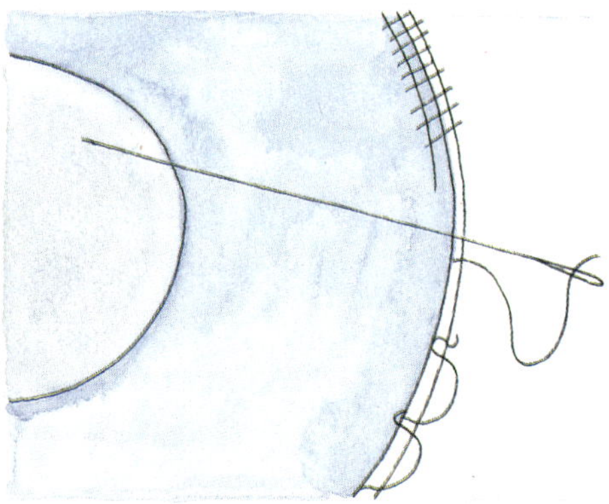

Note : Prévoyez une longueur de laiton équivalente à la circonférence du bord, augmentée de 5 ou 6 cm pour le croisement. Commencez toujours le travail à l'arrière, au centre.

BORD RETOURNÉ

1 Cousez le fil de laiton sur l'envers de la passe, à 1 cm de la lisière, par un point de laiton. Fixez les deux extrémités l'une sur l'autre. Retroussez la lisière par-dessus le fil de laiton, appuyez en repassant à l'aide d'une pattemouille.

2 Piquez la lisière à la machine le plus près possible du fil de laiton. Coupez le bord vif en suivant le point fait à la machine.

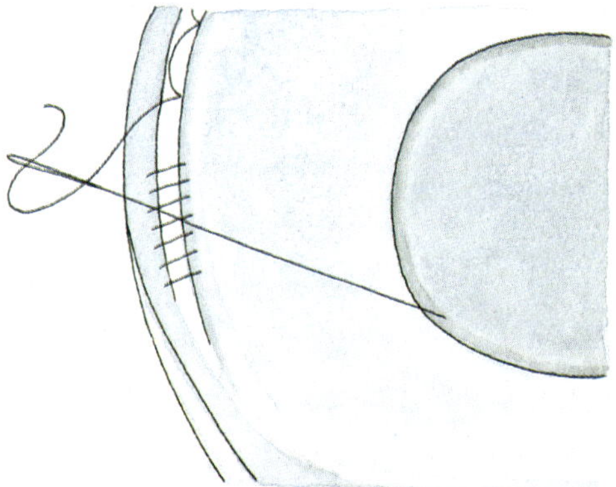

Finition

Ces conseils s'appliquent aussi bien au feutre qu'à la paille.

1 *Si la calotte et le bord ont été mis en forme séparément, réunissez-les en faisant coïncider les deux à l'arrière, au milieu. Fixez avec de grandes épingles, puis cousez ensemble calotte et bord en faisant de grands points arrière.*

2 *Placez du ruban gros grain à l'entrée de tête, à l'intérieur du chapeau, et cousez de l'intérieur en faisant des points invisibles.*

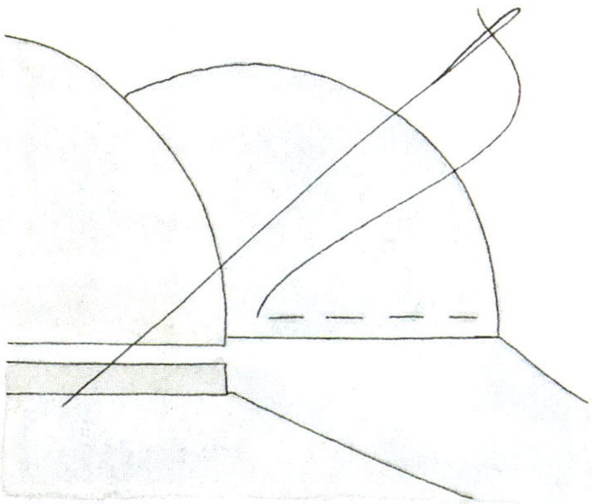

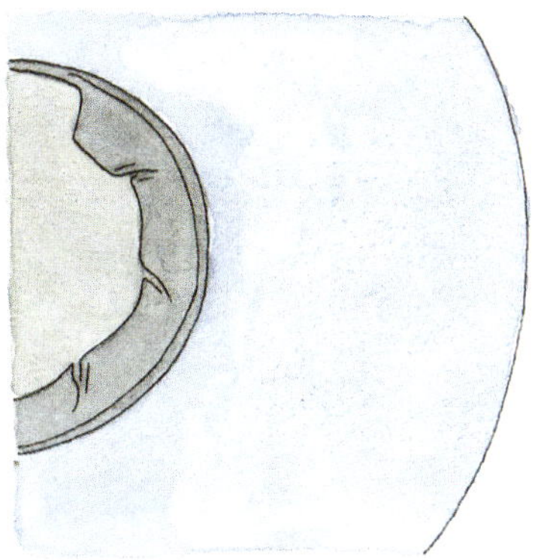

Entrée de tête laitonnée

L'armature en laiton était autrefois pratiquée pour donner des "carcasses" de chapeaux. L'amateur d'aujourd'hui l'utilisera volontiers pour renforcer une entrée de tête destinée à être habillée de tissu ou à recevoir des ornements, pour un mariage par exemple. Il pourra y avoir recours également pour des types en toile gommée ou en sparterie.

Cette garniture toute simple sert à dissimuler l'attache entre la calotte et la passe du chapeau.

1 *Découpez dans le biais de sparterie ou de toile gommée une bande (65 cm x 3 cm). Réunissez les deux extrémités de la bande et faites-les chevaucher jusqu'à obtenir la bonne longueur. Cousez un fil de laiton de part et d'autre de la bande au point de laiton, en faisant se recouvrir les deux extrémités sur environ 5 cm ; fixez fermement ensemble les deux bouts.*

2 *Découpez dans le biais deux longueurs de cingalette de 5 cm de large, et étirez-les. Recouvrez les lisières laitonnées à la cingalette en fixant par un point invisible. Pour donner une forme ovale à cette bande, aidez-vous d'un moule de calotte.*

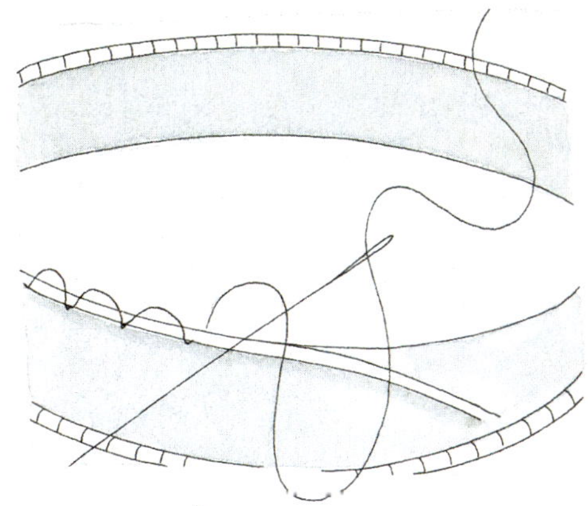

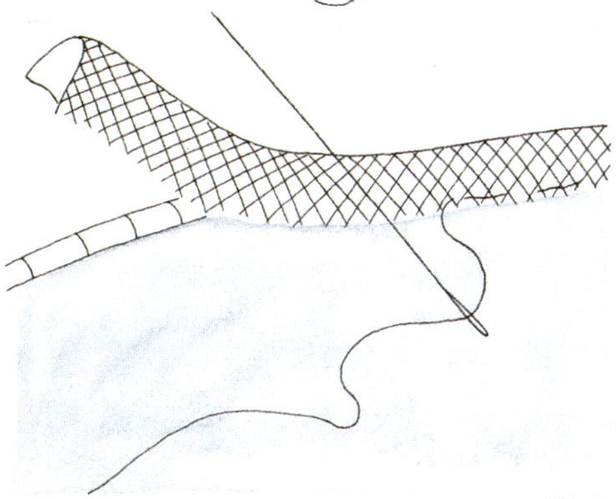

Points de couture

Il existe peu de points qui soient spécifiques à la chapellerie ; la plupart sont ceux pratiqués en couture ou en broderie. Les points de surjet ne s'utilisent que sur le feutre.

Ajout invisible
Presque invisible, il permet de joindre deux lisières ensemble, lorsque les deux côtés du chapeau sont visibles, par exemple une passe retroussée. Disposez bord à bord les morceaux de feutre et piquez l'aiguille en diagonale, à environ 3 mm de la jointure. Repiquez l'aiguille à la verticale et recommencez. Les petits points se feront face de part et d'autre des lisières assemblées.

Point de laiton
Il s'agit d'un point très important qui permet d'attacher le fil de laiton à la lisière de la passe ou de l'entrée de tête. C'est un point de boutonnière, mais les piqûres sont espacées l'une de l'autre de 1 ou 2 cm. Faites un point à environ 1,5 ou 2 cm du début, mais derrière le fil de laiton, et passez l'aiguille dans le bord du chapeau juste en dessous du fil. Ne tirez pas trop ; passez l'aiguille dans l'arrière de la boucle, tendez, recommencez. Si vous passez l'aiguille par l'avant de la boucle et non par l'arrière, le fil de laiton risque de ne pas être assez maintenu. Le nœud doit être régulier et se faire sur l'arête du fil de laiton.

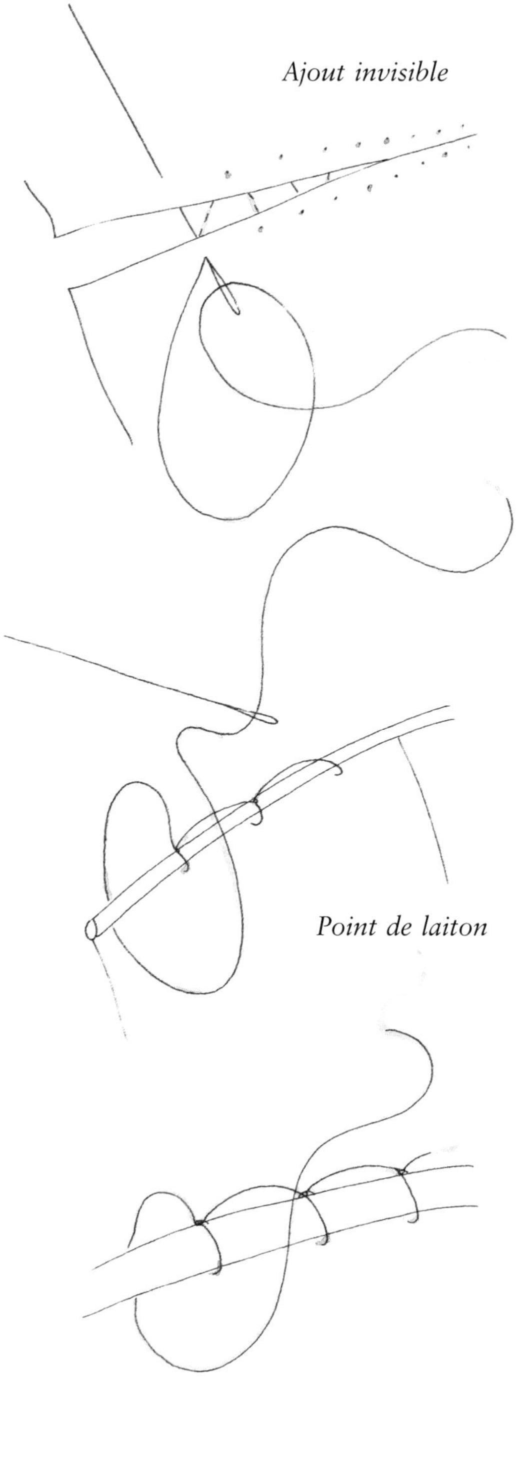

Point glissé
Ce point utilisé en couture permet, en chapellerie, de terminer les lisières de certaines passes ou de coudre les doublures. Pour l'exécuter, piquez l'aiguille dans la pliure du tissu et ressortez-la, puis faites un petit point dans l'autre tissu non plié, légèrement au-dessous de la ligne de la pliure ; répétez l'opération.

Point arrière
Il s'exécute normalement pour assembler des bandes de sparterie ou pour réunir la calotte et la passe d'un chapeau, lorsque la ligne de piqûre est destinée à être masquée. Commencez par faire un petit point dans le tissu et ressortez l'aiguille. Puis plantez-la à nouveau au niveau du point fait. Ressortez-la. Repassez l'aiguille et faites sortir le fil en face du point. Ramenez-le à l'extrémité de ce point et répétez l'opération.

Point invisible
Ce point s'utilise en chapellerie pour les tours de calotte, pour fixer les ornements et les décorations, pour assembler le bord d'un chapeau à sa calotte, pour maintenir les plis et les drapés en place. Sa longueur dépend de la nature du travail à réaliser. Il s'exécute en enfonçant l'aiguille franchement et de façon uniforme, depuis l'intérieur jusqu'à l'extérieur du chapeau. Le côté le plus long du point se situera à l'intérieur, tandis que la piqûre sera à peine visible sur la face externe. Si vous pratiquez de nombreux points sur la face interne, dissimulez-les par une doublure.

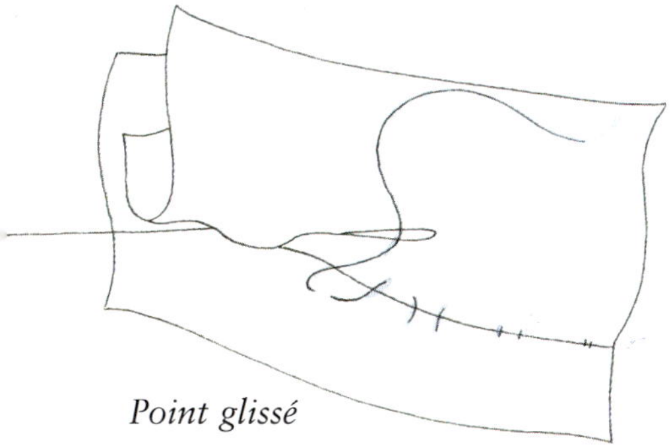

Point glissé

Point arrière

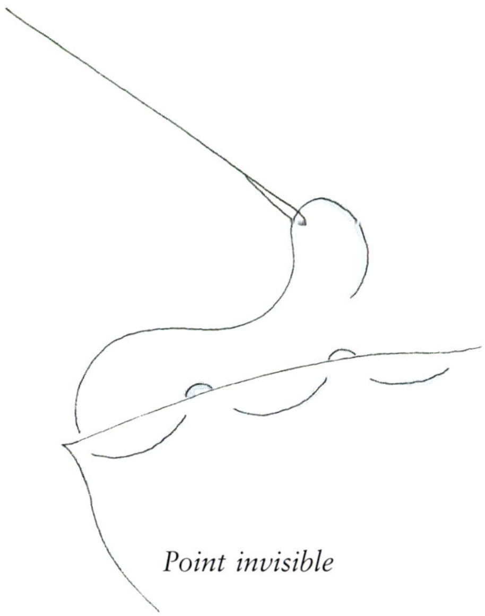

Point invisible

Surjet à cheval
Il s'utilise pour réunir deux morceaux de feutre et donner une couture particulièrement résistante. Posez endroit contre endroit deux morceaux de feutre ; faites des piqûres régulières et serrées, de droite à gauche, sur toute la longueur en chevauchant les lisières des deux morceaux.

Surjet à plat
Il est presque identique au surjet à cheval, à la seule différence près que les deux morceaux ne sont pas mis endroit sur endroit, mais bord à bord. Commencez par un petit point arrière bien net, puis piquez l'aiguille dans l'épaisseur du feutre de façon que les points se voient sur l'envers, mais non pas sur l'endroit. Terminez par un point arrière.

Nœud de modiste
Ce nœud permet de couper un surplus de fil sans avoir recours à un certain nombre de points arrière qui donneraient de l'épaisseur. Commencez par enrouler l'extrémité du fil autour de l'index, puis faites un nœud entre le pouce et l'index. Tenez le nœud, enroulez plusieurs fois le fil autour de l'index, et faites glisser l'aiguille entre ces fils enroulés ; tout en maintenant le nœud et les fils, tirez l'aiguille de façon à faire un second nœud à environ 5-8 mm du premier.

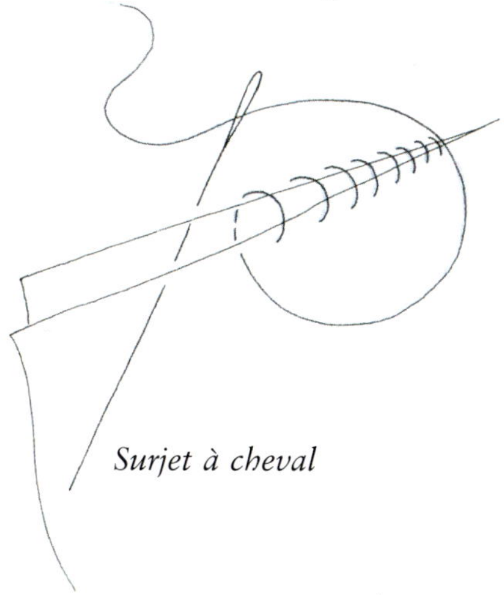

Surjet à cheval

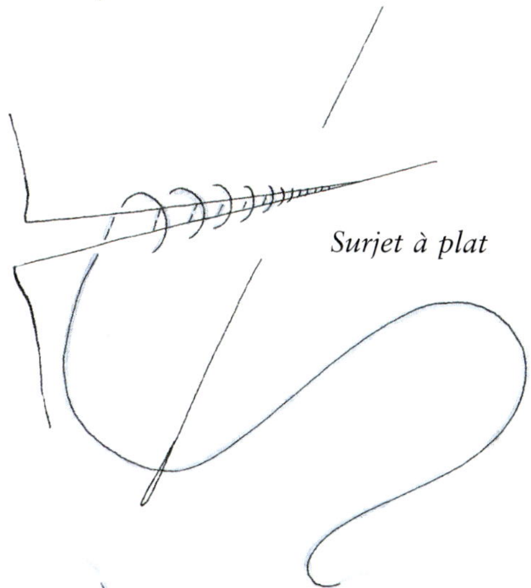

Surjet à plat

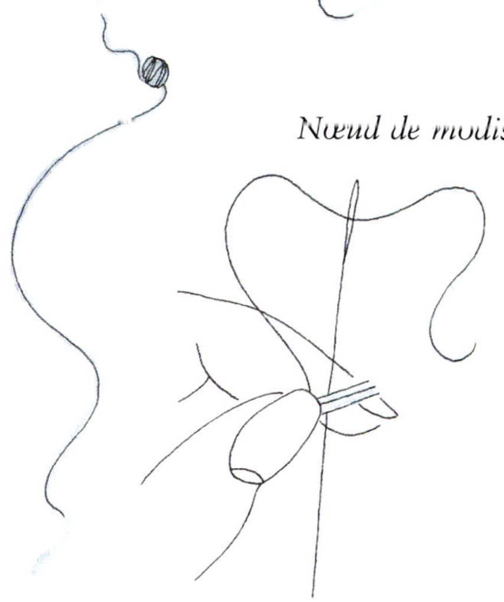

Nœud de modiste

Points de broderie

La broderie intervient souvent dans les chapeaux car elle permet de les embellir tout en leur apportant une touche de couleur.
Le fil utilisé peut être de coton perlé et mouliné ou de laine à broder ; il doit être ni trop gros pour éviter d'abîmer le tissu de fond, ni trop fin pour pouvoir bien se détacher. Le choix de l'aiguille est lui aussi important : prenez-la avec un chas juste assez large pour accueillir le fil, mais suffisamment fine pour traverser la matière sans l'endommager. Bien entendu, le tissu de fond doit être suffisamment résistant pour accepter des broderies.

Point de chaînette
Ce point permet de composer une bordure ou un contour, ou de remplir un espace s'il est répété en rangs serrés. Passez l'aiguille par l'arrière au point A, faites-la ressortir au point B en laissant du fil pour former la chaînette. Retirez ensuite l'aiguille en passant celle-ci à l'intérieur de la boucle, et ainsi de suite.

Point de tige
C'est le plus simple des points de broderie. Il s'exécute toujours de bas en haut et de gauche à droite. Piquez l'aiguille au point A, puis ressortez-la en avant, au point B, de façon à obtenir un point allongé. Tendez bien le fil et poursuivez.

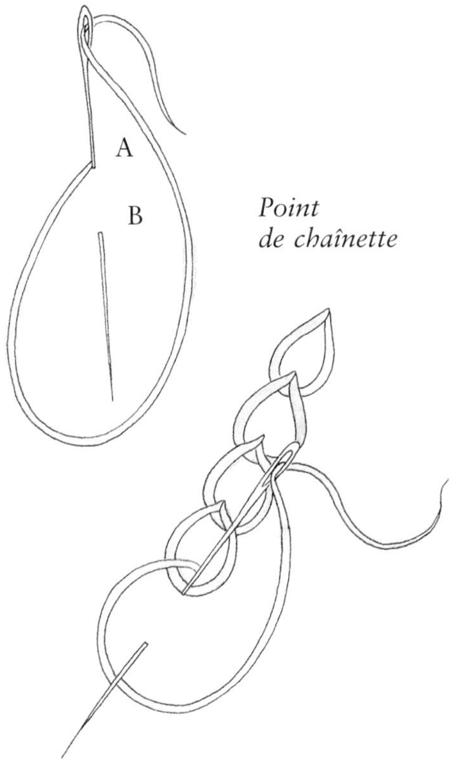

Point de chaînette

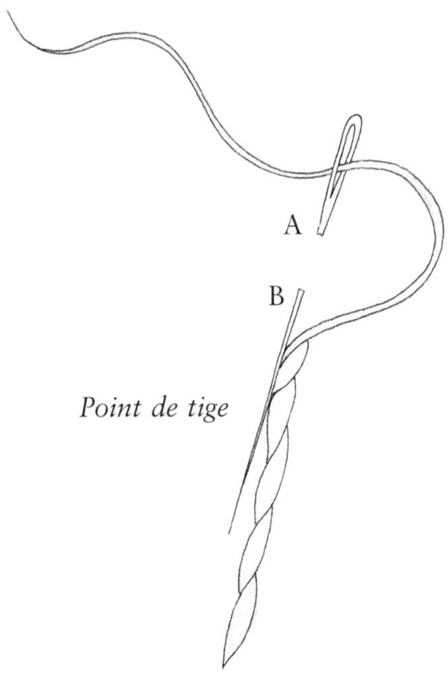

Point de tige

Passé plat
Il consiste à remplir des surfaces, généralement peu larges, par des points lancés allant d'un bord à l'autre du motif, plus ou moins obliques. Simple en apparence, il est en fait assez difficile à réussir, car il n'est pas évident d'obtenir un bord net en faisant des points uniformes et suffisamment proches l'un de l'autre. Tracez légèrement le contour du dessin à la craie de tailleur ou au crayon. Commencez par le centre du motif, piquez l'aiguille et ressortez-la par l'arrière du tissu au point A. Pour obtenir un point oblique, piquez l'aiguille en B et ressortez-la tout près du point A. Procédez de la sorte jusqu'en haut du motif, puis faites la même chose en partant du centre jusqu'au bas du motif. Veillez à maintenir un bord net en alignant bien les points.

Point d'arête
Il est assez semblable au point lancé, la différence étant qu'il s'exécute alternativement à gauche et à droite.

Point d'épine
Ce point raffiné permet de remplir des espaces ou de dessiner des contours. Il s'agit d'une sorte de point de chaînette, à boucle ouverte, pratiqué alternativement à droite et à gauche.

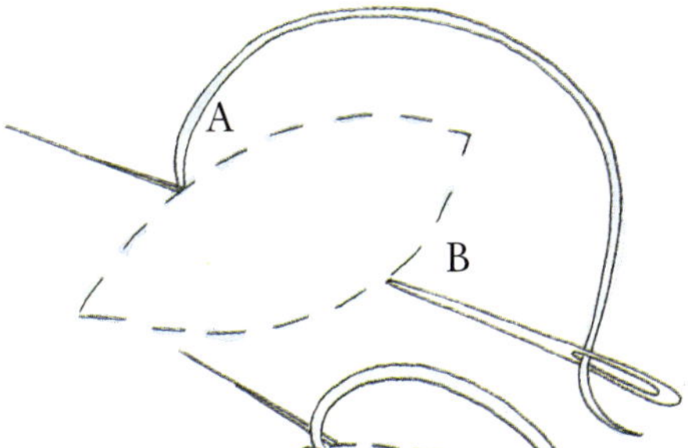

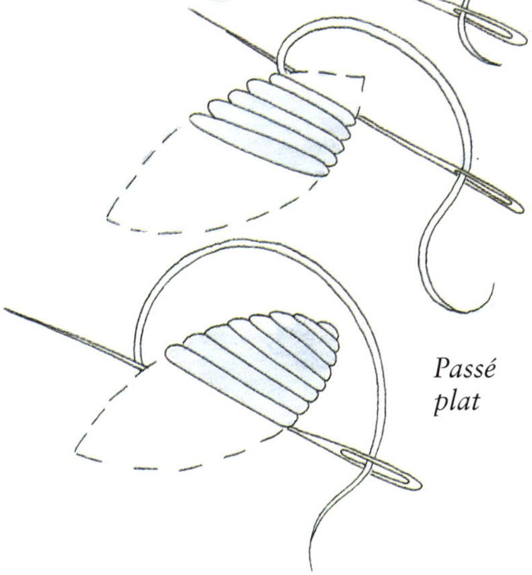

Passé plat

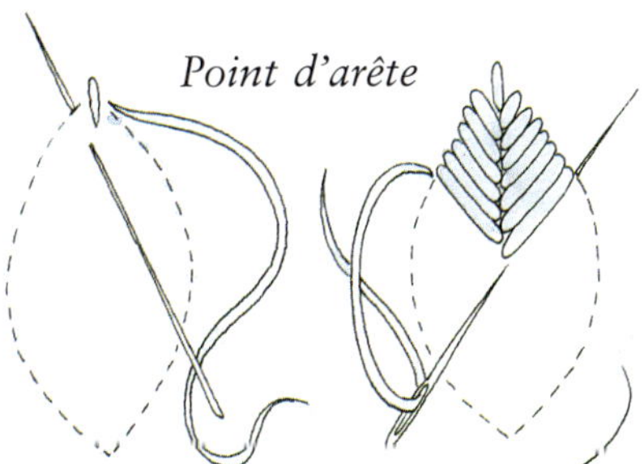

Point d'arête

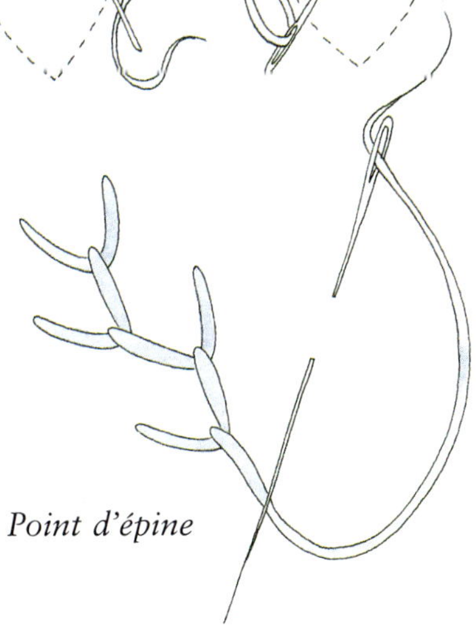

Point d'épine

Points de grébiche et de boutonnière
Ces deux points, identiques, ne diffèrent que par le fait que dans un cas les points sont isolés les uns des autres, dans l'autre, côte à côte. Comme son nom l'indique, le point de boutonnière se pratique pour réaliser une boutonnière. Le point de grébiche, quant à lui, permet d'agrémenter les passes de chapeaux ou de maintenir les ourlets rabattus. Travaillez de gauche à droite : sortez l'aiguille en A, piquez-la en B en maintenant le fil en avant, faites ressortir l'aiguille en C, à la verticale de B et sur la même ligne que A, en veillant à ce que le fil passe au-dessous, comme indiqué sur le dessin, de façon à obtenir un contour bien net.

Point de surjet
En application, le point de surjet est l'un de ceux qui permet d'assembler les motifs au tissu de fond. Ce petit point s'exécute à angle droit, en sortant l'aiguille du tissu de fond et en la piquant sur le bord du motif.

Point de nœud
Le point de nœud est employé en semis rapprochés pour remplir une zone à décorer ou réparti dans l'espace pour donner un effet de relief. Sortez l'aiguille en A. Prenez le fil de la main gauche et enroulez-le une fois – ou plus selon la grosseur que vous souhaitez obtenir – autour de l'aiguille. Piquez l'aiguille juste à côté du point A et tirez doucement, en ayant soin de maintenir le nœud très serré.

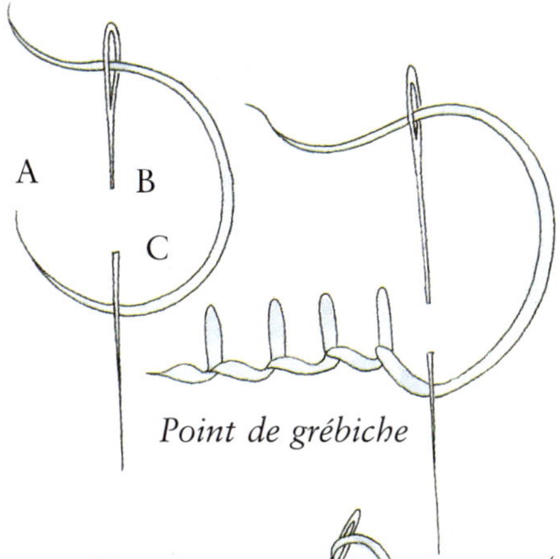

Point de grébiche

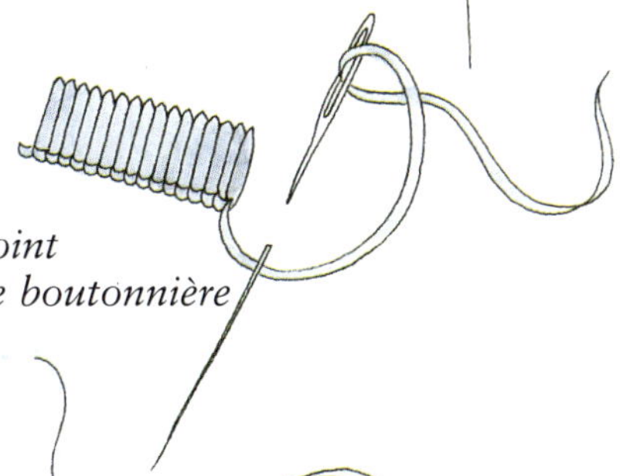

Point de boutonnière

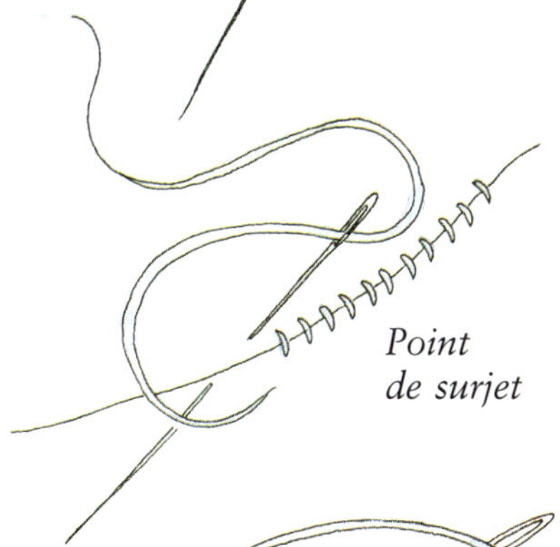

Point de surjet

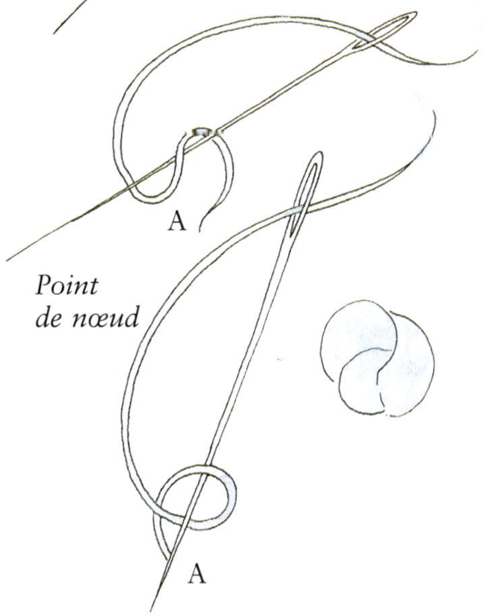

Point de nœud

PATRON POUR FAUSSE FOURRURE

Reproduction au quart des dimensions réelles

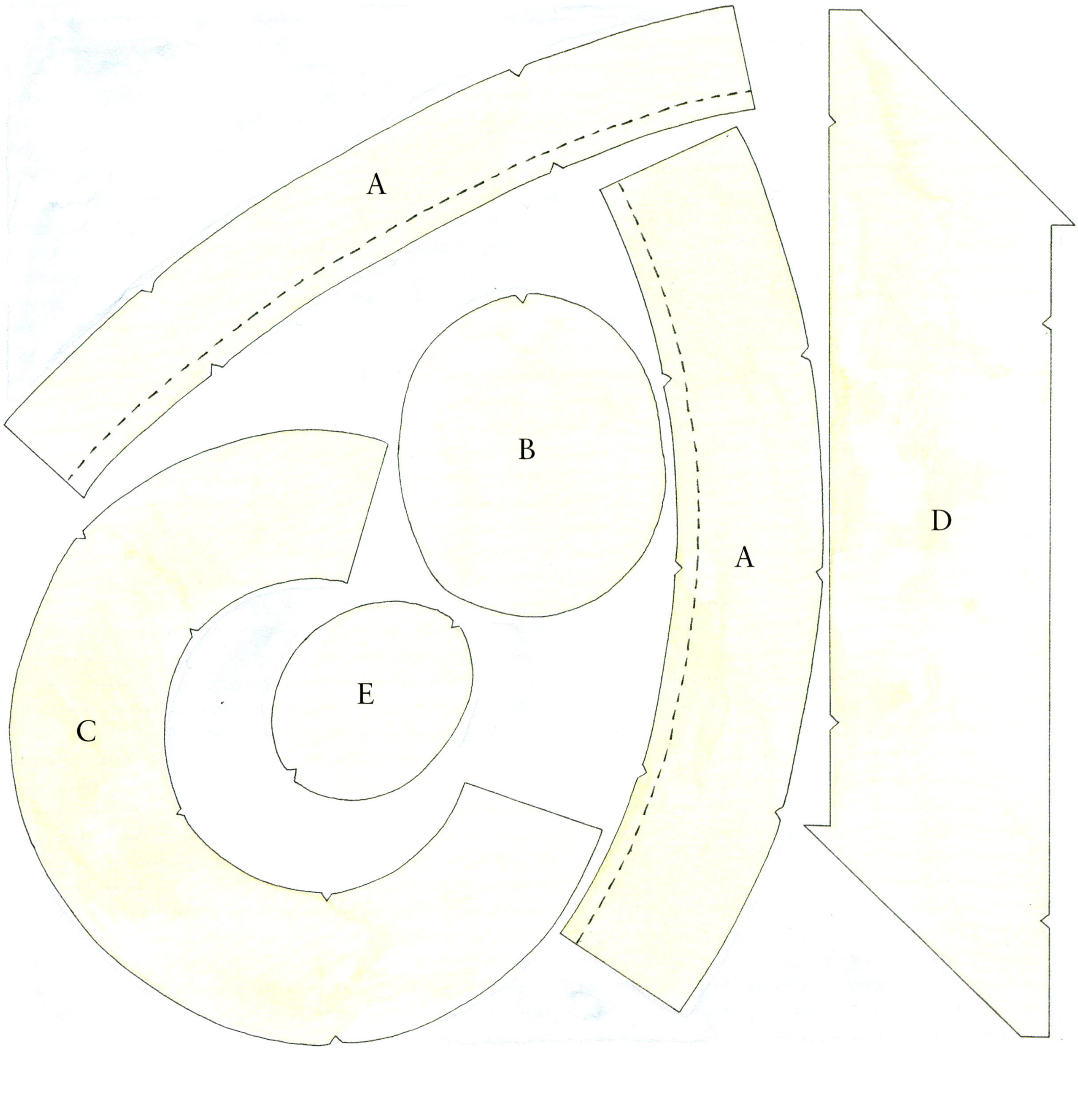

PATRON POUR CASQUETTE DE BASE-BALL

Reproduction à la moitié des dimensions réelles

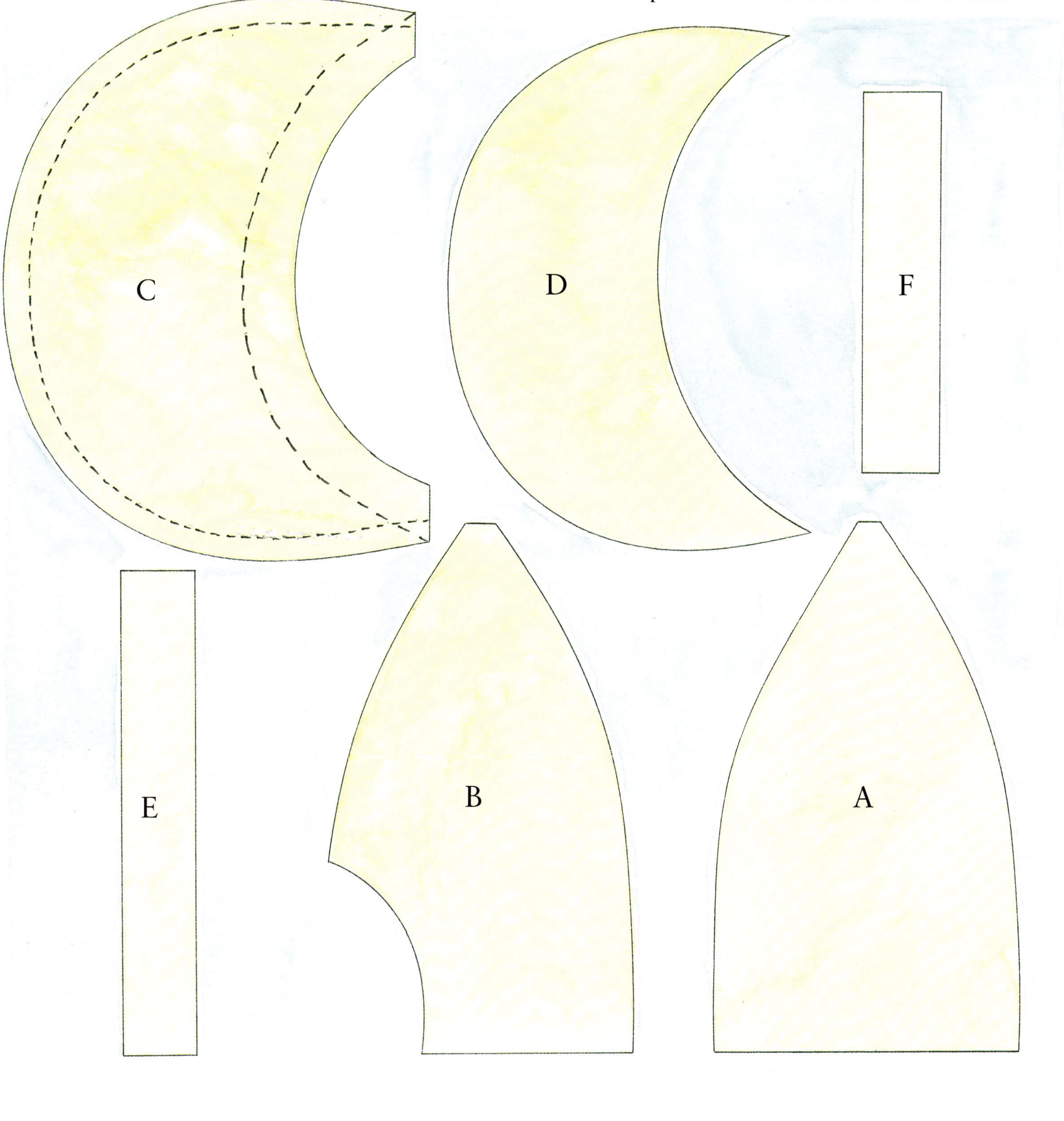

Liste des créateurs

Jennie Atkinson, 10F Hedgegate Court, Powis Terrace, London W11 1JP ; tél. : 071/229 2970.

Bailey and Tomlin, Clockwork Studios, 38 Southwell Road, London SE5 4NP ; tél. : 071/274 4116.

Lucy Barlow Hats, 14 Portobello Green, London W10 5TZ ; tél. : 081/968 5333.

Ellen Bonner, Flat 5, 37 Holmewood Gardens, London SW2 3NA ; tél. : 081/671 0378.

Victoria Brown ; tél. : 071/708 5559.

Anne Marie Cadman (créatrice textiles), 16 Hey Road, Rastrick, Brighouse, Yorks HD6 3LP ; tél. : 0484/711757.

Judy Clayton, 64 Queens Road, Farnborough, Hampshire GU14 6DX.

Gilly Forge, 14 Addison Avenue, London W11 ; tél. : 071/603 3833.

Gil Fox, Worcester ; tél. : 0905/29977.

Fred Bare, 118 Columbia Road, London E2 74G ; tél. : 071/739 4612.

Katherine Goodison ; tél. : 071/828 6498.

Herald and Heart Hatters, 131 St Philip Street, London SW8 3SS ; tél. : 071/627 2414.

Herbert Johnson, 30 New Bond Street, London W1 Y 9HD ; tél. : 071/408 1174.

Mayling Hung, 10 Uppingham Avenue, Stanmore, Middx HA7 2JY ; tél. : 081/907 3542.

Sarah King, Waterside, 99 Rotherhithe Street, London SE16 4NF ; tél. : 071/237 0017.

Viv Knowland, 6/8 Sedley place, London W1R 1HQ ; tél. : 071/629 2302.

Abigail Mill, 132 Hall Road, Norwich, Norfolk NR1 2PU ; tél. : 0603/765032.

Linda Miller, Abbotts Barton, Farmhouse, Abbotts Barton, Winchester, Hamps SO23 7HY ; tél. : 0962/870789.

Sharon Mitchell, Flat 5, 60 Kelross Road, Highbury, London N5 2QJ ; tél. : 071/704 6667.

Monsoon Fashions Ltd, 74 Winslow Road, London W6 9SF.

Bevali Read Hats, 13 Middleton Road, Dalston, London E8 4BL ; tél. : 071/254 5760.

Teresa Searle, 43 Monmouth Road, Bishopston, Bristol, Avon BS7 8LG ; tél. : 0272/247836.

Nicola Spillett, Flat 2, 76 Ellison Road, Streatham, London ; tél. : 081/764 9190.

Tait and Style, Cockpit Workshops, Cockpît Yard, Northington Street, London WC1N 2NP ; tél. : 071/831 6212.

Karen Triffitt ; tél. : 071/978 2897 ou 0532/886276.

Wendy Watt, Stroud, Gloucs. ; tél. : 0453/884860.

Emma Whitfield ; tél. : 081/674 5220.

Tamsin Young, Studio Ten, Muspole Workshops, 25-27 Muspole Street, Norwich, Norfolk NR3 1DJ ; tél. : 0603/760955 ou 0603/624597.

Des adresses utiles

Artnuptia
32, rue Notre-Dame des Victoires, 75002 Paris ; tél. : (1) 42 36 10 71 ou (1) 42 36 06 75.

La Droguerie (perles, rubans, boutons)
9, rue du Jour, 75001 Paris ; tél. : (1) 45 08 93 27.

Legeron Clerjeau Tissot
(fleurs artificielles)
20, rue des Petits-Champs, 75002 Paris ; tél. : (1) 42 96 94 89.

Lemarié (parures)
103, rue du Faubourg-Saint-Denis, 75010 Paris ; tél. : (1) 47 70 02 45.

Mokuba (rubans)
18, rue Montmartre, 75001 Paris ; tél. : (1) 45 08 80 02.

Rodolphe et Simon (matières, rubans)
15, rue Monsigny, 75002 Paris ; tél. : (1) 44 51 07 07.

Remerciements

L'auteur tient à remercier tous ceux sans l'aide de qui ce livre n'aurait pas vu le jour : Jan et Brian pour leurs photographies, Viv pour sa sollicitude, Cathy pour sa créativité et son optimisme ; Cecilie Halvorsen, Jack Moxley et Ine Murphy pour leur tour de mains et leurs modèles ; Felicia Sanabria, Inez Murphy, Zoe Wilkinson, Jessica Moxley, Steven Bawden, ainsi que Diana, Sophie et Oliver Hallstrom pour leurs modèles ; tous ceux dont les créations et les grands secrets se retrouvent dans ce livre (voir liste des créateurs) ; Dawn, du London College of Fashion, qui lui a enseigné les bases de la chapellerie ; Lindsay Rosehead, directeur d'études, qui l'a autorisé à utiliser le travail de ses étudiants ; Meryl Lloyd qui a réalisé les roses en tissu, Jan Bridge qui a décoré les chapeaux et bonnets pour enfants ; sa famille, qui supporte depuis des années que le chapeau envahisse sa vie, qu'il en confectionne et en porte ; Joanna Lorentz, Judith Simons et Cortina Butler qui ont produit ce livre ; ceux qui ont fourni matériel et fournitures
C M Offray & Son Ltd (rubans) ; Penny Pins (épingles à chapeaux) ; Janet Coles Beads (épingles à chapeaux et perles) ; Elles and Farrier Ltd (strass et paillettes) ; Pebeo (peintures pour tissus) ; Eurostudio (pochoirs et crayons pour pochoirs) ; Kangol (bérets) ; Fred Bare (feutres) ; William and Delaney (cônes) ; Herald and Heart Hatters (perles, plumes et ornements divers).

L'éditeur français tient à remercier Alice Mouranchon, professeur au CMT (5 bis, rue Martel, 75010 Paris ; tél. : (1) 45 23 04 60) pour sa gentillesse et sa collaboration.

Crédits photographiques

Outre les créateurs qui ont permis la réalisation des illustrations ce livre, nous souhaitons remercier pour leurs photographies :

Bailey and Tomlin, *15h* ; Graham Smith/ Kangol, *15bd* ; Oxfam, *12 hg* (Peter McCulloch), *12hd* (Caroline Lucas), *12b* (M. Pocock) ; Philip Treacy, *14* ; Visual Arts Library, *10h m b.*

Légendes : h = haut ; b = bas ; m = milieu ; g = gauche ; d = droit.

Index

L'Inspiration du poète, Nicolas Poussin, vers 1629-1630.

« Toujours aimer, toujours souffrir, toujours mourir » (Corneille) est également un alexandrin, mais la césure, tombant sur le second « toujours », n'est pas marquée par la voix. Les virgules et la répétition de l'adverbe imposent de dire l'alexandrin en trois mesures de quatre syllabes chacune. Le vers est alors appelé « **trimètre** » : « Toujours aimer, / toujours // souffrir, / toujours mourir ».
D'autre part, le rythme est également donné par la correspondance, ou la discordance, entre le vers et la syntaxe (la phrase). En effet, un vers ne correspond pas forcément à une phrase. Lorsque la phrase se poursuit, il y a alors des phénomènes d'**enjambement** et de **rejet**.

Formes poétiques

Les différents décomptes et les règles permettent d'établir des types de poèmes, appelés **poèmes à forme fixe**.
Quelques poèmes à forme fixe :
– le **rondeau** se compose de trois strophes (un quintil, un tercet, un quintil) et chaque strophe est formée sur deux rimes seulement ;
– la **ballade** comporte trois strophes d'un même nombre de vers, fondées sur les mêmes rimes, plus un « envoi », strophe plus courte (la plus fréquente est formée de trois huitains d'octosyllabes et d'un quatrain) ;
• le **sonnet** est la forme qui a connu le plus de succès à partir de la Renaissance. Il se compose de deux quatrains (en rimes embrassées) et de deux tercets fondés sur deux autres rimes. Le schéma des rimes du sonnet est le suivant : **abba abba ccd ede ;**
• le **pantoum**, apparu au XIXe siècle, est une forme fondée sur l'entrecroisement ; les rimes se croisent, le 2e et le 4e vers de chaque strophe deviennent les 1er et 3e vers de la strophe suivante, le 1er vers du poème est aussi le dernier. Le plus célèbre pantoum français est « Harmonie du soir » de Baudelaire.

Conclusion

La versification est ainsi un ensemble de règles permettant de donner un rythme, un cadre, au poème. Toutefois, les poètes ont toujours oscillé entre l'observation de ces règles et leur mise à distance : la poésie est un art vivant, qui ne peut se résumer à l'observation de « recettes ». Les Romantiques, en particulier, mais aussi les poètes contemporains, exploitent ainsi de nombreuses directions, abandonnant parfois même la notion de vers, c'est le cas, par exemple, des *Petits Poèmes en prose*, de Baudelaire. ■

UN ARTICLE DU *MONDE* À CONSULTER

• **Un fabuliste « vivant et actif »** p. 50-51
(Propos recueillis par Hugo Marsan, 17 mars 1995)

MOTS-CLÉS

ENJAMBEMENT

On appelle enjambement le fait que la phrase déborde le vers (sans insistance sur un élément).

REJET ET CONTRE-REJET

Il y a un rejet lorsqu'un élément bref, lié du point de vue du sens à un vers, est rejeté au début du vers suivant.
« Il est de forts parfums pour qui toute matière/ *Est poreuse*. On dirait qu'ils pénètrent le verre » (Baudelaire, « le Flacon », *Les Fleurs du Mal*, 1857.)
L'élément en italique est un rejet. Sa position le met en valeur.
Le contre-rejet est le phénomène inverse : un élément bref apparaît en fin de vers, alors qu'il est lié par le sens au vers suivant.
« Voilà le souvenir enivrant qui voltige/ Dans l'air troublé ; les yeux se ferment ; *le Vertige*/ Saisit l'âme vaincue... » (Baudelaire, *ibid.*)
Dans cet extrait, la partie en italique est cette fois en position de contre-rejet : elle occupe la fin du vers 2, alors qu'elle est liée par le sens au vers 3.

ZOOM SUR...

La strophe.

Ensemble de vers séparé par un blanc constituant une unité poétique, à la façon d'un paragraphe dans un texte de prose. Le mot appartient, à l'origine, à la poésie lyrique : elle forme en effet une cellule rythmique reproduite à l'identique au fil du poème et peut, s'apparenter au couplet ou au refrain ou d'une chanson.
Il y a autant de types de strophe que de formes poétiques. Un distique est une strophe de deux vers ; un tercet, de trois vers ; un quatrain, de quatre vers ; un quintil, de cinq vers ; un dizain, de dix vers. On ne trouve que rarement des septains ou des neuvains.
Une strophe est isométrique quand elle est constituée de vers ayant tous le même mètre. Dans le cas contraire, (fréquent dans les *Fables* de La Fontaine) elle est dite hétérométrique.

MOTS CLÉS

Quelques procédés d'écriture.

ALLÉGORIE

Figuration d'une abstraction (exemples : l'amour, la mort) par une image, un tableau, souvent par un être vivant.

ANALOGIE

L'analogie est une identité de fonctionnement ou un modèle commun entre deux réalités différentes. En général, elle implique un raisonnement (raisonnement par analogie) mais elle peut aussi avoir le sens plus vague de « ressemblance » entre ces deux réalités.

COMPARAISON

Une comparaison rapproche deux idées ou deux objets (ou un objet et une idée) et un rapport d'analogie est établi entre ces deux éléments. Elle comprend toujours au moins deux termes (un comparé et un comparant) et s'opère grâce à un terme comparant (ainsi que, comme, de même que, pareil à, tel, etc.).

MÉTAPHORE

Il s'agit d'une figure qui consiste à désigner un objet ou une idée par un mot qui convient pour un autre objet ou une autre idée liés aux précédents par analogie. La métaphore fusionne, donc, les deux termes de la comparaison en un seul ; il s'agit d'une comparaison sans terme comparatif, d'une comparaison implicite.

La métaphore est dite filée quand le comparant est développé par plusieurs mots qui lui sont apparentés, sans que leur comparé soit exprimé.

Lorsque le comparé et le comparant sont présents dans la phrase, on parle de métaphore *in praesentia ;* quand seul le comparant est présent dans la phrase, on parle de métaphore *in absentia.*

PERSONNIFICATION

Cette figure de style confère à des entités abstraites, ou à des inanimés, des traits de comportement, de sentiment ou de pensée propres aux êtres humains.

Questions liminaires : Hugo, Éluard, Cadou et Tardieu

Les textes du corpus

Texte 1

Dans la seconde partie du recueil Les Contemplations, *Victor Hugo évoque sa douleur de père après la mort de sa fille.*

Oh ! je fus comme fou dans le premier moment,
Hélas ! et je pleurai trois jours amèrement.
Vous tous à qui Dieu prit votre chère espérance,
Pères, mères, dont l'âme a souffert ma souffrance,
Tout ce que j'éprouvais, l'avez-vous éprouvé ?
Je voulais me briser le front sur le pavé ;
Puis je me révoltais, et, par moments, terrible,
Je fixais mes regards sur cette chose horrible,
Et je n'y croyais pas, et je m'écriais : Non !
– Est-ce que Dieu permet de ces malheurs sans nom
Qui font que dans le cœur le désespoir se lève ?
Il me semblait que tout n'était qu'un affreux rêve,
Qu'elle ne pouvait pas m'avoir ainsi quitté,
Que je l'entendais rire en la chambre à côté,
Que c'était impossible enfin qu'elle fût morte,
Et que j'allais la voir entrer par cette porte !
Oh ! que de fois j'ai dit : Silence ! elle a parlé !
Tenez ! voici le bruit de sa main sur la clé !
Attendez ! elle vient ! laissez-moi, que j'écoute !
Car elle est quelque part dans la maison sans doute !
Jersey, 4 septembre 1852.
(Victor Hugo, *Les Contemplations*, IV, 1856.)

Texte 2

Au nom du front parfait profond
Au nom des yeux que je regarde
Et de la bouche que j'embrasse
Pour aujourd'hui et pour toujours
Au nom de l'amour enterré
Au nom des larmes dans le noir
Au nom des plaintes qui font rire
Au nom des rires qui font peur
Au nom des rires dans la rue
De la douceur qui lie nos mains
Au nom des fruits couvrant les fleurs
Sur une terre belle et bonne
Au nom des hommes en prison
Au nom des femmes déportées
Au nom de tous nos camarades
Martyrisés et massacrés
Pour n'avoir pas accepté l'ombre
Il nous faut drainer la colère
Et faire se lever le fer
Pour préserver l'image haute
Des innocents partout traqués
Et qui partout vont triompher.
(Paul Éluard, « Au rendez-vous allemand, *Sept poèmes d'amour en guerre*, 1943.)

Texte 3

Je t'attendais ainsi qu'on attend les navires
Dans les années de sécheresse quand le blé
Ne monte pas plus haut qu'une oreille dans l'herbe
Qui écoute apeurée la grande voix du temps
Je t'attendais et tous les quais toutes les routes
Ont retenti du pas brûlant qui s'en allait
Vers toi que je portais déjà sur mes épaules
Comme une douce pluie qui ne sèche jamais
Tu ne remuais encore que par quelques paupières
Quelques pattes d'oiseaux dans les vitres gelées
Je ne voyais en toi que cette solitude
Qui posait ses deux mains de feuille sur mon cou
Et pourtant c'était toi dans le clair de ma vie
Ce grand tapage matinal qui m'éveillait
Tous mes oiseaux tous mes vaisseaux tous mes pays
Ces astres ces millions d'astres qui se levaient
Ah que tu parlais bien quand toutes les fenêtres
Pétillaient dans le soir ainsi qu'un vin nouveau
Quand les portes s'ouvraient sur des villes légères
Où nous allions tous deux enlacés par les rues.
(René-Guy Cadou, « Quatre poèmes d'amour à Hélène », *Œuvres poétiques complètes*, 1976.)

Texte 4

Conjugaisons et interrogations

J'irai je n'irai pas je n'irai pas
Je reviendrai Est-ce que je reviendrai ?
Je reviendrai Je ne reviendrai pas
Pourtant je partirai (serais-je déjà parti ?)
Parti reviendrai-je ?
Et si je partais ? Et si je ne partais pas ? Et si je ne revenais pas ?
Elle est partie, elle ! Elle est bien partie. Elle ne revient pas
Est-ce qu'elle reviendra ? Je ne crois pas Je ne crois pas qu'elle revienne
Toi, tu es là Est-ce que tu es là ? Quelquefois tu n'es pas là.
Ils s'en vont, eux. Ils vont ils viennent
Ils partent ils ne partent pas ils reviennent ils ne reviennent plus
Si je partais, est-ce qu'ils reviendraient ?
Si je restais, est-ce qu'ils partiraient ?
Si je pars, est-ce que tu pars ?
Est-ce que nous allons partir ?
Est-ce que nous allons rester ?
Est-ce que nous allons partir ?
(Jean Tardieu, « Formeries », *L'accent grave et l'accent aigu*, 1976.)

Questions

Quelles remarques pouvez-vous faire sur la forme poétique de chacun de ces poèmes ? Quelles fonctions les poètes attribuent-ils à la poésie dans chacun des textes du corpus ? Vous justifierez votre réponse en vous fondant sur les procédés d'écriture qui vous semblent les plus remarquables.

Analyse des questions

Les questions portent sur les formes poétiques et les fonctions du poète, qu'il faut identifier de manière précise. La référence aux procédés d'écriture implique de les nommer précisément.

Proposition de corrigé

Les différents poèmes de ce corpus, composés entre le XIXe et le XXe siècles, présentent des formes poétiques variées. Le poème extrait des *Contemplations* de Victor Hugo renvoie à la forme classique de l'écriture versifiée, avec deux strophes de longueur inégale (seize vers et un quatrain) constituées d'alexandrins disposés en rimes plates. Dans le texte 2, Paul Éluard adopte une structure classique avec cinq quatrains, et des vers octosyllabiques. Cependant, la rime est quasiment absente : on ne trouve qu'une rime suffisante (« colère »/ « fer ») et une rime pauvre (« traqués »/ « triomphés »). René-Guy Cadou (texte 3) utilise, lui aussi, une forme poétique traditionnelle : son poème est constitué de cinq quatrains, et les vers sont des alexandrins. Là non plus, les vers ne sont pas rimés, si l'on excepte deux couples de rimes pauvres. La forme du poème de Jean Tardieu (texte 4) est la plus éloignée de la structure classique : un tercet et un sizain encadrent trois strophes déstructurées, dans lesquelles on peut reconnaître la base de deux tercets et d'un distique. Sur le plan métrique, Tardieu s'applique également à mêler tradition et modernité : la première strophe est constituée de décasyllabes rythmés 2//4//4 et 4//6, puis les suivantes sont en vers libres ; enfin, dans la dernière strophe, on revient à des mètres identifiables (décasyllabes et heptasyllabes). Les rimes, quant à elles, sont absentes, mais le poète joue sur des effets de répétitions et d'oppositions (« je n'irai pas »/ « Je ne reviendrai pas »)

Est ainsi révélé un attachement des poètes à une structure strophique classique. Même si celle-ci est bousculée, elle demeure ici une base d'écriture.

Érato, muse de la poésie lyrique et érotique.

Les quatre poèmes du présent corpus s'inscrivent dans un registre lyrique. Les textes 1, 3 et 4 mettent ce lyrisme au service d'une expression personnelle des sentiments. Dans l'extrait des *Contemplations*, le poète exprime l'intensité de sa souffrance au moyen d'exclamations et d'interjections qui ressemblent à des cris de souffrance (« Non ! » ; « oh ! ») et d'interrogations dans lesquelles il apostrophe ceux qui ont pu connaître la douleur du deuil d'un enfant : « Pères, mères [...] / Tout ce que j'éprouvais, l'avez-vous éprouvé ? ». Le poète a également recours au discours direct, et rend ainsi sensible au lecteur une souffrance qui confine à la folie : « Tenez ! voici le bruit de sa main sur la clé ! » Le poème de René-Guy Cadou (texte 2) évoque une rencontre et la naissance du sentiment amoureux à travers un jeu complexe d'analogies, mêlant comparaisons (« Je t'attendais ainsi qu'on attend les navires »), allégories (« cette solitude / qui posait ses mains de feuilles »), métaphores (« pas brûlant ») et personnifications (« ces millions d'astres qui se levaient »). On observe également un abondant lexique de la nature, notamment celui du monde végétal : « blé » ; « herbe » ; « feuille », associé au motif de l'eau (« pluie » ; « vin ») ou à l'idée de son absence (« sécheresse » ; « sèche » ; « brûlant »). Le poème de Tardieu exprime, au moyen de tournures grammaticales et verbales, le lien amoureux autour du thème de la rupture (« je partirai ») et de l'absence (« tu n'es pas là »). Derrière la fantaisie verbale – le poète s'amuse à décliner des verbes et à jouer avec diverses tournures de phrases –, le poète interroge (« interrogations ») les rapports amoureux, les diverses formes de « conjugaisons » entre les hommes, notamment entre lui et l'être aimé. Pour cela, il construit son poème sur un système de répétitions et de variations légères (« Toi tu es là Est-ce que tu es là ? Quelquefois tu n'es pas là. »). Dans la dernière strophe, l'anaphore de la tournure interroga tive « Est-ce que [...] ? » trahit, au-delà du jeu verbal, l'angoisse obsessionnelle du poète. Dans son poème (texte 4), Éluard attribue une fonction différente à la poésie : le lyrisme est bien présent, mais il est mis au service d'un engagement politique clair et d'un appel à la résistance contre l'oppresseur. Pour cela, il a recours à l'anaphore « Au nom de » et au lexique de l'émotion : « larmes » ; « plaintes » ; « rires » ; « peur ». La femme aimée est également évoquée sous la forme d'un blason : « front » ; « yeux » ; « bouche ». L'idée de révolte est, quant à elle, exprimée par la métonymie « se lever le fer ».

On peut donc voir que le lyrisme poétique, dans sa variété, permet d'exprimer des sentiments personnels, mais qu'il peut également devenir parole d'engagement dans le réel. ■

Ce qu'il ne faut pas faire

Présenter un relevé des procédés d'écriture sans les relier au sens du texte et à l'intention de l'auteur qui les utilise.

MOTS CLÉS

ANAPHORE

Une anaphore est un procédé qui consiste à commencer les divers membres d'une phrase par le même mot. « Rome, l'unique objet de mon ressentiment !/ Rome, à qui vient ton bras d'immoler mon amant !/ Rome qui t'a vu naître, et que ton cœur adore !/ Rome enfin que je hais parce qu'elle t'honore ! » (Corneille, *Horace*, acte IV, scène 6, 1640.)

ANTITHÈSE/ OPPOSITION

Une antithèse consiste à rapprocher, dans le même énoncé, deux pensées, deux expressions, deux mots opposés pour mettre en valeur un contraste fort.

BLASON

Le blason, très répandu au XVIe siècle, est un poème à rimes plates qui loue ou qui dénigre (qui « blasonne ») un objet. Ce peut être la guerre ou l'amour, mais, le plus souvent, il s'agit d'une partie du corps féminin que chante le poète : son œil, son sourcil, son front, etc. « Tétin de satin blanc tout neuf/ Tétin qui fait honte à la rose/ Tétin plus beau que mille choses... » (Clément Marot, « Le Blason du beau tétin », 1535.)

MÉTONYMIE

Elle consiste à désigner un objet ou une idée par un autre terme que celui qui lui convient. La compréhension se fait grâce à une relation de cause à effet entre les deux notions (exemple : « boire la mort » pour « boire le poison »), ou de contenant à contenu (exemple : « boire un verre » pour « boire le contenu d'un verre ») ou encore de partie à tout (exemple : « une lame » pour dire « une épée »). La synecdoque est une variété de métonymie qui élargit ou restreint le sens d'un mot.

REGISTRE LYRIQUE

Le registre lyrique est l'expression des états d'âme et des émotions, positifs ou négatifs : bonheur, joie, espoir, plainte, regret, nostalgie, etc. Un texte lyrique peut être qualifié d'élégiaque s'il exprime la mélancolie. Le thème en est souvent le malheur en amour ou la mort d'un être cher.

L'ARTICLE DU **Monde**

Un fabuliste « vivant et actif »

Célébrée au Salon du livre, l'œuvre de La Fontaine fait l'objet de nombreuses rééditions. Pour Marc Fumaroli, maître d'œuvre de la principale d'entre elles, étudier le poète n'a rien d'un « travail d'antiquaire ».

Après Voltaire en 1994, le Salon du livre, qui s'ouvre à Paris, a saisi l'occasion du tricentenaire de la mort de Jean de La Fontaine (1621-1695) pour rendre hommage au fabuliste. Au même moment, Le Livre de poche reprend en l'enrichissant de quelque 250 illustrations de l'édition de Jean-Baptiste Oudry, datant de 1783 l'édition intégrale des Fables, que Marc Fumaroli, professeur au Collège de France et spécialiste du XVIIe siècle français, avait établie, en 1986, pour l'Imprimerie nationale. « Pour moi, La Fontaine est un écrivain vivant et actif », affirme le tout nouvel académicien dans l'entretien qu'il a accordé au *Monde des livres*.

Hugo Marsan – « Douceur, plaisir, bonheur », sont les mots qui reviennent sans cesse sous votre plume. Témoignez-vous alors des sentiments éprouvés par le lecteur ou de ceux qui guident La Fontaine lorsqu'il écrit ses *Fables ?*

Marc Fumaroli – Les mots de plaisir, de volupté, d'agrément sont essentiels à la poétique de La Fontaine. Il est foncièrement platonicien. On ne peut avoir accès à la vérité que par l'intermédiaire de la beauté et du plaisir indissociable de la beauté. La Fontaine est contemporain et ami de Gassendi, le grand restaurateur de l'épicurisme, que l'on considère souvent comme une antithèse du platonisme, mais qui, en réalité, peut entrer dans une synthèse avec la pensée de Platon. Cette attitude correspond aussi au christianisme augustinien, auquel La Fontaine est très lié. Pour saint Augustin, la raison humaine n'est pas capable d'accéder à la vérité suprême, sinon par son appétit de bonheur. Et comme le suprême bonheur est de connaître Dieu, Dieu est un être supérieurement désirable. Dans cet horizon à la fois philosophique et théologique, on conçoit qu'ait pu se développer une poétique du plaisir. Un plaisir extrêmement raffiné, très exigeant, voisin du « goût spirituel » des mystiques.

Hugo Marsan – De tous temps, les *Fables* de La Fontaine ont suscité l'admiration. Quel est le secret de ce succès universel ?

Marc Fumaroli – Depuis la Renaissance, très peu d'auteurs s'étaient avisés que l'on pouvait construire une œuvre à partir des fables. La Fontaine a eu le coup de génie de comprendre qu'il pouvait se servir de ce noyau vieux comme le monde pour l'envelopper dans des ornements qui fassent de chaque fable un véritable résumé de toutes les subtilités de la poésie française, telle qu'elle s'était développée au début du XVIIe siècle. La Fontaine a créé autour de l'apologue, assez sec et, jusque-là, à vocation pédagogique, le climat d'une conversation élégante, polie et séduisante. Il fait ainsi ce qu'aucun autre poète français n'avait fait avant lui, même pas Marot : il libère le mètre, invente une versification virtuose, il pare les fables d'une sorte de fluidité musicale. » Ce qui a dû beaucoup le guider, c'est son expérience de la musique contemporaine. Il a été extrêmement amoureux de musique. Il est resté très attaché à cette musique de luth, d'instrument seul accompagné de voix, qui était à la mode entre 1640 et 1660. Une musique très intime, très intérieure, très liée à une écoute intense, dans un petit groupe amical. C'est le rythme intérieur du dialogue. Toute la littérature du XVIIe siècle est avant tout un bonheur oral. La conversation est l'assomption du social à la contemplation.

Hugo Marsan – *Les Fables* sont-elles une œuvre de subversion ?

Marc Fumaroli – *Les Fables* seraient une sorte de polémique constante contre la monarchie absolue ? Je crois que l'orientation des *Fables* est surtout hostile à la monarchie administrative. D'une certaine manière, La Fontaine a hérité du programme du parti vaincu par Richelieu puis par Colbert, le parti des princes et des dévots dont l'idéal était une France, certes royale, mais où la diversité des corps, des corporations, des grandes familles, des provinces devait l'emporter sur une unité imposée. Ce parti s'est élevé contre la guerre extérieure et a souhaité une entente avec Rome. Cette vision de la France allait de pair avec une vision de l'Europe où le principe central ne serait pas un pouvoir militaire mais un pouvoir spirituel. Le thème constant des *Fables*, c'est la paix. La Fontaine est fondamentalement un doux et un pacifique. Même si les *Fables* ne sont pas une perpétuelle polémique rétrospective en faveur de Nicolas Foucquet, il n'y a pas de doute que le grand drame de La Fontaine a été la chute de son ami et protecteur. Quand le surintendant a été jugé, dans les conditions qu'on a comparées souvent à celles de l'affaire Dreyfus, on a vu à quel point il y avait dans l'opinion publique des sympathies profondes autour de l'homme, mais aussi autour de l'orientation qu'il symbolisait pour l'avenir du pays. Le succès des *Fables* en 1668 n'a pas été seulement le succès d'un chef-d'œuvre littéraire inattendu, mais la revanche douce, indirecte, poétique sur le triomphe de l'État militaire et bureaucratique.

Hugo Marsan – *Les Fables* ont-elles alors un véritable pouvoir ?

POURQUOI CET ARTICLE ?

Voici un article déjà ancien, publié en 1995, alors que le Salon du Livre rendait hommage à La Fontaine (1621-1695) dont c'était le tricentenaire de la mort. Le candidat au bac de français retiendra **les traits les plus significatifs du fabuliste** à travers le portrait qu'en fait Marc Fumaroli, grand spécialiste de son œuvre. Il en analyse les composantes philosophiques dont un épicurisme hérité de Gassendi, qui est selon lui une heureuse synthèse de Platon et de saint Augustin. Il souligne l'importance de La Fontaine dans l'évolution des formes poétiques, par la libération du mètre, l'invention d'une versification virtuose au service de la musicalité. En le replaçant dans l'esprit du XVIIe, il ferait presque de La Fontaine un précurseur du romantisme, de Baudelaire et de Proust, avec des « saveurs qui font écho à la poésie baroque ».

Marc Fumaroli – Le pouvoir des *Fables*, c'est de maintenir jusque dans la cour qui devient la pierre angulaire de la monarchie, avec tout ce que cela suppose de servilité, de franchises et de libertés perdues une aire de charme, de réflexion, de détachement, de méditation, d'intelligence et de douceur. La Fontaine et ses amis croient en une harmonie supérieure qu'on peut faire descendre en soi-même et faire régner autour de soi. Cette harmonie n'est pas un ordre rationnel. Dans les *Fables*, il n'y a pas de morale toute faite. Le mot-clé est le naturel, qui doit être compris comme une conquête sur la dure nature. C'est le moment où, à force d'ascèse, la nature est devenue capable de percevoir le divin. Une nature capable de beauté, de bonté, d'amour. Quand la raison a touché ses limites, on trouve la fable. Et, par la fable, on atteint à la douce vérité, inaccessible à la raison.

Hugo Marsan – Qui était l'homme La Fontaine ?

Marc Fumaroli – Un des meilleurs portraits de La Fontaine, c'est Mlle de Scudéry qui l'a donné dans son roman *La Clélie*, où il apparaît sous le pseudonyme d'Anacréon. Bien avant qu'il n'ait publié ses *Fables*, ce sont déjà les traits de caractère essentiels de La Fontaine « sensible à tous les plaisirs sans exception ». Ce qu'il privilégie déjà, ce sont les réunions intimes de « cinq ou six amis, sans affaires, sans chagrins », entre lesquels « la conversation est libre, enjouée, et même plaisante », et qui savent entremêler la fête « de chansons agréables, de musique, d'un peu de promenade ». C'est déjà tout le programme des *Amours de Psyché*. Mlle de Scudéry, qui, en son temps, était une sorte de reporter, à la fois Catherine Nay, Édmonde Charles-Roux et Msarguerite Yourcenar (pour sa connaissance de l'Antiquité) réunies, faisait dire à son Anacréon-La Fontaine : « Il n'y a presque point de gens qui puissent se vanter d'avoir un véritable ami. » Il était déjà le poète lucide des *Fables* : « La vérité a quelque chose de sévère qui ne divertit pas autant que le mensonge. » Une des obsessions majeures de La Fontaine, c'est « l'ennui ». L'art est fait pour nous en guérir, tant soit peu. L'ennui est le sentiment de la pesanteur opaque du monde sans musique. En ce sens, La Fontaine est un poète moderne. Il préfigure la polarité baudelairienne entre le monde enchanté de la littérature et l'ennui dont elle est la conjuration.

Hugo Marsan – Votre intérêt pour La Fontaine est littéraire certes, mais n'est-il pas aussi de l'ordre de l'intime ?

Marc Fumaroli – Je ne me suis jamais intéressé à la littérature du XVIIe siècle en archéologue. Ce qui m'a passionné, c'est sa présence sous-jacente dans la langue que nous parlons aujourd'hui, dans des formes qui subsistent telle cette chanson française qui est l'héritière de « l'air de cour » et du « vaudeville » du XVIIe siècle. C'est tout un ensemble d'idéaux oratoires, philosophiques, religieux qui ont travaillé cette époque et qui restent vivants dans les textes. Ce n'est pas un voyage de fuite vers un passé idéalisé, c'est une descente dans les profondeurs de la France contemporaine et une manière de réincarner dans le présent quelque chose de capital et de nécessaire qui, dans l'agitation, souvent nous échappe. Mon étude de La Fontaine et du XVIIe siècle n'est pas un travail d'antiquaire. Elle m'a ouvert à la lecture des auteurs du XIXe et du chef-d'œuvre d'Alexandre Dumas, la trilogie des *Trois Mousquetaires*, qui est une mer de poésie et de substance historique. Le XVIIe siècle est à l'arrière-plan de tous les grands romantiques. On retrouve dans la poésie de Baudelaire toutes sortes de saveurs qui font écho à la poésie baroque et, pour en arriver à Proust, il faut reconnaître que les couches les plus profondes *de La Recherche*, ce sont Mme de Sévigné, Saint-Simon, la duchesse de Guermantes..., qui est une duchesse de Longueville ranimée. En grand poète de la mémoire, Proust voit ensemble tous les étages d'une culture, et le XVIIe siècle est l'assise la plus essentielle de sa méditation. C'est un des drames de notre époque de devoir vivre à la surface de soi-même et à la surface d'autrui. Il faut tout faire pour que résonne la mémoire, pour que soit perceptible cette quatrième dimension qu'est le temps de la réminiscence. Pour moi, La Fontaine est un écrivain vivant et actif.

Hugo Marsan – Quelle est votre fable préférée ?

Marc Fumaroli – Sans hésiter *Les Deux Pigeons*. C'est un chef-d'œuvre absolu. Un des plus beaux et des plus pudiques poèmes d'amour de la littérature française. » ■

Propos recueillis par Hugo Marsan
(17 mars 1995)

L'écriture poétique : redécouvrir la langue, redécouvrir le monde

Le matériau du poète est multiple. Le poète est un artiste qui travaille d'abord avec les mots, mais aussi avec sa sensibilité, sa perception du monde, et la connaissance qu'il en a. Théodore de Banville parle du poète comme d'un « penseur et ouvrier », insistant ainsi sur le lien essentiel qui existe entre la part intellectuelle et la part « manuelle » du travail du poète. Quelle est la nature de ce lien ? En quoi le travail sur les mots ouvre-t-il une voie d'approche nouvelle du monde ?

Poésie et langage

Du Moyen Âge au XIXe siècle, les **formes fixes** dominent : elles respectent des **règles précises** concernant le nombre et le type de strophes, le type de vers et de rimes, etc.

Le poète effectue un **travail de recherche formelle**, afin d'orner la pensée ou l'objet évoqué par le poème. Que ce soit par la musicalité et le rythme, qui permettent de rendre les vers harmonieux, ou par des images (comparaisons et métaphores), le thème du poème est ainsi enrichi et mis en valeur.

Cette conception de la poésie comme « ornement » donne la priorité à sa **valeur esthétique**. Elle correspond à un désir de l'homme refusant le seul prosaïsme, voulant s'éloigner d'une réalité vulgaire. Tel est l'idéal qui animera le courant du Parnasse.

De ce fait, la poésie permet une **redécouverte de notre langue**. Lorsqu'un artiste s'empare de la langue pour y trouver des termes rares, lorsqu'il écoute les combinaisons sonores obtenues par l'enchaînement des vers, il offre au lecteur la possibilité de **redécouvrir la matérialité des mots**.

Le poème est le lieu où l'attention aux mots est portée au paroxysme. Nous nous laissons bercer, ou nous sommes frappés, par une émotion musicale parfois même détachée du sens.

Certains textes nous touchent d'abord par leur forme, avant même que nous ne comprenions tout à fait leur sens. Si l'on pousse cette conception plus loin encore, le thème du poème peut alors n'avoir que peu d'importance. La description d'une scène, d'un objet, ou l'évocation d'un épisode, deviennent ainsi pour le poète des « pré-textes ». Les poètes parnassiens (comme José-Maria de Heredia) s'inscrivent notamment dans cette conception.

Charles Baudelaire par Étienne Carjat.

À partir du XIXe siècle, et même si certains poètes avaient déjà exploré cette voie auparavant, **la recherche esthétique ne passe plus forcément par la forme fixe**. Les romantiques d'abord, puis les symbolistes, revendiquent une **liberté créatrice** en opposition avec le respect de règles trop contraignantes. Les poètes assouplissent alors le vers et se mettent à employer des vers moins fréquents, tout en multipliant les ruptures de rythme.

NOTIONS CLÉS

Poème en prose
Au XIXe siècle, Aloysius Bertrand, puis Baudelaire, refusent la contrainte trop forte de la rime et du vers. Ils donnent ainsi naissance au poème en prose. Le poète invente alors ses propres contraintes formelles. Néanmoins, ces textes conservent une forme courte, une syntaxe rythmée et des répétitions sonores et lexicales.

Prose poétique
Toute phrase porte en elle des cadences et des sons, et donc une métrique et une prosodie (analyse du rythme et des sonorités). La puissance poétique ne se limite pas au respect de règles préétablies. Une définition moderne et beaucoup plus large de la poésie surgit, la forme linguistique elle-même (le signifiant) devient l'objet d'attention.

Vers libre
Vers par sa disposition typographique, il n'a pas de régularité rythmique et n'est pas forcément rimé. On le trouve dans la poésie moderne.

REPÈRES

Quelques poètes novateurs du XIXe siècle.

- **Aloysius Bertrand**
Gaspard de la nuit (1842), tableaux en prose poétique inspirés du fantastique allemand et du gothique anglais.
- **Baudelaire**
Le *Spleen de Paris*, (1869), rend compte de la vie moderne « dans une prose poétique sans rythme et sans rime, assez souples et assez heurtée pour s'adapter aux mouvements lyriques de l'âme ».
- **Lautréamont**
Les Chants de Maldoror, (1869) poèmes en prose constituant le récit épique de la révolte et des transgressions d'un héros du Mal.
- **Rimbaud**
Une saison en enfer (1873), récit énigmatique et flamboyant de la liaison avec Verlaine. *Les Illuminations* (1886) , visions hallucinées dans une prose poétique aux images prodigieuses.

À partir de cette époque, la perfection formelle ne passe plus par l'observation de cadres déjà créés, mais au contraire par **l'ouverture sur un langage neuf**. Baudelaire, dans les *Petits Poèmes en prose*, abandonne même totalement le vers. Contrairement aux apparences, il ne détruit pas par-là la poésie : le rythme, les sonorités, les figures de style, etc. sont toujours très présentes, mais sont débarrassées du carcan de formes trop usées.

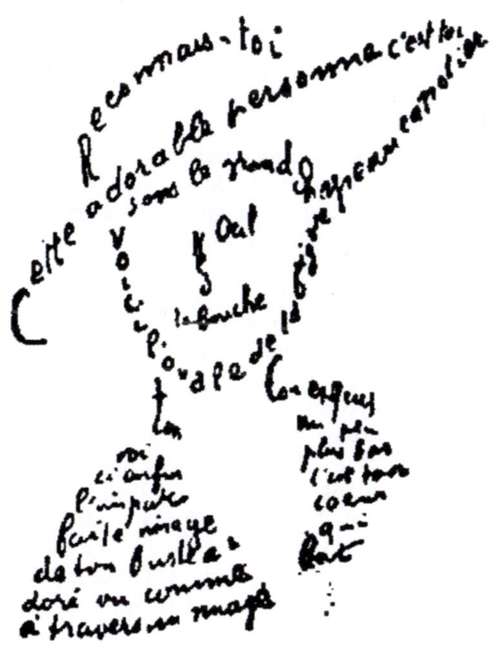

Un calligramme de Guillaume Apollinaire.

Poésie et vision

Aux XIXe et XXe siècles, la « modernité poétique » se signale certes par des innovations concernant la **musicalité**, mais également par la **dimension visuelle du poème**.

Le renouvellement des formes ouvre vers un **aspect pictural**. Les vers libres, les formes non fixées de poèmes font que le lecteur découvre dans chaque recueil une disposition particulière. Les poètes tirent de cette variété de multiples possibilités : passage à la ligne ou non, emploi ou abandon des rimes (qui ne sont pas seulement sonores, mais également visuelles), usage des « blancs » entre des strophes hétérométriques (c'est-à-dire formées de vers de différents types), etc.

Chaque poème devient ainsi **une œuvre singulière et inattendue**, et offre une **redécouverte du langage**, dans son aspect visuel cette fois. Ces formes nouvelles sont déstabilisantes puisque le lecteur n'a plus de repères. Mais elles permettent une mise en relief de certains termes ou attirent l'attention sur le côté graphique du langage. C'est le cas, notamment des *Calligrammes*, dans lesquels Apollinaire écrit selon le dessin même de ce qu'évoque le poème.

La dimension visuelle du langage n'est pas seulement graphique : elle tient également à la capacité qu'ont les mots de se lier pour créer des « images ». Les comparaisons et les métaphores n'ont donc jamais cessé de jouer un rôle essentiel en poésie. Aux XIXe et XXe siècles, le renouvellement touche également cet aspect de la poésie, avec les poètes **symbolistes** puis les **surréalistes**. Ceux-ci recherchent des images **les plus étranges possibles**, à la suite de Lautréamont qui désirait « la rencontre fortuite, sur une table de dissection, de la machine à coudre et du parapluie ». Ce faisant, ils ouvrent la voie à **une autre façon de voir le monde**. Breton, Desnos, Éluard, sont ainsi de ceux pour qui le rationnel n'est qu'une façon parmi d'autres d'envisager le réel ; ils estiment que l'homme est fait autant de ses rêves, de son sommeil, que de sa « réalité » ou de son temps de veille. Le rationnel leur semble ainsi réducteur. Leur travail poétique est donc une exploration de tout ce que nous négligeons habituellement et, s'il déroute, c'est peut-être justement pour mieux nous montrer une nouvelle voie.

Conclusion

La poésie ne se cantonne donc pas à des thèmes particuliers, elle peut faire feu de tout bois, consumer même le plus froid, passer du lyrique à l'ironique, de l'émotion à l'humour. Elle est un espace de liberté où la parole n'est réduite ni à une réponse ni à une forme particulière, un espace de liberté où la parole est acte de création. ■

TROIS ARTICLES DU *MONDE* À CONSULTER

• Yves Bonnefoy, en présence du monde p. 56-57
(Amaury da Cunha, 12 novembre 2010)

• Yves Bonnefoy, « Ce que cherche la poésie, c'est à déconstruire les idéologies » p. 57
(Propos recueillis par Amaury da Cunha, 12 novembre 2010)

• Ponge en abîme p. 58
(Philippe Sollers, 5 février 1999)

CITATIONS

• « Le caractère essentiel de l'art symbolique consiste à ne jamais aller jusqu'à la conception de l'Idée en soi. Ainsi, dans cet art, les tableaux de la nature, les actions des humains, tous les phénomènes concrets ne sauraient se manifester eux-mêmes ; ce sont là des apparences sensibles destinées à représenter leurs affinités ésotériques avec des Idées primordiales. »
(Jean Moréas, *Manifeste du symbolisme*, le *Figaro*, 1886.)

• « Quel est celui de nous qui n'a pas, dans ses jours d'ambition, rêvé le miracle d'une prose poétique, musicale sans rythme et sans rime, assez souple et assez heurtée pour s'adapter aux mouvements lyriques de l'âme, aux ondulations de la rêverie, aux soubresauts de la conscience ? »
(Baudelaire, préface des *Petits Poèmes en prose*, 1862.)

• « Je veux être poète, et je travaille à me rendre voyant : vous ne comprendrez pas du tout, et je ne saurais presque vous expliquer. Il s'agit d'arriver à l'inconnu par le dérèglement de tous les sens. Les souffrances sont énormes, mais il faut être fort, être né poète, et je me suis reconnu poète. »
(Rimbaud, Première lettre dite « du Voyant » à son professeur, Georges Izambard, le 13 mai 1871.)

• « La Nature est un temple où de vivants piliers/ Laissent parfois sortir de confuses paroles ;/ L'homme y passe à travers des forêts de symboles/ Qui l'observent avec des regards familiers. »
(Charles Baudelaire, « Correspondances », *Les Fleurs du mal*, 1857)

• « A noir, E blanc, I rouge, U vert, O bleu : voyelles,/ Je dirai quelque jour vos naissances latentes :/ A, noir corset velu des mouches éclatantes/ Qui bombinent autour des puanteurs cruelles (...) »
(Arthur Rimbaud, *Voyelles*, 1883.)

PERSONNAGE IMPORTANT

René-Guy Cadou (1920-1951)
Homme simple, il mène la vie modeste d'un instituteur de campagne, dans l'ouest de la France. En relation épistolaire avec Max Jacob et Pierre Reverdy, passionné de poésie, il est à l'origine, en 1941, du groupe littéraire connu sous le nom d'école de Rochefort. Proche de la Résistance, le groupe de poètes se donne pour but un langage poétique où se rencontrent le merveilleux, héritage du surréalisme, et le quotidien, dans sa saveur provinciale et rurale. René-Guy Cadou construit une œuvre poétique où, comme chez Éluard, la découverte de l'autre féminin occupe une place essentielle. En 1943, la rencontre d'Hélène Laurent, elle-même poètesse, est suivie d'une correspondance poétique et amoureuse. Il l'épouse en 1946 et célèbre son amour notamment dans « Hélène ou le règne végétal » (publication posthume en 1952).

NOTIONS CLÉS

Gradation
Succession ordonnée de termes, d'idées ou de sentiments. Elle est dite ascendante lorsque les termes sont de plus en plus forts, de plus en plus amples, et descendante dans le cas contraire. Dans le poème de René-Guy Cadou, la gradation compte quatre termes d'amplitude croissante : « Tous mes oiseaux tous mes vaisseaux tous mes pays / Ces astres ces millions d'astres qui se levaient ».

Tournure emphatique
L'emphase consiste à employer un mot ou un groupe de mots d'une force expressive exagérée par rapport à l'idée exprimée (hyperbole). On parle de tournure emphatique quand une phrase met en relief un groupe de mots.

Trimètre
Vers formé de trois unités métriques : « Il fut héros, il fut géant, il fut génie. » (Victor Hugo). Dans le cas de l'alexandrin, on l'oppose au tétramètre qui compte quatre accents rythmiques : « Décharné, dénervé, démusclé, dépoulpé » (Ronsard).

Commentaire de texte :

René-Guy Cadou, « Hélène ou le règne végétal »

Intitulé complet du sujet

Vous commenterez le texte de René-Guy Cadou « Hélène ou le texte végétal » (texte 3, page 48) en vous intéressant d'abord à la façon dont le poète évoque la rencontre avec la femme aimée et la naissance du couple ; puis en étudiant comment le poète associe la femme aimée au monde.

Introduction

L'œuvre du poète René Guy Cadou est résolument marquée par la célébration d'Hélène, qui fut sa femme et sa muse. Dans l'un des *Quatre poèmes d'amour à Hélène*, le poète évoque au passé cette rencontre vitale avec l'être aimé et la transformation de son existence. En quoi cette évocation lyrique, adressée directement à la femme aimée, prend-elle la dimension d'un hymne amoureux ? Nous nous intéresserons d'abord à la manière dont le poète rend compte de sa rencontre avec la femme aimée. Nous nous demanderons ensuite comment le poète associe cette femme au monde.

Le plan détaillé du développement

I. Rencontre avec l'être aimé et naissance du couple

a) Une quête amoureuse

Motif de la quête amoureuse. Deux premières strophes ouvrant sur la déclaration à la femme aimée qui traduit, à l'imparfait duratif, l'idée d'une frustration que seule l'arrivée de l'être désiré pouvait combler : « Je t'attendais ». Comparaison de cette attente avec celle des « navires » –> idée d'un voyage : le poète semble prendre acte de l'altérité radicale de la femme attendue, identifiée implicitement à un autre « continent ». Cependant quête active : la deuxième strophe suggère un mouvement obsessionnel, un espace terrestre investi dans sa totalité –> répétition de l'indéfini inscrite dans un trimètre régulier : « Je t'attendais // et tous les quais // toutes les routes ». Puis un rejet met en valeur l'unique objet de cette quête préposition, suivie du pronom désignant la destinataire, soulignant encore l'idée de mouvement : « qui s'en allait / Vers toi ».

Transition : À travers ce motif du voyage vers l'autre, le poète semble vouloir donner à son histoire d'amour un caractère prédestiné.

b) Un amour prédestiné

Poème d'amour structuré par deux mouvements. D'abord le temps de l'attente de la femme aimée, puis celui de l'union avec elle. Temps de l'attente marqué par l'idée que l'amour du poète préexiste à l'union qui va les lier (*cf.* image qui ouvre le poème : « ainsi qu'on attend les navires » suggère une certitude, comme si l'être aimé, bien qu'encore inconnu, devait arriver à une date donnée). Idée de fatalité amoureuse confirmée dans la seconde strophe, à travers une analogie de la femme avec « une douce pluie » que le poète « portai[t] déjà sur [ses] épaules ». Adverbe « déjà » intemporalité d'un sentiment qui aidait le poète à rester en vie : la pluie « qui ne sèche jamais » empêche le blé de brûler dans la « sécheresse ». Il s'agissait seulement pour le poète de reconnaître la femme de sa vie.

Transition : La tournure emphatique « Et pourtant c'était toi » qui ouvre la quatrième strophe met en évidence l'unicité et la singularité de la femme aimée, qui, avant même d'être reconnue par le poète, bouleverse son univers.

c) De la sécheresse au pétillement

La rencontre de la femme aimée modifie en profondeur l'univers du poète. Deux premières strophes : idée d'un espace sec et stérile (attente = « sécheresse », « blé » peu fécond, « ne mont[ant] pas plus haut qu'une oreille dans l'herbe »). Motif de la sécheresse prolongé dans la strophe suivante à travers l'image du « pas brûlant », caractérisant l'ardente quête d'amour du poète. Femme identifiée au motif liquide : apparaît comme une « douce pluie » aux pouvoirs perpétuels (« qui ne sèche jamais »). Thème de l'absence d'eau, complété par celui du faible mouvement : le poète met beaucoup de temps à dessiller ; c'est un long processus de reconnaissance. La vibration amoureuse est d'abord fragile et ténue, *cf.* image du remuement de « paupières » et métaphore des traces de « pattes d'oiseaux dans les vitres gelées » = idée de légèreté, mais aussi d'un sentiment encore figé dans le « gel », un « hiver » amoureux. Si les « paupières » évoquées appartiennent à la femme, il semble que l'éveil amoureux soit le fait du poète : son univers est bousculé par « un grand tapage matinal », et universel : le sentiment amoureux agit sur la totalité de l'être, comme le suggère le trimètre rythmé par la reprise anaphorique du déterminant « tous » : « Tous mes oiseaux tous mes vaisseaux tous mes pays ». Dès lors, l'union devient ouverture (« les portes s'ouvraient ») ; le « t' » et le « je » se résolvent et se confondent en un seul pronom « nous » (« Nous allions tous deux enlacés »).

Transition : La femme aimée éveille le monde intérieur du poète, sans doute parce qu'elle-même est en résonance avec le monde.

II. Une femme associée au monde

a) Femme associée à la nature

Dès la première strophe, motif lié à l'attente du poète, qui s'identifie à du « blé » qui « ne monte pas plus haut qu'une oreille dans l'herbe ». Destinataire perçue implicitement comme un principe de vie (*cf.* comparaison du vers 8 avec « une douce pluie qui ne sèche jamais »). La métaphore végétale est également présente dans la troisième strophe, sous la forme de l'allégorie de la solitude : le poète semble, dans un premier temps, ne pas prendre la mesure de la vitalité de cette femme, qu'il perçoit d'abord comme une femme seule qui a besoin de « pos[er] ses mains de feuille sur [s]on cou ». Couple d'abord vu que comme l'union de deux solitudes. L'entreprise de séduction féminine est également évoquée avec délicatesse par une métaphore qui identifie le mouvement de ses paupières en butte à l'indifférence du poète à des « pattes d'oiseaux dans les vitres gelées ». Cette subtile image poétique renforce l'identification de la femme à la nature.

Transition : Principe vital, l'être aimé est également associé au voyage.

b) Femme associée au voyage

Le poète identifie la femme objet de son amour à un être qui élargit son univers intérieur. « Navire » attendu, elle est associée à tous les lieux parcourus, ceux qui débouchent sur la mer (« les quais ») ou qui conduisent à un ailleurs terrestre (« les routes »). Dès lors, elle oblige le poète à porter son regard, à l'élever vers « le clair de [s]a vie ». Idée de clarté liée à celle de lumière (*cf.* métaphore des fenêtres éclairées, qui « pétillaient le soir ainsi qu'un vin nouveau »), ou encore à celle d'ouverture : la « maison » du couple, c'est-à-dire leur « monde commun », est faite de « portes [qui] s'ouvraient sur des villes légères ». Ainsi, le « pas brûlant » du voyageur solitaire s'est transformé en voyage à deux, comme l'indique le pronom « nous » adjoint à un verbe de mouvement « allions », verbe suggérant l'errance, le vagabondage, ce que souligne la syntaxe déstructurée du dernier vers : « Où nous allions tous deux enlacés par les rues. » L'union accomplie ne signifie donc pas que le voyage du poète a pris fin : il a seulement pris une forme nouvelle, plus aérienne et insouciante, et à l'exploration des « quais et toutes les routes » s'est substituée la promenade des deux amants « enlacés par les rues ».

Transition : L'être cher, dans cet enlacement fusionnel, investit l'univers poétique dans sa totalité.

c) Une femme muse

La femme à laquelle s'adresse le poète habite peu à peu le poème. L'énonciation, organisée à l'origine autour d'un dialogue entre le « je » du poète et le « tu » de la bien-aimée, met en évidence un effacement progressif du sujet au profit de l'objet. Ainsi, au vers 11, la tournure restrictive « Je ne voyais en toi » indique une perception faussée des choses par le sujet parlant. En écho, le vers 13, charnière du poème, fait éclater une vérité immémoriale : « c'était toi ». La

femme aimée est alors celle qui éveille la conscience du poète par un « grand tapage matinal », celle qui commande au monde. Cette idée est amplifiée par une gradation traduisant l'immensité du pouvoir de la femme aimée, qui successivement fait « se lev[er] » les « oiseaux », les « vaisseaux », les « pays », puis enfin « ces astres ces millions d'astres ». Tout l'univers du poète semble, non pas envahi, mais stimulé, « réveillé » par l'amour. La femme aimée devient alors égérie, muse poétique, capable, par son verbe généreux (« Ah que tu parlais bien »), d'ouvrir des « portes », de révéler au poète un monde foisonnant dont lui-même semblait ignorer l'existence, et d'apaiser l'homme, « apeuré » par « la grande voix du temps » qui passe.

Conclusion

Ce poème est donc beaucoup plus qu'une simple déclaration d'amour : le poète présente la femme aimée comme l'essence de son existence, au point qu'avant de se confondre dans l'union du couple, elle se confond avec la nature et en revêt tous les aspects. Cette « Hélène », trait d'union entre le monde de la nature et l'univers du poète, devient objet d'écriture et muse. Elle est aussi femme irréelle en ce que, faisant corps avec le monde, elle semble désincarnée. À l'origine du verbe poétique, elle devient une forme païenne de divinité, que René Guy Cadou célèbre avec un lyrisme vibrant. ■

Ce qu'il ne faut pas faire

Présenter un relevé d'observations stylistiques sans les relier au mouvement d'ensemble du poème.

ZOOM SUR...

Des poètes du XXe siècle et leurs muses.

Louis Aragon

À l'instar de Ronsard pour Hélène, Aragon (1897-1982) a consacré une partie de son œuvre poétique au lyrisme amoureux. Elsa Triolet, qui fut son épouse, est devenue une des grandes figures de muse. « Que serais-je sans toi qui vins à ma rencontre/ Que serais-je sans toi qu'un cœur au bois dormant/ Que cette heure arrêtée au cadran de la montre/ Que serais-je sans toi que ce balbutiement. » (*Le Roman inachevé*, 1956.)

André Breton

Chef de file du mouvement surréaliste, Breton (1896-1966) puise dans l'écriture automatique, dictée par l'inconscient, des images qui renouvellent profondément le lyrisme amoureux. « Ma femme aux yeux de savane/ Ma femme aux yeux d'eau pour boire en prison/ Ma femme aux yeux de bois toujours sous la hache/ Aux yeux de niveau d'eau de niveau d'air de terre et de feu. » (« L'union libre », *Clair de terre*, 1931.)

Paul Éluard

D'abord compagnon des surréalistes, Éluard (1895-1952) s'est éloigné de ce qu'il nomme une « chapelle littéraire » dans une lettre de 1938, pour se tourner vers une poésie plus maîtrisée, dans la recherche de la musicalité et de la structure du poème, organisée par des anaphores et des antithèses. *L'Amour de la poésie*, 1929, chante son amour pour Gala, son épouse, qui donne un sens et une réalité au monde. « Je te l'ai dit pour les nuages/ Je te l'ai dit pour l'arbre de la mer/ Pour chaque vague pour les oiseaux dans les feuilles/ Pour les cailloux du bruit/ Pour les mains familières/ Pour l'œil qui devient visage ou paysage/ Et le sommeil lui rend le ciel de sa couleur/ Pour toute la nuit bue/ Pour la grille des routes/ Pour la fenêtre ouverte pour un front découvert/ Je te l'ai dit pour tes pensées pour tes paroles/ Toute caresse toute confiance se survivent. »
(« Je te l'ai dit », *L'Amour de la poésie*, 1929.)

SUJET TOMBÉ AU BAC SUR CE THÈME

Écriture d'invention

– Vous êtes directeur d'une revue poétique. À un lecteur ou une lectrice qui a affirmé que la poésie était inutile dans notre monde actuel, vous répondez sous la forme d'une lettre en prenant la défense de la poésie. Vous présenterez votre travail sous la forme d'une lettre, mais sans la signer. (Pondichéry, 2007, séries technologiques)

Yves Bonnefoy, en présence du monde

L'écrivain publie de nouveaux poèmes, un recueil d'essais et des entretiens, tandis qu'un *Cahier de L'Herne* lui est consacré.

Parler d'actualité à propos d'Yves Bonnefoy est un peu curieux tant l'œuvre qu'il réalise se situe dans les marges de l'époque, dans cet espace si délicat qui est le sien, fait de dévotions à l'enfance et d'errance dans la conscience à demi somnolente. Et pourtant, il semble jouir aujourd'hui d'une immense reconnaissance : comme une sorte de couronnement qui ne semble pourtant pas concorder avec son souci de la discrétion.

Né en 1923, traducteur de Shakespeare, d'Ungaretti ou de Leopardi, critique d'art (il a écrit sur Goya, Balthus, Masson, Cartier-Bresson...), mais surtout poète – il construit depuis 1946 une œuvre à multiples entrées. L'exigence et le souci du dialogue de celui dont le nom a souvent été prononcé pour le Nobel l'ont distingué au point que ses textes ont suscité des commentaires d'éminents critiques tels que Jean Starobinski ou encore Jean-Pierre Richard.

Il publie aujourd'hui dix ans d'entretiens sur la poésie (*L'Inachevable*, Albin Michel), au moment même où un numéro des *Cahiers de L'Herne* lui rend hommage. Dans ce volume, qui comprend des textes du poète et de ses contemporains, le constant souci d'ouverture d'Yves Bonnefoy est mis en lumière par la grande variété des signatures (Marc Fumaroli, Pierre Alechinsky, Adonis...).

« Vérifier mon adhésion »

On peut aussi lire un recueil d'essais (*La Beauté dès le premier jour*, William Blake), qui sont des reprises de conférences. Yves Bonnefoy y questionne son rapport à la poésie, comme si celle-ci devait être régulièrement soumise à un examen intime : *« En fait, je vis ces retracements comme le moyen de vérifier mon adhésion à ma conviction d'origine »*, écrit-il à ce propos. Enfin, dans un autre essai (*Le Siècle où la parole a été victime*, Mercure de France), le poète revient sur le XXe siècle et le totalitarisme qui a bâillonné la parole, lui enlevant toute possibilité de souffle.

Mais cette somme de commentaires et de réflexions souffrirait d'un manque si elle n'était pas accompagnée d'un nouvel ouvrage poétique inédit (*Raturer outre*, Galilée) qui est la partie la plus intéressante de cette actualité. Car, en dépit de la forêt de signes qui l'entourent, l'œuvre n'est toujours pas close. Elle poursuit la même recherche : trouver dans l'expérience du poème une percée vers un lieu méconnu de soi-même.

Malgré l'importance de ces événements éditoriaux, Yves Bonnefoy n'accepte pas d'entretien oral. Sans doute parce qu'il redoute la dimension irréversible de la parole et son impossible repentir. C'est donc par écrit qu'il a répondu aux questions que nous lui avons envoyées, avant de nous rencontrer chez lui, dans son appartement parisien.

Yves Bonnefoy reçoit dans un appartement parisien de la rue Lepic qu'il occupe depuis 1950 et qui est devenu le lieu où il écrit. C'est la fin de journée et la porte s'ouvre sur le sourire du poète. Il regarde fixement son interlocuteur, mais semble toujours plus loin que lui, au-delà de la parole, dans un lieu qui lui est propre, fait de ravissement et d'inquiétude.

De longs silences ponctuent ses paroles. D'un sujet à l'autre, son œil sourit, écoute. Il évoque peu son travail, préfère parler de ses amis Louis-René des Forêts et André du Bouchet, ou d'Henri Cartier-Bresson, qu'il admirait pour sa capacité à recueillir un instant grâce au Leica, *« un instrument aussi rapide que son esprit »*.

Quand on l'interroge sur notre époque, il regrette qu'elle soit minée par l'esprit de dérision. Si Bonnefoy croit profondément à la poésie, il a toujours manifesté de l'inquiétude devant l'hostilité ou la raillerie qu'elle suscite parfois. La poésie ne disposant pas de l'autorité d'un discours scientifique, comme le rappelle Jean Starobinski, il est si facile de la déconsidérer et de clamer son inutilité !

Dans notre monde malmené, blessé chaque jour encore davantage, il y a parfois des voix pour une seconde chance. Elles sont rares, solitaires et précieuses. Et celui qui désespère peut trouver en elles la lumière et la fraîcheur qui lui manquent. Quel immense secours ! Yves Bonnefoy est bien cet artisan du partage.

Il suffit de le lire, de recueillir ce qu'il raconte du monde, dans son *« évidence mystérieuse »*. Le poète ne propose en effet aucune fuite, aucune nostalgie. Nulle promesse d'un ailleurs. C'est la présence des choses qui l'intéresse – cette proximité du regard qu'il recherche. *« Le poème n'est pas une activité didactique, il n'a pas à expliquer l'expérience du monde qu'il cherche à approfondir »*, écrit-il.

Notre langage, habitué au calcul et à la recherche de la compréhension immédiate, nous a sans doute mis à distance des choses et a appauvri notre perception du monde. L'enjeu du poème, pour Bonnefoy, consiste à retrouver ce regard essentiel et primitif. Celui de l'enfant qui contemple un arbre sans en connaître encore

POURQUOI CES ARTICLES ?

Le candidat au bac de français retiendra de cet article et du suivant et de l'entretien avec Yves Bonnefoy **des informations précieuses sur l'un des grands poètes français des XXe et XXIe siècles**. Né en 1923, Yves Bonnefoy a publié son premier recueil de poèmes *Du mouvement et de l'immobilité de Douve* en 1953. *Hier régnant désert* (1958), *Pierre écrite* (1965), *Dans le leurre du seuil* (1975) ont été joints dans une somme intitulée *Poèmes*, en 1978. Son œuvre se poursuit avec *Ce qui fut sans lumière* (1987), *Début et fin de la neige* (1991), *La Vie errante* (1993), *Les Planches courbes* (2001, au programme du bac littéraire en 2006 et 2007), *La Longue Chaîne de l'ancre* (2008). *Raturer outre*, publié en 2010, poursuit le même dessein : « trouver dans l'expérience du poème une percée vers un lieu méconnu de soi-même ». Nul autre poète actuel n'illustre mieux l'idée que la langue poétique est un moyen de « redécouvrir le monde ». Expliquant, dans l'entretien, sa parenté avec le surréalisme et ce qu'il doit à Breton, Yves Bonnefoy réaffirme sa croyance en une poésie libératrice : « Ce que cherche la poésie, c'est à déconstruire les idéologies, et celles-ci sont actives, autant qu'elles sont nocives dans toutes les relations humaines. » De ce « chant qui régénère les mots » il dit aussi : « la poésie n'est que la préservation de ce sentiment de présence de tout à tout qui faisait le bonheur, et aussi l'angoisse, des "journées enfantes" ». Beaux sujets de dissertation pour le bac !

le nom. Mais cette liberté n'est évidemment pas anarchique. S'il a trouvé chez les surréalistes une liberté de parole et la possibilité de convoquer *« des grandes images imprévisibles, sauvages »*, si son écriture est ouverte au flux de l'inconscient, elle se maintient cependant sur un chemin tracé lucidement par lui-même.

Le voyage est sinueux. Les recueils de ses textes mêlent une profonde inquiétude dont la littérature est le lieu (il évoque *« cette perception de l'abîme qu'est l'écriture »*), et une espérance qui revient sans cesse. Sur cette route improbable, il faut éviter les pièges. Ceux de l'image et ceux des leurres de l'intellect. L'idéal poétique culmine par exemple lorsque le poète peut dire enfin cette phrase lumineuse et immédiate : *« Et que tout est paisible, là, près du banc accoté au tronc d'un vieil arbre. »* Mais quel chemin parcouru à l'intérieur de soi avant l'apparente simplicité de ces mots !

En lisant Bonnefoy, il devient clair que l'enjeu de l'expérience poétique n'est pas seulement littéraire : il concerne essentiellement la vie, dans la recherche d'une plénitude possible. ■

Amaury da Cunha
(12 novembre 2010)

Yves Bonnefoy, « Ce que cherche la poésie, c'est à déconstruire les idéologies »

ENTRETIEN. Yves Bonnefoy explicite le rapport entre art et pensée dans son œuvre.

Y a-t-il une limite entre votre œuvre poétique et ce que vous en dites dans les nombreux textes (essais, entretiens) publiés ? Quel est le statut de ces échappées du champ poétique ?

Une limite, vous voulez dire un cloisonnement ? J'espère bien que non, ce serait trahir la poésie. Car son travail se doit d'être écriture et pensée dans le même élan. L'écriture déborde l'approche conceptuelle des choses mais tout aussitôt la pensée observe la situation, pour dégager des voies dans cet espace entre représentations transgressées et présences jamais pleinement vécues. Et cela dans ce que les poèmes ont de tout à fait personnel, puisque c'est toujours dans le rapport à soi le plus singulier que l'universel a le plus de chance de se réinventer, de se ressaisir.

La poésie est une pensée. Non par des formules qu'elle offrirait dans des textes, mais par sa réflexion, au moment même où elle prend forme. Et il faut entendre cette pensée là où elle est, dans les œuvres. Ecrire sur Giacometti, sur Goya, sur bien d'autres, je ne l'ai voulu, pour ma part, qu'afin de retrouver posés peut-être autrement, par ces poètes, les problèmes que la poésie nous demande de décider.

Non, pas d'échappées du champ poétique ! Plutôt suggérer que toutes les pensées d'une société devraient prendre place dans celui-ci, même les conseils de la science, même le débat politique. Ce que cherche la poésie, c'est à déconstruire les idéologies, et celles-ci sont actives, autant qu'elles sont nocives dans toutes les relations humaines.

Contrairement à une modernité pour qui le réel fut du côté de « l'impossible » (Georges Bataille) ou à fuir en toute urgence (le surréalisme), vous défendez une poésie accessible au monde. Comment en êtes-vous arrivé là ?

En passant par ceux mêmes que vous citez ! J'ai grande sympathie, en effet, pour l'âpre intensité avec laquelle Bataille a perçu - comme déjà Goya l'avait fait dans ce qu'on a nommé ses « peintures noires » - le dehors du lieu humain, cette nuit des vies qui s'entre-dévorent pour rien, dans l'abîme de la matière, ce néant. Mais s'effrayer de ce dehors, et aussi bien dans la personne qu'on est, ou que l'on croit être, n'est-ce pas que la conséquence de cet emploi des mots qui, cherchant à connaître les choses par leurs aspects quantifiables, en fait aussitôt autant d'énigmes ? Mieux vaut reconnaître dans la parole cet événement qui l'institua, le besoin d'établir avec d'autres êtres, ainsi reconnus des proches, un champ de projets et de partages. A bord de la barque dans la tempête mieux vaut ne pas s'inquiéter de l'horreur des hautes vagues, décider plutôt que cette barque, c'est l'être même, qu'il importe de préserver. Ce que le surréalisme, c'est-à-dire André Breton, qui fut à peu près le seul qui aura compté dans ce groupe, en tout cas pour la pensée, savait bien. Je m'étonne de vous entendre dire que le surréalisme a été une fuite « en toute urgence ». Jamais Breton n'a cessé de vouloir intervenir dans le devenir de la société. Et il l'a même fait sur le plan le plus immédiatement politique, et avec beaucoup de lucidité, dans une époque de toutes les illusions. Simplement rappelait-il qu'on va droit au désastre si on ne prête pas attention à des besoins de la vie dont le savoir conceptualisé, rationalisé, ne sait plus que le dehors. Alors que, croyait-il, le rêve en garde mémoire.

Comment êtes-vous parvenu à préserver votre regard d'enfant ?

Cette question, oui, c'est bien ce qu'appelle tout de suite ce que je viens de vous dire, car cette idée de la chose comme un interlocuteur, c'est rappeler l'expérience de l'enfant avant que peu à peu il ne se laisse convaincre, par l'exemple et l'enseignement des adultes, d'appréhender le monde comme une donnée passive, manipulable : comme du réifié et non du vivant. Je crois que la poésie n'est que la préservation de ce sentiment de présence de tout à tout qui faisait le bonheur, et aussi l'angoisse, des « journées enfantes ». La mémoire de ce fait, aussi fondamental qu'oublié en ce siècle obsédé de technologie, épris de savoirs quantifiables, que nous ne vivons pas parmi des choses mais des êtres.

Et comment préserver cette expérience première, cela peut être, c'est même à mon sens la principale façon, par la perception dans les vocables de leur son, leur son comme tel, qui est au delà, dans chacun, des signifiés par lesquels la pensée conceptualisée voile en eux la présence possible de ce qu'ils nomment. On écoute ce son lointain, écho dans le langage de l'unité de ce qui est, on l'accueille dans notre esprit par des rythmes qui montent du corps, c'est-à-dire du besoin, non de posséder, mais d'être ; et c'est alors ce chant par lequel le fait humain s'est établi sur la terre, dès les premiers pas du langage. Ce chant qui régénère les mots ; et qui, je l'espère bien, n'a pas cessé et ne cessera jamais de hanter les instants anxieux de nos grandes décisions. ■

Propos recueillis par
Amaury da Cunha
(12 novembre 2010)

Ponge en abîme

L'œuvre tout entière de cet écrivain habité par la *Rage de l'expression* « propose à chacun (...) un voyage dans l'épaisseur des choses, une invasion de qualités, une révolution ou une subversion... »

Trop de bruit, de bavardage, d'agitation inutile. Trop de mots pour peu de chose, masquant une activité de censure et d'usure. Trop d'approximations, de clichés, de creux, de relâchement, de mépris, de mauvaise poésie, de délires ou de bonnes paroles couvrant des crimes. Le monde humain se résume dans une énorme prétention de subjectivité molle. Ponge, comme un médecin horrifié, part de là, c'est-à-dire d'un violent dégoût pour la littérature de son temps (celui d'après la guerre de 14). Logiquement, il sera compagnon de route des surréalistes, mais sa longue aventure, le plus souvent clandestine, n'appartient qu'à lui. L'expression qu'il répétait le plus souvent dans la conversation ? « Sortir du manège. » Ça cause, ça cause, c'est tout ce que ça sait faire, et l'envie de se taire ou de se supprimer risque donc d'apparaître comme la seule issue. Mais non, il s'agirait alors du revers de la même médaille nihiliste. En réalité, il faut fonder une résistance radicale, une affirmation répétée et sans illusions. Le monde muet fait signe, il est scandaleusement négligé par tous les discours, la vie quotidienne du moindre objet ou animal est une source de connaissances inédites. L'homme pérore, la nature suit son cours dans ses mille variétés musicales. Nous sommes sans cesse en retard par rapport à elle, à son inquiétante ou magnifique proximité. Il suffit de l'écouter, de la regarder mieux, de s'apprendre soi-même à son contact intime.

Je revois ma première lecture d'un texte de Ponge, dans une anthologie de la poésie française. Rien à voir avec les autres pages imprimées, une originalité immédiate, une sensation de relief magique. Voyez, là, tout de suite, un lézard : « Un chef-d'œuvre de la bijouterie préhistorique, d'un métal entre le bronze vert et le vif-argent, dont le ventre seul est fluide, se renfle comme la goutte de mercure. Chic ! Un reptile à pattes ! » Un lézard sort d'un mur, un lézard s'écrit sur la page : flash. Une forme résonne dehors, un accord lui répond dedans. Même étonnement avec la pluie, l'escargot, l'abricot, le cheval, l'araignée, la crevette, le verre d'eau. Pourquoi les ignore-t-on à ce point, pourquoi nous considérons-nous sans cesse comme le centre des phénomènes ? Parce que nous parlons à plat. Sartre avait raison de dire qu'il fallait « lire Ponge avec attention, mot par mot, et puis le relire ». Et Picasso : « Ses mots sont comme des pions, de petites statues en trois dimensions. »

Il ne s'agit donc pas de descriptions, mais de sculptures passionnées. Ce monsieur impeccable, là, que je vais souvent visiter chez lui, à l'époque, n'est en rien un « poète », un « écrivain », et encore moins un philosophe universitaire. Nous n'allons pas, en parlant, échanger des idées, des opinions, des potins ou des états d'âme. Nous nous mettrons à travailler en nous amusant. Il sera question de tel passage de Démocrite ou de Lucrèce ; de tel morceau de Rameau ; du Coup de dés de Mallarmé ; des Poésies de Lautréamont ; des Illuminations de Rimbaud. La conversation est un art, souvenirs, anecdotes significatives, précisions historiques.

Le Ponge qui m'intéresse le plus est celui de *La Rage de l'expression*, celui qui, dans la Résistance, en 1940, trouve le moyen de s'intéresser en détail à un bois de pins ou à un ciel de Provence. Celui qui pense qu'un tableau de Chardin laisse apparaître toute la société de son temps uniquement par ce cadrage-là, cette figure-là. Celui avec qui on n'en finirait pas de méditer encore et encore sur Cézanne. Celui qui a écrit : « La véritable poésie n'a rien à voir avec ce qu'on trouve actuellement dans les collections poétiques. Elle est ce qui ne se donne pas pour poésie. Elle est dans les brouillons acharnés de quelques maniaques de la nouvelle étreinte. » Une discussion avec Ponge peut durer trois ou quatre heures. On laisse couler, on se tait, on reprend. « Aux choses mêmes » : leçon de phénoménologie. Mais en même temps : aux mots eux-mêmes. Toute la bibliothèque est désormais convocable, concentrée, sondée. Ponge est certainement le seul qui ait eu l'ambition de défendre à la fois la pensée des Lumières et celle qui a surgi de la modernité la plus aiguë.

On ne l'écoute pas ? On le cantonne dans les marges de la société ? Peu importe. Avec une sobriété et une énergie d'alchimiste, il est à son fourneau, jour et nuit. Il est tout entier requis par un « poème bizarre, avec retournements en virevoltes aiguës, épingles à cheveux, glissades rapides sur l'aile, accélérations, reprises, nage de requin » (*Les Hirondelles*). Du même mouvement, il rêve de boucler une nouvelle Encyclopédie où science et poésie seraient réconciliées ; où Montaigne, Malherbe, La Fontaine, Pascal, Stendhal, Lautréamont, Rimbaud, ne seraient plus séparés. On peut aimer à la fois Voltaire et Claudel, ce dernier vu, sans révérence, comme « une grosse tortue marine plongeant, à l'autre extrémité de l'Asie, vers sa salade de champignons noirs, à la chinoise ».

C'est entendu : le monde est absurde, mais il fonctionne, et le langage aussi. L'impasse, c'est la manie sociale et son rabaissement systématique de l'art (fascisme, stalinisme). En 1954 : « Dire un mot de ces salauds qui vous mettent en garde contre l'ambition ou contre le désir d'absolu et de grandeur, qui veulent vous réduire à leurs normes de concierges ou de vicieux de la littérature. » Et en 1941 : « Il s'agit de militer activement (modestement mais efficacement) pour les "lumières" et contre l'obscurantisme, cet obscurantisme qui risque à nouveau de nous submerger au XXe siècle du fait du retour à la barbarie voulu par la bourgeoisie comme le seul moyen de sauver ses privilèges. » La passion esthétique est une éthique, et, tout naturellement, une politique. Orgueil (extrême), et humilité (vraie) : le contraire de la vanité vide. Et c'est ainsi que, dans une histoire humaine en folie, nous ont été rendus le mimosa, le lilas, l'œillet, l'huître, la boue, et jusqu'au soleil lui-même. Nous vivons trop dans la mort, le désir de mort, et Ponge, lui, veut passionnément inventer une nouvelle raison de vivre heureux quand même. Ce nouveau bonheur, cette « nouvelle étreinte » n'est plus une idée vague et fade, une fuite, un repli, mais un acte résolument sensuel. La poésie est devenue spectrale ? Mais non, la revoici vibrante, variée, armée, à la fois dramatique et critique. La poésie est révolutionnaire par définition, puisqu'elle ne transige pas avec la liberté physique. Ainsi, dès 1933, quand le totalitarisme infecte déjà l'Europe : « Je propose à chacun l'ouverture de trappes intérieures, un voyage dans l'épaisseur des choses, une invasion de qualités, une révolution ou une subversion comparable à celle qu'opère la charrue ou la pelle, lorsque, tout à coup et pour la première fois, sont mises au jour des millions de parcelles, de paillettes, de racines, de vers et de petites bêtes jusqu'alors enfouies. Ô ressources infinies de l'épaisseur des choses, rendues par les ressources infinies de l'épaisseur sémantique des mots ! » Je revois le soir tomber, autrefois, rue Lhomond.

On n'entend plus les cris d'enfants de l'école toute proche. Je viens d'attirer l'attention de Ponge sur ce fragment de Rimbaud : « La main d'un maître anime le clavecin des prés. » Ce jour-là, c'est juste ce qu'il fallait dire. ■

Philippe Sollers

(5 février 1999)

POURQUOI CET ARTICLE ?

Cet article évoque Francis Ponge (1899-1988), auteur du *Parti pris des choses* (1942). Le candidat au bac de français en retiendra **un témoignage précieux sur un poète qui a renouvelé le projet poétique**. Sollers illustre son propos en citant Ponge : « Je propose à chacun l'ouverture de trappes intérieures, un voyage dans l'épaisseur des choses » (1933). Redécouvrir la langue et redécouvrir le monde sont bien des thèmes au cœur de son œuvre.

LA QUESTION DE L'HOMME DANS LES GENRES DE L'ARGUMENTATION, DU XVIE SIÈCLE À NOS JOURS

Les formes de l'argumentation

Un texte dit « argumentatif » est un texte qui défend une thèse et tente de la faire partager à son lecteur. Cet objectif particulier ne concerne pas que le « fond », il a une influence sur la forme même du texte.

Les objectifs et les procédés du texte argumentatif

Tout texte comporte un **thème**, c'est-à-dire un sujet dont il s'empare et qu'il traite. Mais le texte argumentatif comprend également une **thèse**, c'est-à-dire **un avis ou un jugement qu'un locuteur défend**.

Il faut donc, face à ce type de textes, identifier (et distinguer) le thème et la thèse. Par exemple, un texte peut traiter du thème de l'école, et défendre la thèse selon laquelle l'école telle qu'elle existe n'est plus adaptée au monde contemporain. Comme le montre cet exemple, le thème peut être reformulé par un mot ou un groupe de mots (ici : l'école), tandis que la thèse peut être reformulée par une phrase verbale (ici : l'école telle qu'elle existe n'est plus adaptée au monde contemporain).

À la thèse soutenue par l'auteur s'oppose la **thèse adverse, ou thèse réfutée**.

Afin de défendre sa thèse, l'auteur du texte emploie des **arguments** : des idées, des causes, des références. Il les appuie et les rend **plus concrets grâce à des exemples**. En effet, un argument est **abstrait**, général, et il fait le plus souvent appel à la logique. En revanche, un exemple est plus **concret**, plus particulier, voire même anecdotique. Toutefois, un exemple particulièrement frappant peut prendre valeur d'argument.

Un locuteur cherchant à faire **adhérer un lecteur à la thèse** qu'il développe peut emprunter deux directions :
– soit il s'adresse à **la raison** de son destinataire, il tente alors de le **convaincre** ;
– soit il essaie de toucher **les sentiments** du récepteur, auquel cas il passe par la **persuasion**.
En pratique, les textes mêlent le plus souvent ces deux voies, et allient la pertinence d'arguments convaincants à un style frappant et persuasif.

Littérature et argumentation

La liste des genres au travers desquels peut se déployer l'argumentation montre que celle-ci n'est pas réservée aux essais abstraits, aux traités théoriques, ou aux articles.

L'argumentation a toujours été liée à la littérature, et en particulier à la fiction. En effet, pour transmettre une idée, pour convaincre et persuader, **le style est un auxiliaire extrêmement efficace** : la force d'un argument est d'autant plus grande qu'il est exprimé de manière séduisante. Ainsi, on comprend

Allégorie de la rhétorique par Hans Sebald Beham.

ZOOM SUR...

L'énonciation dans un texte argumentatif.

Comme l'auteur défend une position, il s'exprime généralement dans le registre du discours plus que dans celui du récit (même si des exceptions existent). On trouve, donc, dans le texte argumentatif :
– la présence plus ou moins nettement marquée du locuteur (« je », termes modalisateurs indiquant une évaluation, une vision subjective, mots mélioratifs ou péjoratifs...) ;
– la présence de l'interlocuteur ; l'auteur s'adresse parfois directement au lecteur (« vous »), lui pose des questions, l'interpelle... ;
– des interrogations rhétoriques, dont la réponse est, en quelque sorte, contrainte ;
– le pronom « on » qui offre de multiples possibilités (« on » généralisant, permettant de délivrer une sentence ; « on » inclusif, dans lequel l'auteur et/ ou le lecteur sont compris ; « on » exclusif, grâce auquel l'auteur se détache d'un groupe pour montrer que son opinion diffère).

On trouve également : des liens logiques de cause, de conséquence, de concession, etc. ; une structure logique, visible en particulier dans l'emploi de paragraphes distincts ; des figures de style (amplification, images, etc.) ; un ou plusieurs registres, suivant les intentions de l'auteur (ironique, polémique, etc.).

Les formes d'argumentation liées à la presse écrite.

Journaux et revues accueillent régulièrement des textes argumentatifs.

• Le billet d'humeur est une courte chronique sur un sujet d'actualité où le rédacteur s'adresse, en son nom, à une ou plusieurs personnes.
• L'éditorial est un article émanant de la direction du journal. Il engage la responsabilité du rédacteur en chef et de l'ensemble du journal, tout en restant une parole individuelle (celle du journaliste qui le signe).
• Un journal peut également publier une lettre ouverte (*cf.* le célèbre *J'accuse*, de Zola, paru dans *L'Aurore* le 13 janvier 1898.)

l'intérêt que ceux qui cherchent à étayer une thèse portent à la qualité littéraire de leurs textes. Les *Essais* de Montaigne, les *Pensées* de Pascal, les *Salons* de Diderot, les préfaces de Hugo, etc. sont encore lus aujourd'hui, non seulement en raison des idées et réflexions qu'ils contiennent, mais aussi parce que la force et la beauté de leur écriture nous touchent. Sartre dit que « l'écrivain engagé sait que **la parole est action** [...] Il sait que les mots, comme dit Brice Parrain, sont des "pistolets chargés". S'il parle, il tire ». Cette citation souligne le pouvoir qu'ont certaines formules – capables de « faire mouche » – d'atteindre ce qui est visé et celui qui est destinataire, au-delà même de la littérature dite engagée.

Mais l'argumentation ne se contente pas de réclamer un « style », un talent d'écriture. Elle passe parfois par la **fiction**, c'est-à-dire que, paradoxalement, **elle peut utiliser l'imaginaire afin de soutenir une opinion sur un élément bien réel**. Cette association de l'argumentation et de la fiction existe dès les premiers récits fondateurs : dans *L'Iliade* et *L'Odyssée* d'Homère, ou encore dans les chansons de geste du Moyen Âge, s'opère une alliance entre le récit d'exploits et l'exaltation de valeurs, de positions, que l'auteur cherche à faire partager à ses auditeurs ou lecteurs. Pourquoi donc ce « détour » par la fiction ? La Fontaine écrit, dans les *Fables*, à propos de l'apologue : « C'est proprement un charme : il rend l'âme attentive,/ Ou plutôt il la tient captive ».

Selon le fabuliste, **la fiction séduit le lecteur, et fonctionne comme un appât** : elle ensorcelle par le récit du conte ou de la fable, et la moralité (ou la thèse défendue) devient ainsi plus « digeste ». L'essai peut, en effet, apparaître comme ardu et rebutant. Un récit, au contraire, est toujours plaisant par les personnages, les animaux qu'il met en scène, les dialogues qu'il utilise, etc.

DEUX ARTICLES DU *MONDE* À CONSULTER

- ***Indignez-vous !*, un cri qui porte loin** p. 64-65
(Thomas Wieder, 2 janvier 2011)
- **S'engager, pas s'indigner !** p. 65
(Franck Allisio, 14 janvier 2011)

Conclusion

Les auteurs classiques, au XVIIe siècle, avaient pour devise « instruire et plaire », et l'apologue est précisément le lieu où les deux actes peuvent se conjuguer. Le XVIIIe siècle a lui aussi fait le détour par la fiction pour défendre les idées des Lumières : les contes de Voltaire sont des essais ou des pamphlets rendus concrets et vivants grâce aux personnages et aux registres comique, satirique, etc. Marivaux ou Beaumarchais illustrent la réflexion sur l'individu et la justice sociale dans leurs pièces de théâtre : au travers des dialogues et des confrontations de personnages, le spectateur voit s'incarner des idées et des avis contradictoires. *L'Île des esclaves*, de Marivaux, mêle à la fois le genre théâtral et l'utopie. D'autres formes fictionnelles sont encore convoquées, comme le dialogue, chez Diderot (*Le Neveu de Rameau*). Des origines jusqu'à nos jours, la fiction est donc toujours l'alliée de l'argumentation : au XXe siècle, la contre-utopie (*1984*, d'Orwell, 1949) et l'apologue (*Matin brun*, de Franck Pavloff, 1998) sont encore bien présents. ■

REPÈRES

Les formes de l'argumentation.

L'argumentation peut être directe ou indirecte. Elle est dite « indirecte » ou « oblique » lorsque le locuteur utilise la fiction pour faire passer sa thèse ou son message.

Les formes directes

- L'éloge, le panégyrique, le dithyrambe sont des textes marquant l'enthousiasme et l'admiration que leur auteur voue à quelque chose ou quelqu'un.
- L'essai est un ouvrage de forme assez libre dans lequel l'auteur expose ses opinions (*cf.* Montaigne, *Les Essais*, 1580.).
- La lettre ouverte est un opuscule souvent polémique, rédigé sous forme de lettre.
- Le manifeste est une déclaration écrite, publique et solennelle, dans laquelle un homme, un gouvernement ou un parti expose un programme ou une position (on trouve ainsi des manifestes de groupes d'artistes, autour d'un programme esthétique : *cf. Le Manifeste du surréalisme*).
- Le pamphlet est un écrit satirique, souvent politique, au ton virulent.
- Le plaidoyer est la défense d'une cause.
- La préface est un texte placé en tête d'un ouvrage pour le présenter, en préciser les intentions, développer ses idées générales (préface de *Cromwell*, ou encore préface du *Dernier Jour d'un condamné*, de Victor Hugo).
- Le réquisitoire est une accusation.

Les formes obliques

- L'apologue, récit souvent bref contenant un enseignement : la fable et le conte appartiennent au genre de l'apologue.
- Le conte (Perrault, *Le Petit Chaperon rouge*, 1697) et le conte philosophique (Voltaire, *Candide*, 1759.).
- Le dialogue (parfois dialogue philosophique, *cf.* Diderot ou Sade).
- La fable (La Fontaine).
- L'utopie (genre littéraire dans lequel l'auteur imagine un univers idéal, par exemple l'abbaye de Thélème, chez Rabelais) et la contre-utopie (*1984*, de Georges Orwell).

Écriture d'invention : Discours à la Chambre des pairs

ZOOM SUR...

Victor Hugo : incarnation du romantisme.

Victor Hugo (1802-1885) est peut-être l'auteur qui concentre à lui seul le plus de traits du romantisme. Chaque étape de sa biographie est marquée par son engagement, son enthousiasme violent pour des idées littéraires, politiques et sociales neuves. Très jeune, il se lance dans la bataille pour un nouveau théâtre, avec *Hernani* (1830) et *Ruy Blas* (1838). Il inaugure le drame romantique, véritable machine de guerre contre la tragédie classique qu'il veut détrôner. Le drame romantique se pose comme un théâtre total opérant le mélange des genres et offrant le spectacle à la fois sublime et grotesque de la réalité humaine, concentrée dans l'histoire d'un destin brisé.

Hugo se lance avec la même fougue dans l'action politique : il devient pair de France en 1845, prononce des discours importants en faveur de la liberté de la Pologne, se bat contre la peine de mort et les injustices sociales, se déchaîne contre Napoléon III. Ses choix politiques le contraignent à l'exil dans les îles anglo-normandes (Jersey puis Guernesey) pendant dix-neuf ans. Son retour en France est profondément marqué par les horreurs de la Commune (*L'Année terrible*, 1872). Sénateur à partir de 1876, il devient une figure emblématique de la gauche républicaine.

Son œuvre littéraire exploite tous les genres et tous les registres : auteur de grands romans (*Notre-Dame de Paris*, 1831, ou *Les Misérables*, 1862), il est également poète (*Les Châtiments*, 1853, *Les Contemplations*, 1856) et dramaturge (*Hernani*, 1830, *Ruy Blas*, 1838). Il rédige même une épopée de l'histoire de l'humanité, *La Légende des siècles* (1859-1883).

CITATION

« Le romantisme "n'est autre chose que le courant de la révolution dans les idées". »
(Victor Hugo, *William Shakespeare*, III, livre II, 1864.)

Victor Hugo.

Le texte

Hier, 22 février[1], j'allais à la Chambre des pairs[2]. Il faisait beau et très froid, malgré le soleil de midi. Je vis venir rue de Tournon un homme que deux soldats emmenaient. Cet homme était blond, pâle, maigre, hagard ; trente ans à peu près, un pantalon de grosse toile, les pieds nus et écorchés dans des sabots avec des linges sanglants roulés autour des chevilles pour tenir lieu de bas ; une blouse courte, souillée de boue derrière le dos, ce qui indiquait qu'il couchait habituellement sur le pavé ; la tête nue et hérissée. Il avait sous le bras un pain. Le peuple disait autour de lui qu'il avait volé ce pain et que c'était à cause de cela qu'on l'emmenait. En passant devant la caserne de gendarmerie, un des soldats y entra, et l'homme resta à la porte, gardé par l'autre soldat. Une voiture était arrêtée devant la porte de la caserne. C'était une berline armoriée[3] portant aux lanternes une couronne ducale[4], attelée de deux chevaux gris, deux laquais en guêtres derrière. Les glaces étaient levées, mais on distinguait l'intérieur, tapissé de damas bouton d'or[5]. Le regard de l'homme fixé sur cette voiture attira le mien. Il y avait dans la voiture une femme en chapeau rose, en rose de velours noir, fraîche, blanche, belle, éblouissante, qui riait et jouait avec un charmant petit enfant de seize mois enfoui sous les rubans, les dentelles et les fourrures. Cette femme ne voyait pas l'homme terrible qui la regardait. Je demeurai pensif. Cet homme n'était plus pour moi un homme, c'était le spectre de la misère, c'était l'apparition, difforme, lugubre, en plein jour, en plein soleil, d'une révolution encore plongée dans les ténèbres, mais qui vient. Autrefois, le pauvre coudoyait[6] le riche, ce spectre rencontrait cette gloire ; mais on ne se regardait pas. On passait. Cela pouvait durer ainsi longtemps. Du moment où cet homme s'aperçoit que cette femme existe, tandis que cette femme ne s'aperçoit pas que cet homme est là, la catastrophe est inévitable.
(Victor Hugo, *Choses Vues*, 1846.)

Notes
1. Le 22 février 1846, deux ans avant les émeutes de 1848 qui entraîneront l'abdication du roi Louis-Philippe.
2. Haute assemblée législative dont Victor Hugo était membre.
3. Voiture à chevaux sur laquelle sont peints les emblèmes d'une famille noble.
4. Cet emblème signale que la passagère est une duchesse.
5. Étoffe précieuse de couleur jaune.
6. Côtoyer.

L'intitulé complet du sujet

À son arrivée à la Chambre des pairs, le narrateur, sous le coup de l'émotion, prend la parole à la tribune pour faire part de son indignation et plaider pour plus de justice sociale. Vous rédigerez ce discours.

L'analyse du sujet

Le sujet fait référence au « narrateur » du texte extrait de *Choses vues* : il s'agit donc de Victor Hugo, pair de France (une sorte de « sénateur »). La situation de communication est celle d'un orateur s'adressant à un public (les pairs de la Chambre). Le contexte implique donc une certaine solennité et un registre de langue soutenu. La tonalité du texte attendu est suggérée par les termes qui font référence à l'état d'esprit du locuteur : « sous le coup de l'émotion », « indignation » : on doit donc retrouver, dans le lexique et les tournures, les marques de cette exaltation.

Proposition de corrigé

Mes confrères, mes amis,
Permettez-moi d'intervenir de façon brutale et d'interrompre quelque peu le cours de vos propos, mais je ne peux me contenir davantage. Nous, pairs de France, que faisons-nous ici ? Quelle est notre

Les bons outils

Le thème de l'exercice n'étant pas littéraire, l'essentiel réside ici dans le style adapté à la situation de communication : multiplier les phrases exclamatives, interrogatives, impliquer les destinataires du discours par des questions rhétoriques, passer du « je » au « nous », utiliser l'impératif à la première personne du pluriel.

mission ? Ne consiste-t-elle pas à servir de toutes nos forces la France ? Ah ! chers confrères, écoutez-moi ! Je viens d'assister à une scène qui m'a profondément troublé et que je souhaite partager avec vous. Là, à l'instant, je viens de voir un homme, un misérable, l'un de nos semblables pourtant, que l'on emmenait en prison pour un pain volé… le malheureux marchait presque pieds nus par le froid qu'il fait et n'était vêtu que de haillons. La prison pour un pain volé ! Vous rendez-vous compte ? Et cet homme n'avait pas mangé depuis des jours. C'est pourtant là le quotidien du petit peuple de Paris, mais nous y sommes aveugles. Le riche ne se soucie pas du pauvre. Les propriétés, les rentes, les titres, les réceptions, voilà ce qui préoccupe le riche, voilà les objets de ses soins, voilà ce pour quoi il se bat. Mais cette situation ne peut se prolonger encore longtemps, le scandale a assez duré et, en notre âme et conscience, nous sentons bien que nous ne pouvons plus nous en satisfaire. Pouvons-nous encore tolérer que nos semblables travaillent dans des conditions déplorables pour ramener quelques sous au logis ? Que les enfants soient obligés de travailler, de laisser leur joie, leur santé, parfois leur vie dans un labeur inhumain que bien des adultes ne pourraient accomplir ? Pouvons-nous encore tolérer que les femmes livrées à leur propre sort soient réduites aux dernières extrémités et s'avilissent pour espérer subsister ? Non, assez ! L'existence que nous laissons à nos misérables frères est une existence dégradante. Imaginez-vous un instant que l'homme que j'ai vu ait volé par choix, par plaisir ? Non, seuls le désespoir et la faim ont pu conduire cet homme à faire fi de son honneur et de sa dignité. Peut-être a-t-il une famille à nourrir, peut-être est-ce pour eux qu'il s'est livré à cet acte… Une fois leur père emprisonné, que vont devenir ces petits ? Ils s'en iront mendier par les rues… Cette idée me fait frémir d'horreur. En laissant toute une partie de la population vivre dans des conditions lamentables, nous les incitons à sombrer dans une déchéance toujours plus grande, à renoncer peu à peu à tout principe, à perdre toute morale. Nous ne pouvons plus ignorer les drames qui se jouent sans cesse sous nos yeux. Battons-nous pour plus de justice sociale ! La majorité de la population connaît une existence déplorable, et se voit contrainte de travailler sans relâche pour enrichir quelques privilégiés qui ne se soucient pas de leur sort. Sans compter ceux que la société a mis au ban, parce que le destin les a fait naître malades ou infirmes. Devons-nous oublier ces laissés-pour-compte ? Avons-nous le droit de les ignorer sous prétexte qu'ils ne sont pas productifs, et de les laisser mourir dans la misère ? Si nous, pairs du royaume, ne pouvons rien faire pour redonner leur place à ceux qui n'en ont plus, qui le pourra ? Qui va lever les yeux vers ces fantômes ? Le constat s'impose : les nantis se contentent de jouir de leurs privilèges, de leur fortune, sans aucune gratitude pour les obscurs travailleurs qui leur permettent de s'enrichir, sans aucune compassion pour les plus démunis… Mais soyez sûrs d'une chose : si nous persistons dans notre indifférence, à ignorer la violence faite aux pauvres de cette nation, à ne même pas leur accorder l'aumône d'un regard, alors le vent de la tempête soufflera sur nos têtes ! Si une poignée d'hommes oisifs possèdent toutes les richesses et que la majorité ne peut vivre décemment d'un honnête labeur, alors, mes amis, tôt ou tard le peuple se révoltera et jettera à bas les fondements d'une société trop inique. Unissons plutôt nos forces pour prévenir la catastrophe tant qu'il en est encore temps, et réformons notre société pour qu'enfin elle soit plus juste et plus respectueuse de tous ses membres. Mes amis, agissons pour le bien-être de tous !

Ce qu'il ne faut pas faire

- Revenir trop longuement sur l'anecdote rapportée dans le texte : elle n'est que le point de départ de l'exercice d'écriture.
- Attention aux anachronismes : le locuteur se situe en 1848.

REPÈRES

Quelques procédés stylistiques.

Le blâme

Les procédés les plus couramment utilisés pour blâmer sont :
– un vocabulaire péjoratif ;
– des figures par amplification (hyperbole) ou par opposition (antithèse) des répétitions (anaphore, accumulation…) qui accentuent la réprobation, exagèrent la critique ;
– des métaphores et des comparaisons dépréciatives ;
– une ponctuation expressive, des phrases de type exclamatif ou interrogatif qui traduisent, par exemple, la colère et l'indignation du locuteur.

L'emphase

Elle caractérise le ton général d'un discours enclin à l'exagération ; son contraire est la simplicité. Considérée péjorativement, l'emphase devient de « l'enflure » ou de la grandiloquence. Dans cet extrait de *Tartuffe*, le faux dévot, surpris en flagrant délit, s'accuse avec une emphase particulièrement hypocrite : « Oui, mon frère, je suis un méchant, un coupable,/ Un malheureux pécheur tout plein d'iniquités,/ Le plus grand scélérat qui jamais ait été.[…] » (Molière, *Tartuffe*, acte III, scène 6, 1664.)

L'éloge

Le genre de l'éloge recourt à tous les procédés du registre laudatif :
– un vocabulaire mélioratif ;
– des figures par amplification ou par opposition, des répétitions ;
– des métaphores et des comparaisons valorisantes ;
– un rythme et une syntaxe qui donnent souvent une allure emphatique au discours.

Les termes péjoratifs et mélioratifs

Un terme péjoratif est dévalorisant ; un terme mélioratif est valorisant. Une maison (terme neutre), peut-être appelée péjorativement « baraque » ou au contraire, de façon méliorative, « demeure ».
Certains suffixes sont péjoratifs : *-ard* (*braillard*), *-âtre* (*jaunâtre*), *-aud* (lourdaud), *-asse* (*bavasser*), *-esque* (*livresque*), *-on* (*souillon*), *-is* (*ramassis*).

SUJETS TOMBÉS AU BAC SUR CE THÈME

Dissertations

– Les textes littéraires et les formes d'argumentation souvent complexes qu'ils proposent vous paraissent-ils être un moyen efficace de convaincre et persuader ? Vous présenterez votre travail sous la forme d'une lettre, mais sans la signer. (Sujet national, 2002, séries ES, S)
– Dans quelle mesure la forme littéraire peut-elle rendre une argumentation plus efficace ? (Sujet national, 2007, séries ES, S)

Indignez-vous !, un cri qui porte loin

La brochure publiée, en octobre, par une petite maison d'édition, a déjà rencontré près de 500 000 lecteurs.

« *En quarante ans de vie de libraire, je n'ai jamais vu un tel phénomène !* » Jean-Marie Sevestre, le patron de Sauramps, la grande librairie du centre de Montpellier, n'en revient pas. Depuis le 1er décembre 2010, il a vendu 8 500 exemplaires d'*Indignez-vous !*, la brochure de Stéphane Hessel (Indigène, 32 p., 3 euros). « *C'est de la folie. Le 24 décembre, certains clients en ont acheté cinq ou dix pour les offrir. Je pensais que ça allait se calmer après Noël, mais non : depuis, on en vend encore 400 par jour !* »

Ce que décrit Jean-Marie Sevestre, les statistiques à l'échelle nationale le confirment. Selon la base de données Datalib, qui réunit environ 200 librairies indépendantes, *Indignez-vous !* est non seulement en tête des ventes, avec 80 000 exemplaires écoulés en décembre, mais il devance de très loin le reste du peloton : en deuxième position, Michel Houellebecq, lauréat du prix Goncourt, n'a vendu, au cours de la même période, que 9 500 exemplaires de *La Carte et le Territoire* (Flammarion).

Depuis sa parution, le 20 octobre, *Indignez-vous !* a déjà été vendu à 450 000 exemplaires, avec notamment de très fortes percées dans le Midi toulousain et en Bretagne, selon Sylvie Crossman, l'éditrice de Stéphane Hessel. Cette ex-journaliste, qui fut notamment correspondante du *Monde* à Los Angeles et à Sydney, n'est pas habituée à de tels chiffres. Indigène, la petite maison qu'elle a fondée, en 1996, avec son compagnon, Jean-Pierre Barou, un ex-militant de la Gauche prolétarienne passé par les éditions du Seuil, était jusque-là coutumière des tirages confidentiels.

Créé dans le but de « *favoriser le dialogue entre nos sociétés et les sociétés dites « premières »* », Indigène a lancé, en 2009, une nouvelle collection, « Ceux qui marchent contre le vent », destinée à abriter des « *textes militants en faveur d'une révolution des consciences* ». Septième titre de cette collection, *Indignez-vous !* a d'abord été tiré à 8 000 exemplaires. « *Nous en sommes aujourd'hui à 650 000* », explique Sylvie Crossman, qui a cédé les droits en Italie, et s'apprête à les vendre en Grèce, en Angleterre, en Pologne et aux États-Unis.

« Insurrection pacifique »

Comment expliquer un tel succès ? D'abord quelques mots de l'objet. Établi par les deux éditeurs à partir de trois conversations d'une heure et demie qui se sont tenues, au printemps 2010, au domicile parisien de Stéphane Hessel, ce texte qui se lit en un quart d'heure se présente à la fois comme un constat, un programme et un discours de la méthode.

Le constat tient en une phrase : « *Dans ce monde, il y a des choses insupportables.* » L'inventaire est vaste. Il va du national au global, Hessel s'insurgeant d'abord contre « *cette société des sans-papiers, des expulsions, des soupçons à l'égard des immigrés,* (...) *où l'on remet en cause les retraites, les acquis de la Sécurité sociale* (...), *où les médias sont entre les mains des nantis* », avant de dénoncer « *l'immense écart qui existe entre les très pauvres et les très riches et qui ne cesse de s'accroître* », les atteintes aux droits de l'homme et les menaces qui pèsent sur l'état de la planète.

Le programme, quant à lui, s'articule autour de deux textes. Il s'agit d'abord des mesures adoptées, en 1944, par le Conseil national de la Résistance, qui préconisait « *l'instauration d'une véritable démocratie économique et sociale* ». Il s'agit ensuite de la Déclaration universelle des droits de l'homme (1948), à la rédaction de laquelle Stéphane Hessel a participé comme chef de cabinet d'Henri Laugier, alors secrétaire général adjoint de l'ONU.

Reste le discours de la méthode. Sur ce point, l'horizon référentiel de Stéphane Hessel est plus complexe qu'il n'y paraît. Stigmatisant « *l'indifférence* » comme « *la pire des attitudes* », Stéphane Hessel vante les mérites de « *l'engagement* ». Mais lequel ? Le texte, ici, est assez ambivalent.

D'un côté, dans le sillage de Martin Luther King ou de Nelson Mandela, l'auteur se fait le chantre de la « *non-violence* ». Convaincu de la « *capacité des sociétés modernes à dépasser les conflits par une compréhension mutuelle et une patience vigilante* », il plaide pour une « *insurrection pacifique* », une notion présente dans l'appel du 8 mars 2004 qu'il cosigna avec d'autres anciens résistants, comme Lucie et Raymond Aubrac, Daniel Cordier, Maurice Kriegel-Valrimont, Germaine Tillion et Jean-Pierre Vernant. D'un autre côté, Hessel ne condamne pas en bloc toute forme de violence. Se référant, ici, à Jean-Paul Sartre, il affirme ainsi que, si « *on ne peut pas excuser les terroristes qui jettent des bombes* », on peut du moins les « *comprendre* ». À l'appui de sa thèse, l'auteur cite le cas des Palestiniens : « *Il faut reconnaître que lorsque l'on est occupé avec des moyens militaires supérieurs aux vôtres, la réaction populaire ne peut pas être que non violente.* »

Conjoncture favorable

Hessel, on le voit, brasse large. À l'exception de sa position déjà connue depuis longtemps sur le Proche-Orient, et contre laquelle s'est notamment élevé le polito-

POURQUOI CET ARTICLE ?

Les années 2010 et 2011 ont été marquées par le phénoménal succès de librairie d'un court texte de Stéphane Hessel intitulé *Indignez-vous !* (3 000 000 lecteurs fin 2011). Le retentissement de ce texte argumentatif ne s'est pas limité au nombre de ses lecteurs. Il a aussi inspiré de nombreux mouvements protestataires dans diverses capitales – entre autres Madrid – dont les participants se sont nommés eux-mêmes les « Indignés ». Le candidat au bac trouvera, dans cet article, une analyse de ce texte, qui se réfère au programme du Conseil national de la Résistance et à la Déclaration universelle des droits de l'homme. Au-delà des principes, le texte de Stéphane Hessel est aussi un appel à « l'insurrection pacifique » contre les excès du libéralisme. Selon Thomas Wieder, le retentissement de *Indignez-vous !* tient à la fois à la personnalité de son auteur – ancien résistant et déporté, homme de lettres et diplomate – et à la conjoncture de la deuxième décennie du siècle, marquée par de multiples inquiétudes. À côté du « J'accuse » de Zola, ou de l'« Appel du 18 juin » 1940 de de Gaulle, le candidat retiendra **cet exemple de texte argumentatif qui contribue à faire l'Histoire**.

logue Pierre-André Taguieff, les causes qu'il défend, comme les textes auxquels il se réfère, sont on ne peut plus consensuels. Telle est sans doute l'une des clés du succès. Une autre tient à l'auteur : né en Allemagne, en 1917, et installé en France depuis 1924, il est l'incarnation parfaite de « l'homme européen » ; rallié au général de Gaulle, dès 1941, puis déporté à Buchenwald et à Dora, il suscite l'admiration des héros et l'empathie des victimes ; normalien féru de poésie et diplomate rompu aux négociations multilatérales, il cultive une double image de pragmatisme et d'idéalisme, propre à séduire les romantiques et à rassurer les réalistes.

Paré de l'aura dont jouissent les derniers témoins de la geste résistante – ce qu'illustre notamment le succès des Mémoires de Daniel Cordier (*Alias Caracalla*, Gallimard, 2009) –, Hessel bénéficie enfin d'une conjoncture favorable. *« Ce livre n'aurait pas eu de sens il y a dix ans*, nous explique-t-il de sa voix ronde au timbre inimitable. *En 2000, on sortait d'une décennie admirable : après la chute du mur de Berlin, il y a eu cinq grandes conférences mondiales – à Rio sur l'environnement, à Vienne sur les droits de l'homme, à Pékin sur les femmes, à Copenhague sur l'intégration sociale et à New York sur les Objectifs de développement du millénaire – qui nous permettaient d'aborder le XXIe siècle avec confiance. Depuis, on est sur une pente descendante, avec le 11-Septembre, la guerre contre le terrorisme, huit ans de Bush, puis la crise financière, avec, au final, le sentiment qu'aucun gouvernement n'est capable de résoudre les problèmes. »*

Coïncidant avec le succès du *Manifeste des économistes atterrés* (Les liens qui libèrent, 70 p., 5,50 euros), un autre petit texte qui se classe au quatrième rang des meilleures ventes en librairie, en décembre, selon Datalib, *Indignez-vous !* est, d'après son éditrice, *« arrivé à point nommé, en touchant un sentiment de désarroi redoublé par l'adoption de la réforme des retraites »*. D'un côté des économistes *« atterrés »*, de l'autre un vieux sage *« indigné »* qui attend de sa *« toute petite brochure »* qu'elle incite *« les gens, et surtout les jeunes qui ont tendance à se désengager, à prendre leur destinée en main »* : décidément, la colère se vend très bien.

Seize mois avant l'élection présidentielle, cela ne constitue sans doute pas un programme de gouvernement. Mais à coup sûr un sérieux avertissement.

Thomas Wieder
(2 janvier 2011)

S'engager, pas s'indigner !

Stéphane Hessel aura au moins réussi une chose : offrir une solution simple et confortable à tous les parents et grands-parents en panne d'idée de cadeau en cette fin d'année 2010. Cette injonction semble s'adresser aux « jeunes », ceux qui ont aujourd'hui l'âge qu'avait Stéphane Hessel durant la Seconde Guerre mondiale, ceux qui sont en première ligne pour relever les défis personnels et collectifs qui se présentent à eux. Puisque nous avons été interpellés, autant répondre et expliquer pourquoi nous considérons cet appel comme anachronique, inquiétant et en fin de compte décevant.

Cet appel est avant tout anachronique car Stéphane Hessel y jauge le monde d'aujourd'hui avec des lunettes qui datent de l'après-guerre. Louer le programme du Conseil national de la Résistance est une chose, vouloir apporter les mêmes solutions, soixante-six ans plus tard, dans un monde qui n'est plus du tout le même, en est une autre. À une France, qu'on le veuille ou non, au cœur d'une mondialisation avancée avec une économie totalement ouverte en concurrence avec des puissances émergentes ultra compétitives, Stéphane Hessel prescrit planification et nationalisations. On se croyait dans *Le Monde d'hier*, on se retrouve chez *Hibernatus* : après le bon vieux temps, le déluge... Un tel anachronisme pourrait faire sourire une génération qui a grandi dans le monde de l'après-guerre froide mais en regardant de plus près, il se révèle aussi inquiétant.

Cet appel est en effet inquiétant car il reprend les vieilles ficelles des populistes et des démagogues : désigner des coupables à la vindicte populaire, comparer l'incomparable, dresser un tableau apocalyptique de la situation mais sans faire le moindre début d'une proposition sérieuse pour changer les choses. Car, si certains hommes de gauche, tel Manuel Valls, découvrent les vertus du réalisme tant en matière économique qu'en matière d'ordre public, d'autres, comme Stéphane Hessel, se complaisent dans la mise en accusation et finissent par se situer entre le *« qu'ils s'en aillent tous »* de Jean-Luc Mélenchon et le *« tous pourris »* de Jean-Marie Le Pen. Et l'enfer étant pavé de bonnes intentions, on se rend compte que l'évangile selon Hessel, credo des bobos, finit par ressembler aux diatribes de ceux contre lesquels il s'est toujours battu. On sait pourtant depuis Pascal que qui veut faire l'ange fait la bête...

Cet appel est enfin décevant car ce que n'a pas saisi Stéphane Hessel, c'est que pour toute une génération, c'est justement cette façon de faire de la politique qui a désenchanté puis dégoûté de l'engagement. S'engager, c'est d'abord et avant tout prendre à bras-le-corps la réalité telle qu'elle est et non telle qu'on voudrait qu'elle soit. Aujourd'hui comme hier, l'engagement n'est possible que dans un espace politique à l'écoute du monde et de la société d'aujourd'hui et non prisonnier de ses dogmes et utopies. On s'attendait à un appel à l'action, on n'a en fin de compte qu'un appel à la réaction. Paradoxalement, cet « indignez-vous » raisonne comme un « résignez-vous » tant Stéphane Hessel semble nous dire que son royaume n'est pas de ce monde. C'est un Candide qui n'aurait tiré aucune leçon à la fin de son périple.

À cet « indignez-vous », nous aurions préféré un « engagez-vous » : engagez-vous dans la vie publique comme vous vous engagez dans vos vies personnelles et professionnelles, c'est-à-dire en traçant sa propre route mais en restant en prise avec la réalité d'un monde qui évolue sans cesse. Et avec au cœur, non pas l'indignation mais du courage et de l'imagination.

Franck Allisio, Président national des Jeunes Actifs,
(14 janvier 2011)

POURQUOI CET ARTICLE ?

Franck Allisio répond ici à l'appel lancé par Stéphane Hessel dans *Indignez-vous !*. Il introduit son propos en usant de l'ironie (l'opuscule de Stéphane Hessel comme cadeau de fin d'année). Il donne ainsi le ton d'une argumentation virulente construite en trois points, annoncés par trois adjectifs, « anachronique, inquiétant, décevant » avant de conclure sur un autre mot d'ordre : « engagez-vous ». Le candidat au bac trouvera dans cet article **un exemple de contre argumentation** à lire crayon en main pour en souligner les articulations, les arguments et les exemples.

ZOOM SUR...

Les stratégies des écrivains des Lumières.

Dans leurs combats pour la justice et notamment la dénonciation de l'esclavage, les écrivains des Lumières ont multiplié les stratégies d'écriture.

Diderot
Après la publication du *Voyage autour du monde*, relatant l'expédition de Bougainville et la prise de possession des îles du Pacifique, Diderot imagine un dialogue dans lequel un Tahitien s'adresse à un Européen : « Tu n'es pas esclave : tu souffrirais plutôt la mort que de l'être, et tu veux nous asservir ! Tu crois donc que le Tahitien ne sait pas défendre sa liberté et mourir ? [...] quel droit as-tu sur lui qu'il n'ait pas sur toi ? Tu es venu ; nous sommes-nous jetés sur ta personne ? avons-nous pillé ton vaisseau ? t'avons-nous saisi et exposé aux flèches de nos ennemis ? t'avons-nous associé dans nos champs au travail de nos animaux ? » (Diderot, *Supplément au Voyage de Bougainville*, 1772.)

Montesquieu
Il utilise, dans un essai dont l'interprétation fait encore l'objet de discussions, le raisonnement par l'absurde : « Le sucre serait trop cher, si l'on ne faisait travailler la plante qui le produit par des esclaves. Ceux dont il s'agit sont noirs depuis les pieds jusqu'à la tête ; et ils ont le nez si écrasé qu'il est presque impossible de les plaindre. » (Montesquieu, *De l'esprit des lois*, 1748.)

Voltaire
Il a recours au conte, dans lequel il introduit un témoignage. Candide rencontre un esclave mutilé qui lui apprend les causes de son malheur : « On nous donne un caleçon de toile pour tout vêtement deux fois l'année. Quand nous travaillons aux sucreries, et que la meule nous attrape le doigt, on nous coupe la main ; quand nous voulons nous enfuir, on nous coupe la jambe : je me suis trouvé dans les deux cas. C'est à ce prix que vous mangez du sucre en Europe. » (Voltaire, *Candide*, 1759.)

La réflexion sur l'homme à travers les textes argumentatifs

Un texte argumentatif peut traiter de tout type de sujets. Cependant, on retrouve, au fil des siècles, une récurrence des thèmes liés à ce que l'homme a de plus proche, mais parfois de plus mystérieux : lui-même.

La réflexion sur ce qui constitue l'identité de l'homme

Le texte argumentatif est la défense, par un écrivain, d'une thèse déjà formée ; il est également **un espace où il peut s'interroger**, poser des questions dont les réponses ne sont pas évidentes et nécessitent une réflexion. L'auteur y développe des constats, propose une interprétation, éventuellement une thèse et, surtout, **une pensée en construction**.

L'une des questions fondamentales qui se pose à l'homme est bien sûr celle de son identité : **qu'est-ce qu'un homme, un individu ?**

Pour tenter de répondre à cette question, certains écrits s'organisent autour d'une **description de soi**. Au XVIe siècle, **Montaigne**, dans *Les Essais*, tente de se dépeindre pour se comprendre. **L'autoportrait prend une valeur argumentative** lorsqu'il se tourne vers une réflexion théorique à partir de l'observation de soi-même. Montaigne affirme ainsi « Je ne peins pas l'homme, je peins le passage ». **Jean-Jacques Rousseau**, au XVIIIe siècle, donnera à la littérature française la **première autobiographie** au sens strict du terme, mais *Les Confessions* offrent de nombreux passages dans lesquels récit de sa propre vie et réflexion sur l'identité se mêlent inextricablement. Les XIXe et XXe siècles poursuivront cet effort de compréhension de soi, également tentative de compréhension de l'homme.

Des textes plus directement argumentatifs s'intéressent également à cette question. L'auteur cherche alors à expliciter ce qu'est la personnalité ou l'humanité, en tentant de découvrir les rouages du cœur comme ceux de la pensée. La réflexion se fait, dans ce cas, plus large, et même si certains écrivains partent d'un cas particulier, ils dégagent ensuite des lois ou des thèses générales. Au XVIIe siècle, **Pascal** pose ainsi, dans *Les Pensées*, la question : « Qu'est-ce que le moi ? ». Il y répond à l'aide d'un **développement théorique** révélant que ce « moi » n'est réductible ni au corps, ni à la raison, ni aux émotions. **La Rochefoucauld** ou **La Bruyère** livrent, dans les *Maximes* et dans *Les Caractères*, une série de descriptions, parfois critiques, qui permettent de saisir un individu à partir de ce qu'il montre ou de ce qu'il croit être. Ces moralistes cherchent à pénétrer **la vérité psychologique d'un homme, au-delà des apparences**.

Au XXe siècle, les surréalistes reprendront cette question pour lui donner une toute autre interprétation. En effet, ce courant littéraire, dont le chef de file est **André Breton**, met en avant **l'importance de l'inconscient**.

Certains textes, enfin, sont plus ouvertement philosophiques. Sartre, dans *L'Être et le Néant*, ou dans *L'Existentialisme est-il un humanisme ?*, définit la conscience et rejette l'idée selon laquelle il existerait une « nature humaine » ou un « caractère » auxquels nous serions soumis. Il s'oppose par là à tout ce que les moralistes avaient cherché à montrer.

Cette interrogation sur l'homme est souvent accompagnée d'une réflexion sur le rapport entre **individu et foi**, ou **individu et croyance**. En effet, qui veut étudier l'homme doit **prendre en compte ses aspirations et son inclination au sacré**. Certains théologiens, comme **Thomas d'Aquin**, ou certains croyants fervents, comme **Pascal**, exposent leurs convictions religieuses dans leurs ouvrages. Ce faisant, ils proposent aussi une conception de l'homme : il est doté d'une âme.

La réflexion sur l'homme pose alors la question du **sens de notre vie sur terre**, de notre devenir, et de la valeur que l'on peut accorder aux biens matériels ou spirituels. Tout le XVIIIe siècle (en particulier Voltaire et Diderot) s'attache à cette question en la posant sous l'angle du bonheur. Les philosophes des Lumières combattent une religion répressive et autoritaire, et posent des valeurs nouvelles.

L'individu et la société

Réfléchir sur l'homme, c'est aussi **réfléchir sur la société** dans laquelle il s'insère. En effet, la vie en société engendre des heurts, des frustrations... Les textes argumentatifs cherchent donc à comprendre le rapport de l'homme à sa communauté, et élaborent parfois des modèles de sociétés.

Le genre de l'**utopie** (créé par **Thomas More** au XVIe siècle) est ainsi un entrelacement du récit et de l'argumentation : il propose un lieu idéal, en correspondance avec des valeurs, comme le fait **Rabelais** avec l'abbaye de Thélème. D'autres écrivains utiliseront ce genre. **Voltaire** propose l'utopie de l'Eldorado, dans *Candide*, il y montre l'importance des arts et des sciences et la possibilité de se passer de prisons. Au XIXe siècle, **Jules Verne** et **Charles Fourier** imaginent des villes propres, rationnelles et géométriquement parfaites.

Le rapport entre individu et société peut également passer par l'élaboration de **codes** et de **« lois » mo-**

rales, afin de permettre une **vie commune sans affrontement. Les moralistes du XVIIe siècle** prônent une conduite mesurée, correspondant aux valeurs « classiques » de l'époque. Ils admettent l'existence de l'orgueil, des défauts de chacun mais montrent comment on peut, en respectant les bienséances et en se pliant à des usages de politesse, faire en sorte que les vices ne soient pas invivables. La vision de l'homme qu'ils proposent est assez désabusée dans la mesure où ils ne croient pas à une amélioration de l'individu. Pascal dans *Les Trois Discours sur la condition des Grands*, ou La Rochefoucauld dans les *Maximes*, donnent aux lecteurs des éléments pour transformer cet état de fait en un univers tolérable.

Le théâtre prend en charge lui aussi cette réflexion : la pièce de Molière, *Le Misanthrope*, peut être lue comme une argumentation sur la franchise et l'hypocrisie. Les pièces de Racine posent la question de la place à donner aux passions individuelles contre les devoirs sociaux.

Tout au long du XIXe siècle, des auteurs tels que Stendhal, Balzac, Maupassant ou Zola montrent, dans des articles ou dans leurs romans, par le biais des réflexions des personnages, les difficultés de l'accord entre l'individu et la société. Certains textes argumentatifs explicitent cette incompatibilité, par exemple en développant une **théorie de l'individualisme**. Choderlos de Laclos, dans *Les Liaisons dangereuses*, ou Sade, dans ses écrits romanesques et philosophiques, montrent des personnages pour qui la seule voie possible est le **rejet des valeurs communes** et **l'exaltation des inclinations personnelles**.

Au XXe siècle, nombreux sont les ouvrages argumentatifs sur la société de consommation et l'uniformisation issue de la mondialisation qui révèlent une **réflexion sur les désirs et les frustrations individuels**.

La réflexion politique

S'inscrire dans une société, c'est aussi participer à la vie politique. Or, l'argumentation est le type de texte privilégié pour **développer des thèses, faire la critique ou l'éloge de certains modes de pouvoir et de certaines valeurs**.

La réflexion sur le rapport entre soi et l'autre n'a jamais cessé. Les textes argumentatifs peuvent être directs : Montaigne, dans *Les Essais*, critique l'ethnocentrisme et Levi-Strauss, ethnologue du XXe siècle, auteur de *Tristes Tropiques*, montre que ce que nous nommons « barbarie » est bien plus de notre côté que de celui des « barbares ».

Sartre, dans son texte *Orphée noir*, préface à *La nouvelle poésie nègre et malgache* de Senghor, évoque les mécanismes racistes. D'autres auteurs utilisent l'argumentation indirecte. Prévert, Césaire, Senghor, par exemple, prennent la parole et défendent la thèse de l'antiracisme à travers la poésie.

Cette réflexion sur l'égalité des hommes s'accompagne de celle portant sur **la justice**. De fait, la littérature argumentative s'intéresse aux notions de pouvoir, de tolérance... Le siècle des Lumières a vu émerger de très nombreux écrits comparant les différents modes de gouvernements (Montesquieu, *De l'esprit des lois*, texte théorique ; *Les Lettres persanes*, roman épistolaire), véritables critiques du fanatisme et de l'intolérance. En se basant sur ces éléments, Voltaire et Diderot ont ainsi fourni de nombreux articles pour *L'Encyclopédie*.

Cette interrogation sur les modes politiques mène immanquablement à **la réflexion sur l'engagement**. Les textes argumentatifs explorent également les thèmes de la guerre, de « l'inhumain », et, au XXe siècle, de l'univers concentrationnaire. Réfléchir sur l'homme, c'est ainsi prendre position sur l'horreur de certains événements. L'indignation emprunte diverses voies : la satire ou le pamphlet, l'ironie (*Candide*, par exemple), le récit (autobiographies de Primo Levi, de Semprun...), la contre-utopie (*1984*, d'Orwell). En 2010, Stéphane Hessel a rencontré un succès fulgurant avec un appel à l'engagement intitulé *Indignez-vous*.

Conclusion

Le texte argumentatif, direct ou indirect, est le lieu privilégié d'une réflexion anthropologique qui se poursuit au fil des époques. Les auteurs s'interrogent, et se répondent d'un siècle à l'autre, chaque vision enrichissant notre vision de nous-même.

François Rabelais.

DEUX ARTICLES DU *MONDE* À CONSULTER

- **Mères porteuses : libres ou exploitées ?** p. 70-72
(Débat organisé par Frédéric Joignot, 19 juin 2009)
- **Zemmour le dézingueur dézingué** p. 73-74
(Gérard Davet, 1er avril 2010)

REPÈRES

Les genres argumentatifs.

Apologie
Désigne, en grec, le discours prononcé pour défendre quelqu'un. Par extension, tout discours qui vise à justifier ou à glorifier une personne ou une doctrine. Il appartient alors au vocabulaire de l'éloge et s'oppose au blâme. *Les Lettres philosophiques* de Voltaire, par exemple, sont une apologie du régime parlementaire anglais.

Controverse
Discussion argumentée, contestant une opinion, un problème, un phénomène ou un fait, notamment religieux. La controverse de Valladolid (1550-1551) porte sur la légitimité de la colonisation de l'Amérique par les Espagnols. Jean-Claude Carrière en a fait une pièce de théâtre en 1992.

Critique
Au sens littéraire, activité qui essaie de comprendre le fonctionnement et le sens de l'œuvre d'art, plus particulièrement littéraire. À partir du XIXe siècle, la critique est devenue un genre littéraire à part entière, dont les grands noms sont Sainte-Beuve, Proust (*Contre Sainte-Beuve*, 1954), Paul Valéry (*Variété*, 1924-1944) ou encore Roland Barthes (*Essais critiques*, 1964)

Essai
Texte en prose de longueur variable qui analyse librement un sujet moral, philosophique ou littéraire. Le genre et le nom ont été inventés par Montaigne, imitant des traités philosophiques de Sénèque. Le genre trouve son plein épanouissement au XXe siècle, avec une floraison d'essais critiques et philosophiques.

Manifeste
Déclaration écrite, publique et solennelle, dans laquelle une entité politique, un artiste ou un groupe d'artistes expose une décision, une position, une conception ou un programme, artistique ou non. Exemple : André Breton, le *Manifeste du surréalisme*, 1924.

ZOOM SUR...

La Bruyère précurseur des Lumières.

La Bruyère est un maître – au sens des écoles de peinture – qui réussit l'entrée en scène de ses personnages, toujours en action plutôt que décrits. Sa verve provocatrice trouvera sa descendance littéraire avec Montesquieu dans ses *Lettres persanes*, Marivaux et Beaumarchais dans leurs meilleures tirades et Voltaire dans ses contes. On ne peut cependant réduire La Bruyère à la seule dimension d'auteur « plaisant ». À côté des maximes et des portraits, *Les Caractères* (1688) contiennent des réflexions sur le pouvoir et sur la société qui, sans jamais être les propos d'un révolutionnaire ni même d'un réformateur, portent en germe les Lumières du XVIIIe siècle. « Que me servirait en un mot, comme à tout le peuple, que le prince fût heureux et comblé de gloire par lui-même et par les siens, que ma patrie fût puissante et formidable, si triste et inquiet, j'y vivais dans l'oppression ou dans l'indigence ? » (« Du Souverain ou de la république »)
La Bruyère est l'un des tout premiers à manifester une sensibilité aux souffrances du peuple : « Il y a des misères sur la terre qui saisissent le cœur ; il manque à quelques-uns jusqu'aux aliments ; ils redoutent l'hiver, ils appréhendent de vivre. » (« Des biens de fortune »). Sa vision reste celle d'un moraliste : « Le peuple n'a guère d'esprit, et les grands n'ont point d'âme : celui-là a un bon fond, et n'a point de dehors ; ceux-ci n'ont que des dehors et qu'une simple superficie. Faut-il opter ? Je ne balance pas : je veux être peuple. » (« Des Grands »).
La Bruyère ouvre la voie, avec *Les Caractères*, aux grandes œuvres des « philosophes » du siècle suivant.

CITATION

« La gloire ou le mérite de certains hommes est de bien écrire ; et de quelques autres, c'est de n'écrire point. » (La Bruyère, *Les Caractères*, 1688.)

Commentaire de texte : Jean de La Bruyère, « De l'homme »

Jean de La Bruyère, portrait attribué à Nicolas de Largillière (1656-1746).

Le texte

Gnathon ne vit que pour soi, et tous les hommes ensemble sont à son égard comme s'ils n'étaient point. Non content de remplir à une table la première place, il occupe lui seul celle de deux autres ; il oublie que le repas est pour lui et pour toute la compagnie ; il se rend maître du plat, et fait son propre[1] de chaque service : il ne s'attache à aucun des mets, qu'il n'ait achevé d'essayer de tous ; il voudrait pouvoir les savourer tous, tout à la fois. Il ne se sert à table que de ses mains ; il manie les viandes[2], les remanie, démembre, déchire, et en use de manière qu'il faut que les conviés, s'ils veulent manger, mangent ses restes. Il ne leur épargne aucune de ces malpropretés dégoûtantes, capables d'ôter l'appétit aux plus affamés ; le jus et les sauces lui dégouttent du menton et de la barbe ; s'il enlève un ragoût de dessus un plat, il le répand en chemin dans un autre plat et sur la nappe ; on le suit à trace. Il mange haut[3] et avec grand bruit ; il roule les yeux en mangeant ; la table est pour lui un râtelier[4] ; il écure[5] ses dents, et il continue à manger. Il se fait, quelque part où il se trouve, une manière d'établissement[6], et ne souffre pas d'être plus pressé[7] au sermon ou au théâtre que dans sa chambre. Il n'y a dans un carrosse que les places du fond qui lui conviennent ; dans toute autre, si on veut l'en croire, il pâlit et tombe en faiblesse. S'il fait un voyage avec plusieurs, il les prévient[8] dans les hôtelleries, et il sait toujours se conserver dans la meilleure chambre le meilleur lit. Il tourne tout à son usage ; ses valets, ceux d'autrui, courent dans le même temps pour son service. Tout ce qu'il trouve sous sa main lui est propre, hardes[9], équipages[10]. Il embarrasse tout le monde, ne se contraint pour personne, ne plaint personne, ne connaît de maux que les siens, que sa réplétion[11] et sa bile, ne pleure point la mort des autres, n'appréhende que la sienne, qu'il rachèterait volontiers de l'extinction du genre humain.
(Jean de La Bruyère, « De l'homme », *Les Caractères*, 1688.)

Notes
1. Sa propriété.
2. Se dit pour toute espèce de nourriture.
3. Manger bruyamment, en se faisant remarquer.
4. Assemblage de barreaux contenant le fourrage du bétail.
5. Se curer.
6. Il fait comme s'il était chez lui.
7. Serré dans la foule.
8. Devancer.
9. Bagages.
10. Tout ce qui est nécessaire pour voyager (chevaux, carrosses, habits, etc.).
11. Surcharge d'aliments dans l'appareil digestif.

Introduction

Les Caractères, grande œuvre du moraliste La Bruyère, offre une riche galerie de portraits satiriques. Si les lecteurs du XVIIe siècle voulaient y voir des allusions à des personnages réels de l'époque et faisaient même circuler des « clés », ces portraits n'en restent pas moins des observations d'une grande acuité dans lesquelles La Bruyère épingle différents vices de la nature humaine en général. Ainsi, dans le chapitre « De l'homme », le moraliste

Les bons outils

- Les moralistes du XVIIe siècle : outre La Bruyère, La Rochefoucauld.
- L'observation de la valeur générale du portrait, caricature du défaut au-delà du personnage.

dresse le portrait de Gnathon, un être profondément égoïste, se comportant en goujat et méprisant autrui. Le personnage prend une dimension quasiment allégorique et permet à l'auteur de dénoncer, par le biais d'une caricature très satirique, l'égocentrisme. Comment La Bruyère procède-t-il pour mener la critique de ce défaut ? Nous verrons dans un premier temps que Gnathon apparaît comme un être répugnant, avant d'étudier ensuite son égocentrisme. Enfin, nous observerons comment le portrait prend une dimension générale.

Le plan détaillé du développement

I. Un être répugnant

a) Un goinfre

Comportement à table (plus de la moitié du texte) : juxtaposition de propositions soulignant sa goinfrerie – accumulation de verbes (« manie, remanie, démembre » etc.) – impression d'activité compulsive (« il écure ses dents = fin du repas ? contredit par « et il continue... » = effet de surprise) – détails triviaux décrivant sa malpropreté – assimilation métaphorique Gnathon/ animal annoncée dans « la trace » et confirmée dans « râtelier ».

Transition : Ainsi, à table, Gnathon apparaît déjà comme un personnage fort mal élevé et sans gêne, ce que confirme, de façon générale, tout son comportement.

b) Un homme sans gêne ni scrupule

Relation à l'espace : accaparation (« établissement »)/ église (« sermon ») – théâtre – hôtelleries – (trait déjà présent dans la description du repas : « place », « maître du plat », « fait son propre ») – exigence du meilleur : adj. ordinal « première place » - superlatifs répétés « meilleure chambre, meilleur lit » - avantages acquis par mensonge (incise : « si on veut l'en croire »).

Transition : Le personnage n'a aucun scrupule à s'octroyer ce qu'il y a de mieux et à mépriser tous ceux qui l'entourent, ne songeant qu'à son intérêt propre. Il révèle par là même un repli essentiel sur lui-même.

II. Un être égocentrique

a) L'égocentrisme

Trait central du personnage : l'égocentrisme – marqué par la reprise anaphorique du pronom « Il » dans la plupart des phrases –, réseau d'oppositions entre singulier (« Il ») et termes au pluriel (« conviés, autres », tous les hommes »).

Transition : Gnathon se distingue donc en permanence des autres, il ne songe qu'à lui, ne vit que pour lui-même et reste profondément indifférent au sort d'autrui.

b) L'indifférence à autrui

Négations restrictives (« ne... que ») dans l'ouverture et la clôture du portrait – note finale de la gradation (« embarrasser », « plaindre », « pleurer »... « maux/ mort ») = hyperbole « extinction du genre humain ».

Transition : La boucle semble bouclée, le portrait est définitivement centré sur un unique personnage, à l'exclusion de tout autre, comme pour bien symboliser l'égocentrisme absolu d'un être qui ne se préoccupe que de lui. Le moraliste livre ici une satire particulièrement vive de ce genre d'individu.

III. Un portrait chargé

a) Une caricature

Moraliste effacé – seul témoin : pronom indéfini « on » : dans « on le suit », « on veut ») – évocation objective laissant tout le champ à son sujet = caricature. Nombreux pluriels et indéfinis à valeur généralisante, en particulier avec la répétition de « tous » ou « tout ». La Bruyère le présente, à table, grimaçant de façon exagérée et ridicule : « il roule les yeux en mangeant » et la métaphore du râtelier accentue encore la charge satirique de la description.

Transition : La caricature, en forçant les traits de Gnathon, permet au moraliste de donner une portée générale à son texte.

b) L'indétermination

Le portrait de Gnathon n'est pas tant celui d'un personnage que celui d'un vice : l'égocentrisme. Nom de fiction à consonance grecque (Gnathon) = abstraire le personnage d'un cadre référentiel trop précis et caractérisé. Actions présentées en focalisation externe : emploi du présent de l'indicatif, valeur narrative étendue à la dimension de vérité générale, intemporelle.

Transition : Ainsi, à travers le portrait chargé de Gnathon, La Bruyère dépeint le tableau d'une facette peu glorieuse de la nature humaine et non d'un individu particulier.

Conclusion

À travers son allure de goinfre sans gêne et caricaturé de façon ridicule, Gnathon incarne un vice humain redoutable, l'égocentrisme. À une époque où d'autres moralistes, comme La Rochefoucauld par exemple, dressent eux aussi un constat assez sombre de l'amour-propre, La Bruyère, à travers le portrait de cet individu, vise les hommes en général et donne d'autant plus de poids à sa satire qu'il semble décrire de façon faussement objective les faits et gestes de son personnage. Le moraliste a su croquer sur le vif les expressions les plus marquantes d'un défaut toujours vivace. ■

SUJET TOMBÉ AU BAC SUR CE THÈME

Dissertation

– En quoi l'évocation d'un monde très éloigné du sien permet-elle de faire réfléchir le lecteur sur la réalité qui l'entoure ? (Sujet national, 2010, séries ES, S)

Ce qu'il ne faut pas faire

Paraphraser le texte en récapitulant les actions de Gnathon. C'est là le principal défaut des commentaires.

ZOOM SUR...

Des écrivains qui se détestent.

Fondées sur des différends esthétiques ou personnels, les « haines » entre écrivains s'expriment dans des formes variées, de la petite phrase assassine au pamphlet outrancier, en passant par l'épigramme.

XVIIe siècle

Boileau dénigre la poésie de Ronsard : « Villon sut le premier, dans ces siècles grossiers,/ Débrouiller l'art confus de nos vieux romanciers. Ronsard, qui le suivit, par une autre méthode,/ Réglant tout, brouilla tout, fit un art à sa mode Mais sa muse, en français parlant grec et latin,/ Vit dans l'âge suivant, par un retour grotesque,/ Tomber de ses grands mots le faste pédantesque. »
(Boileau, *Art poétique*, 1674.)

XVIIIe siècle

Ennemi (littéraire) des philosophes, Fréron s'attaqua surtout à Voltaire qu'il avait décrit dans les *Lettres sur quelques écrits du temps* : « sublime dans quelques-uns de ses écrits, rampant dans toutes ses actions ». La critique se prolongea dans chaque numéro de *L'Année littéraire*, avec une causticité qui n'excluait pas une certaine courtoisie. Voltaire répliqua par des pièces ridiculisant Fréron, et lui lança cette épigramme :

« L'autre jour au fond d'un vallon,
Un serpent piqua Jean Fréron ;
Que croyez-vous qu'il arriva ?
Ce fut le serpent qui creva. »

Fréron répondit que l'épigramme existait depuis belle lurette, sous la plume de Bruzen de La Martinière, et rétorqua :

« Un gros serpent mordit Aurèle :
Que croyez-vous qu'il arriva ?
Qu'Aurèle en mourut ? Bagatelle !
Ce fut le serpent qui creva. »

XIXe siècle

Le succès d'Alexandre Dumas lui attire bien des critiques. La pire fut celle de Mirecourt qui, dans *Fabrique de romans : maison Alexandre Dumas et compagnie* s'attaquait plus à l'homme qu'à ses ouvrages, ce qui lui vaudra d'être condamné à 15 jours de prison pour diffamation.

Mères porteuses : libres ou exploitées ?

Faut-il autoriser ou interdire la pratique des « mères porteuses » – la gestation pour autrui (GPA) – en France ? Deux philosophes engagés depuis des années sur ces questions très sensibles de bioéthique, Sylviane Agacinski (le *Corps en miettes*, Flammarion) et Ruwen Ogien (*La Vie, la Mort, l'État*, Grasset), débattent dans ces pages. Leurs divergences semblent irréductibles.

Sylviane Agacinski exprime dans son essai *Corps en miettes* (Flammarion) un véritable « dégoût à devoir argumenter pour dire pourquoi il est indigne de demander à une femme de mettre son ventre à disposition d'autrui », et s'inquiète de l'usage marchand du corps humain. Ruwen Ogien de son côté, dans *La Vie, la Mort, l'État* (Grasset), s'élève contre les ingérences de l'Etat dans la vie privée des femmes qui décident de porter l'enfant d'un autre, contre l'interdiction faite aux homosexuel(le)s, aux célibataires, aux veuves et aux veufs, aux personnes jugées « trop âgées » de bénéficier de l'assistance médicale à la procréation (AMP).

Après les préconisations faites début mai par le Conseil d'Etat, qui recommande de « ne pas légaliser la gestation pour autrui » dans « l'intérêt de l'enfant et de la mère porteuse », tout comme de ne pas étendre l'AMP aux homosexuels et aux mères célibataires, le débat d'idées et législatif est relancé. En effet, la loi de bioéthique de 2004 doit être réévaluée courant 2010, et beaucoup pensent que le législateur adoptera les positions du Conseil d'État. Certains approuvent, comme Sylviane Agacinski, mais aussi l'Académie de médecine pour qui la mère porteuse « remet fondamentalement en cause le statut légal, anthropologique et social de la maternité », le généticien Axel Kahn, ou encore la ministre Roselyne Bachelot. D'autres réprouvent, et proposent un encadrement des pratiques de gestation pour éviter que les femmes françaises se rendent à l'étranger, comme la sénatrice socialiste Michèle André, la secrétaire d'État à la famille Nadine Morano, ou encore l'historienne des idées Élizabeth Badinter qui entend « *reconnaître à la femme la maîtrise de son corps* » – même pour porter l'enfant d'un autre.

Sylviane Agacinski. – Par quoi commencer ? Nous pourrions poser d'abord la question de la loi. Pourquoi faut-il une « loi de bioéthique » ? Vous semblez douter de sa nécessité même...

Ruwen Ogien. – Cette loi de bioéthique ne contient pas des conseils de prudence ou des recommandations amicales. C'est une loi, c'est-à-dire des obligations et des interdictions que la puissance publique défend par la menace ou la force, par l'amende et l'emprisonnement. Dans une démocratie, il faut des raisons impérieuses et d'une nature spéciale pour justifier cette intervention violente dans la vie des gens. Ces raisons ne peuvent pas être de nature religieuse. Qui accepterait, même parmi les croyants, que la police intervienne au nom des Évangiles ? Mais elles ne peuvent pas être morales non plus. De même que l'État démocratique, laïque et pluraliste doit être neutre du point de vue religieux, il doit être neutre du point de vue éthique, c'est-à-dire ne pas puiser les raisons de son intervention coercitive dans des doctrines morales d'ensemble controversées. Il ne doit pas menacer ou contraindre au nom des idées de Kant, d'Aristote, de Levinas ou des « principes de la bioéthique ».

S. A. – La neutralité religieuse de l'État n'implique pas, à mon sens, sa neutralité éthique ou philosophique. Le droit positif, autrement dit la loi, doit bien reposer sur une idée de ce qui est juste ou injuste. C'est bien au nom d'une certaine idée de l'homme, de son humanité, de ce à quoi il a « naturellement » droit, que la Déclaration des droits de l'homme a été écrite. Il s'agissait de placer la loi au-dessus de l'arbitraire du pouvoir de l'État, et de protéger les citoyens des atteintes à leur liberté, d'où qu'elles viennent, c'est-à-dire aussi d'autrui, de n'importe quel pouvoir. La loi doit à la fois garantir les libertés fondamentales et les rendre compatibles entre elles. Elle peut interdire pour autant qu'elle protège. De plus, depuis les barbaries du XXe siècle, la notion de dignité a pris une place importante dans le vocabulaire juridique et constitutionnel, parce que les États ont éprouvé le besoin de condamner explicitement les traitements dégradants infligés aux êtres humains.

Dans l'après-Nuremberg, la déontologie médicale, héritière d'Hippocrate, devait aller plus loin et définir les limites de l'expérimentation médicale (d'où le Code de Nuremberg). Mais la question n'est plus aujourd'hui, en Europe, celle de la violence d'États totalitaires. Les puissances menaçantes sont ailleurs : dans les technologies et les marchés voyous. Ce qui est profondément inquiétant, à notre époque, c'est la demande de corps humains, de substances biologiques, c'est le besoin créé par les techniques biomédicales, et notamment par les techniques procréatives. Le corps fait l'objet d'une véritable convoitise, d'abord de la part de tous ceux qui sont les bénéficiaires du marché (agences d'intermédiaires, instituts, cliniques, médecins peu scrupuleux...), et de ceux dont les demandes sont exacerbées par les offres technologiques (demandeurs d'enfants).

Je pense que la loi doit protéger les corps des individus économiquement faibles contre cette convoitise. Une démocratie sans limitation de la puissance par le droit serait redoutable. Face aux techniques biomédicales, qui posent des problèmes humains inédits, les États ne sauraient renoncer à leur responsabilité. Vous semblez ne voir toujours que le rôle répressif de la loi et de l'État.

R. O. – Je ne prône pas du tout le désengagement de l'État dans le domaine biomédical. Je me demande seulement si l'État est habilité à définir la meilleure façon de procréer et de mourir et à l'imposer à tous par la menace et la force, ou si sa tâche ne consiste pas plutôt à protéger les conceptions de chacun en ces matières. Je propose des arguments en faveur de ce second point de vue.

J'estime que l'État ne doit pas imposer par la force une conception morale particulière. Comme il protège et défend le pluralisme religieux, il doit protéger et défendre, avec tous les moyens dont il dispose, le pluralisme moral, c'est-à-dire le droit de chacun à vivre selon ses convictions morales profondes, dans la mesure où elles ne causent pas de torts aux autres. Par ailleurs, j'estime qu'il n'existe pas d'essence du droit, qui le lierait par nature à une certaine conception éthique. Il y a seulement des systèmes juridiques concrets plus ou moins libéraux, plus ou moins répressifs.

Certains pays démocratiques, comme la Belgique, la Grèce, le Royaume-Uni ou les Pays-Bas, tolèrent ou encadrent la pratique de la gestation pour autrui. D'autres pas. Il existe un critère qui permet de décider si tel ou tel système pénal est plus ou moins libéral. Plus un système de dispositions pénales est libéral, moins il contient de « crimes sans victimes », c'est-à-dire de sanctions contre des actes qui ne causent de torts qu'à soi-même, à des adultes consentants ou aux choses abstraites ou symboliques comme les dieux, les anges ou le drapeau de la nation. À l'époque des Lumières, la formule « crime sans victime » signifiait qu'il fallait éviter de punir le blasphème, le sacrilège, le suicide, les relations sexuelles entre adultes consentants. Essayons de préserver cet esprit des Lumières. Aujourd'hui, la gestation pour autrui pourrait parfaitement être classée dans la catégorie des « crimes sans victimes ». En effet, il serait injuste de pénaliser un arrangement entre personnes consentantes en principe, qui ne vise nullement à causer des torts à des tiers, surtout pas à l'enfant à naître.

S. A. – Les motifs de nos choix sont très complexes, et l'on peut être victime de soi-même, surtout si l'on y est incité. Mais que dire ici du libéralisme ? La vision purement libérale implique de laisser les gens vivre comme ils le veulent, librement. Mais il faut distinguer entre les « droits de » et les « droits à », c'est-à-dire entre les libertés individuelles qui sont du type permission (le droit d'aller et venir, de s'exprimer, de vivre sa vie sexuelle, d'avoir des enfants, etc.), bref le droit de vivre et d'agir sans en être empêché, et les « droits à », qui impliquent une exigence et créent un devoir chez autrui.

Par exemple, le droit à la vie nous oblige à nourrir nos enfants et tous ceux qui dépendent de nous, ou même à aider, dans la mesure de nos moyens, quelqu'un qui se trouve en danger. Nous avons donc certaines obligations envers les autres comme ils en ont envers nous. Ce genre de droits appelle l'assistance d'autrui et celle de l'État à travers ses institutions. Or il est évident, selon une vision libérale, que ma vie personnelle doit être libre, mais sans que je puisse exiger pour autant d'être assisté pour la mener (par exemple, trouver un partenaire sexuel, ou avoir une descendance). Autrement dit, la liberté n'implique aucun droit à l'enfant, et il est très paradoxal d'inclure dans une vision libérale un droit à l'assistance, en dehors des traitements thérapeutiques, bien entendu.

On peut certes parler d'un droit à la santé, et la médecine doit mettre en œuvre tous les moyens possibles pour l'assurer, mais il n'y a pas de sens à parler d'un droit de chacun à la réalisation de ses désirs sexuels ou de son désir d'enfant. C'est pourquoi il est inconvenant de vouloir faire entrer la grossesse dans le cadre de l'assistance médicale à la procréation. Le recours aux organes ou aux tissus d'autrui devrait rester un traitement exceptionnel. Le don de gamètes lui-même est problématique, car il dépasse largement le cadre médical d'une thérapie. Tout cela devrait être remis à plat.

Quant au consentement, il ne peut aucunement fonder le droit à lui tout seul. Il est trop évident que, s'il s'agit de gagner sa vie, ceux qui sont dans le besoin sont prêts à consentir à bien des choses : à renoncer à leur intégrité physique ou morale, et même à vendre certains de leurs organes si rien ne les en empêche.

R. O. – Sous prétexte qu'il peut servir à légitimer des situations de domination, faut-il renoncer à faire du consentement un critère du juste dans les relations entre personnes ? Le coût moral et politique serait, à mon avis, trop élevé. Ne pas tenir compte de l'opinion d'une personne sous prétexte qu'elle n'est pas suffisamment libre, informée, rationnelle, est une attitude qui demande à être sérieusement justifiée dans une société démocratique.

Qui peut être habilité à décider que telle ou telle personne n'est pas suffisamment digne, informée ou rationnelle ? Un collège de sociologues et de métaphysiciens ? Peut-on exclure la personne visée du processus de décision sans lui porter tort ? Est-ce que cela ne reviendrait pas à la traiter de façon paternaliste, condescendante, humiliante ? Ne serait-ce pas une injustice aussi grave que celle qui consiste à se servir du consentement formel pour justifier des rapports de domination ?

S. A. – Le paternalisme n'a rien à voir avec la loi, parce qu'il désigne une protection personnelle. Vous jouez à contre-emploi en dénonçant l'humiliation de ceux que l'on veut protéger des marchés du désespoir et des contrats dégradants. Mais ce ne sont pas les mères porteuses ou ceux qui vendent leurs organes qui sont condamnables, non : ce sont ceux qui autorisent ou proposent de tels commerces. C'est le marché des ovocytes et des ventres, c'est tout le *baby business* et c'est l'exploitation des femmes qui sont répréhensibles, pas les femmes qui subissent cette exploitation. Si l'on fonde les échanges sur le consentement éclairé, alors rien n'empêche d'autoriser aussi l'achat ou la vente d'organes entre vivants.

R. O. – Il y a beaucoup d'argent qui circule dans le prélèvement de sang, d'organes et dans la gestation pour autrui. Cet argent sert à payer le personnel soignant et la maintenance des hôpitaux ou des cliniques, entre autres. Finalement, les seuls auxquels on refuse le droit moral d'être payé ou de recevoir une compensation pour leur contribution à la réalisation des objectifs thérapeutiques sont les donneurs. Il y a pas mal d'hypocrisie dans ces affaires.

S. A. – Voilà enfin un mot sur lequel nous serons d'accord : l'hypocrisie. Oui, elle règne notamment dans le discours sentimental et prétendument altruiste sur la gestation pour autrui, alors qu'il s'agit de louer des utérus.

R. O. – Je préfère en rester à une formule plus sobre comme « gestation pour autrui » qui n'interdit pas de réfléchir à la question difficile de la rémunération. Quoi qu'il en soit, s'il n'y a aucune raison de criminaliser la gestation pour autrui, je ne vois pas pourquoi elle devrait se pratiquer dans une sorte de clandestinité. L'État pourrait veiller à ce que les termes du contrat soient équitables. Mais poussons plus loin votre comparaison avec le trafic d'organes. À votre avis, est-il plus problématique de mettre ses capacités procréatives à la disposition d'autrui que de donner un rein ou une partie de son foie de son vivant ?

S. A. – En France, le don d'organe entre vivants vise à sauver des vies, pas à satisfaire une demande. Il est autorisé, à titre exceptionnel, entre des membres d'une même famille, excluant tout paiement. Il n'en pose pas moins, c'est vrai, de difficiles problèmes. Quant à l'usage des organes d'une personne pour fabriquer l'enfant d'une autre et en accoucher, il est intrinsèquement inadmissible, parce qu'il consiste à traiter un être humain comme une machine ou un animal d'élevage. Dans un troupeau, les femelles servent à faire des petits, dans l'intérêt de l'éleveur. On voudrait que des femmes servent de femelles reproductrices parce qu'elles sont rémunérées pour cela. Partout où existe cette pratique, c'est toujours un marché, jamais un don.

R. O. – Mais les mères porteuses ne sont pas toutes des misérables qui n'ont pas d'autre choix. Une enquête récente du *Newsweek* (mars 2008) montre qu'un nombre croissant de mères porteuses américaines correspond à des femmes de militaires en activité bénéficiant de revenus assez aisés. Et en traitant celles dont les choix sont plus limités comme des victimes dépourvues du moindre libre-arbitre, est-ce que vous ne portez pas atteinte à leur dignité ? Par ailleurs, je ne crois pas que la rémunération, toujours présente bien sûr, suffise à ruiner le caractère altruiste du geste des mères porteuses. Les médecins sont bien payés sans qu'on considère que la fin de leur activité est purement vénale. Enfin, les contraintes de la gestation pour autrui sont-elles vraiment plus infâmes que celles de l'athlète professionnel qui prend des risques énormes avec sa santé et qui soumet, par contrat, son régime alimentaire, ses loisirs et jusqu'à sa sexualité au bon vouloir de ses employeurs ? Dans de nombreux métiers prestigieux, il existe des contraintes corporelles 24 heures sur 24. Pensez aux actrices et aux acteurs de cinéma pendant la durée d'un tournage. Faudrait-il interdire le sport professionnel et l'industrie du cinéma parce qu'ils seraient contraires à la dignité humaine ?

S. A. – Il y aurait beaucoup à dire sur la corruption par l'argent, y compris dans le sport et ailleurs. Ce n'est pas une raison pour ajouter la grossesse, l'accouchement, et donc l'enfant, à la liste de ce qui peut se vendre et s'acheter. Quant aux mères porteuses aux États-Unis, ce sont surtout des femmes de couleur, des *nonwhite*. La question que des pays civilisés doivent se poser, c'est de savoir si l'enfantement doit entrer dans le domaine de l'industrie et sur le marché du travail. Si l'on répond oui, demain, en France, une femme pourra se demander si, en portant un enfant pour autrui, elle ne pourrait pas payer son loyer ou ses études.

R. O. – Je ne crois pas que le meilleur moyen d'aider quelqu'un à échapper à la misère soit de lui interdire d'utiliser le peu de ressources dont il dispose. De telles interdictions ajoutent une misère à une autre misère.

S. A. – Cela signifie que vous faites entrer la chair, les organes et l'être

POURQUOI CET ARTICLE ?

À la lecture de cet article, le candidat au bac de français quittera le domaine littéraire pour suivre un débat dont le cœur est la « réflexion sur l'homme ». Faut-il autoriser ou interdire la pratique des « mères porteuses » ? Sur ce sujet de société, impliquant l'éthique, l'économie, la condition féminine, cette discussion entre deux philosophes est **un exemple significatif de dialogue argumentatif**. Deux conceptions opposées se confrontent, chaque interlocuteur rebondissant sur les arguments de l'autre. il est également intéressant d'observer les moyens rhétoriques utilisés : choix des exemples, formules provocatrices, questions rhétoriques, connecteurs, etc.

vivant lui-même parmi les « ressources » possibles. Je pense au contraire que la loi a un rôle civilisateur, et qu'elle doit exclure des échanges marchands la substance de l'être humain. Que les cellules prélevées, ou le sang, une fois transformés en produits, aient un certain coût, et même un prix, est une autre question. Mais une personne ne doit pas être exposée à se mutiler ou à sacrifier ses organes et sa vie intime pour un salaire, quel qu'il soit. C'est une forme de corruption.

R. O. – Mais s'il n'y a rien d'indigne ou de moralement répugnant dans le fait de porter un enfant pour quelqu'un d'autre, en quoi proposer à quelqu'un de le faire serait-il une « corruption » ?

S. A. – Certes, si tout est vendable, comme vous le suggérez, le concept même de corruption s'évanouit, puisque la corruption consiste à proposer d'acheter un bien en principe non vendable !

R. O. – La question de savoir ce qui est vendable ou pas est une question complexe à laquelle on ne peut pas répondre par des slogans. Pensez aux débats interminables que suscite le droit d'auteur. Certains déclarent qu'ils sont contre l'ordre marchand en général, mais pour que les artistes soient payés pour leurs œuvres. Cela montre la confusion qui entoure ces questions !

S. A. – Le corrupteur est celui qui achète, le corrompu celui qui se laisse acheter. Nous touchons ici le fond de la question : l'enfantement et l'enfant doivent-ils être des objets de transaction et de commerce ? La réponse que nous donnons à cette question dépend de l'idée que nous nous faisons de l'humanité et de la civilisation. Une femme est un être humain. Sa vie biologique n'est pas séparable de sa vie tout court, de sa biographie. Faire de sa chair l'instrument d'autrui, c'est la déshumaniser. Je sais bien que l'aliénation des femmes est très ancienne, mais les considérer comme des « gestatrices » agréées et salariées, c'est nouveau. Cela revient à traiter le ventre féminin comme une sorte de four à pain.

R. O. – L'image ne me paraît pas très heureuse. Les fours à pain n'ont rien à dire sur ce qui leur arrive. Les mères porteuses, si, même dans les pires des cas.

S. A. – Soit ! Mais, à nouveau, vous légitimez tout par le consentement, et donc par l'acceptation individuelle, sans considérer le système économique et social dans lequel les individus sont situés. Le droit n'est pas fait pour encourager les contrats masochistes. Nous sommes tous responsables des règles du jeu qui font une société, et donc de ce qui doit être ou non institué ou exclu. Par exemple : de l'âge de la majorité ou de la retraite, de ce qui est dû aux enfants (l'éducation), aux vieillards (l'assistance), aux malades (les soins). L'éthique est partout à l'horizon du droit. C'est aux sociétés humaines de dire, au moyen de la loi, le cadre de ce qui est humain ou non. D'autant que, dans le cas de la procréation, ce n'est jamais un individu tout seul qui est en cause : c'est la relation entre les générations. La maternité pour autrui fait entrer l'enfantement dans l'ordre du travail social. Dans le monde, seules les femmes pauvres vendent leurs ovocytes ou louent leur utérus. Légaliser ce commerce, cela revient à autoriser les riches à se servir du corps des pauvres.

R. O. – La façon la plus juste d'empêcher que des femmes en viennent à porter des enfants pour les autres par pure contrainte matérielle n'est pas de le leur interdire, et de les punir si elles ne respectent pas l'interdiction. C'est de tout faire pour améliorer leur condition matérielle, afin qu'elles ne se sentent pas contraintes de se livrer à cette activité. Dans les cas que vous évoquez, c'est la misère qu'il faudrait interdire et non les mères porteuses. Mais il est vrai qu'il est plus facile d'interdire les mères porteuses.

S. A. – Bien sûr, le premier devoir des États est de lutter contre la précarité et la pauvreté. Mais cela ne permet pas d'approuver la corruption des pauvres par les riches et, avec la mondialisation du marché procréatif et de certains trafics d'organes, l'exploitation des femmes des pays pauvres par les pays riches. De jeunes Indiennes n'auraient jamais pensé à louer leur utérus si des clients, étrangers pour la plupart, n'avaient été demandeurs d'enfants et si l'Inde avait interdit cette pratique. À Chypre, à Kiev, des femmes acceptent des stimulations ovariennes dangereuses pour produire des ovocytes en plus grande quantité et toucher de misérables primes. La réalité, c'est l'émergence d'un sous-prolétariat biologique féminin.

R. O. – Croyez-vous vraiment que, s'il n'y avait plus de riches ni de pauvres, plus personne n'aurait l'idée ou l'envie de mettre ses capacités reproductives à la disposition d'autrui ? Pour exprimer votre indignation à l'égard de la gestation pour autrui, vous utilisez systématiquement le mot « marchandisation ». C'est une autre façon d'interdire le débat. Qui oserait affirmer qu'il est pour la « marchandisation » ? Mais tout cela n'aide pas à clarifier les questions que tout le monde continue de se poser. Ainsi, les conclusions morales et politiques qu'il faudrait tirer de l'existence de marchés de biens qui, d'après vous, devraient complètement échapper au commerce sont loin d'être évidentes. L'existence d'un trafic d'organes n'a jamais conduit à la conclusion qu'il faut interdire le don d'organes. Pourquoi le trafic de mères porteuses devrait-il conduire à la conclusion qu'il faut interdire la gestation pour autrui, même non exclusivement commerciale ?

S. A. – Parce que l'enjeu n'est pas de savoir si une mère porteuse est plus ou moins bien rémunérée, mais si les organes d'une personne peuvent être mis au service d'autrui. Que devient le respect des personnes et de leur corps, avec de telles pratiques ? En général, même aux plus pauvres, les sociétés laissent une petite marge de vie, d'autonomie au-delà de leur travail. C'est leur existence élémentaire, privée (Marx disait précisément « leur vie biologique »), celle pendant laquelle ils vivent pour eux-mêmes, mangent, dorment, s'amusent, aiment, font des enfants et les élèvent. Si cette marge elle-même peut être achetée, utilisée, contrôlée et entrer au service d'autrui, que reste-t-il de la vie de quelqu'un ? On entre dans une forme d'aliénation organique. Et puis, avec la grossesse et l'accouchement, ce n'est pas seulement le corps de la mère qui est aliéné, c'est l'enfant qui fait l'objet d'un marchandage. Comparer la gestation pour autrui à un don d'organe, c'est faire comme si l'enfant était un organe, lui aussi.

R. O. – L'idée qu'avec les mères porteuses on consacrerait la vente d'enfant est une exagération rhétorique. Personne ne pense que les parents ayant payé 20 000 euros à une équipe médicale pour une fécondation *in vitro* ont « acheté un bébé ». Je ne vois pas pourquoi on devrait considérer autrement la mère porteuse. Il ne faut pas oublier qu'en laissant l'enfant à la naissance aux parents d'intention, la mère porteuse ne leur transfère pas des droits d'utiliser l'enfant comme un objet, ou le traiter comme un esclave, mais des devoirs d'éducation et de protection.

S. A. – La plupart des FIV sont faites avec les cellules sexuelles des parents. Mais acheter des cellules ou un embryon, comme cela se fait en Californie, c'est déjà acheter un bébé. Quant aux femmes, je maintiens qu'il revient à la loi de protéger leur corps, parce qu'il fait l'objet de convoitises spécifiques, dans l'ordre de la sexualité et de la procréation, et qu'elles sont économiquement les plus démunies.

R. O. – Protéger les gens d'eux-mêmes et empêcher qu'on profite de leur pauvreté n'est pas du tout la même chose. Par ailleurs, je ne pense pas que le droit du travail pourrait avoir pour fonction de limiter la valeur du consentement des citoyens, qui est une des sources principales de la légitimité démocratique. Si c'était le cas, il faudrait réformer ce droit pour le rendre plus démocratique. Gardons-nous aussi de sacraliser le droit du travail tel qu'il existe, car il n'empêche ni l'exploitation massive des travailleurs ni la précarité de l'emploi. En ce qui concerne les mères porteuses, tout ce que le droit du travail pourrait garantir dans son état présent, c'est que les mères porteuses soient bien traitées et correctement rémunérées, ce qui serait la moindre des choses. Encore faudrait-il, pour cela, que la gestation pour autrui soit légalisée.

S. A. – D'où vous vient cette confiance aveugle dans le consentement ? Je croyais votre regard cynique, je me demande s'il n'est pas idéaliste ! Le consentement est nécessaire, mais il n'est pas suffisant, puisqu'il est faussé par les inégalités et les besoins économiques. Et puis, pour revenir à nos premières questions, pourquoi se passer d'Aristote, de Kant, ou de Levinas, et j'ajouterai, de Jonas pour penser le droit ? Peut-on traiter, chacun pour soi, la question de l'humain ?

R. O. – On peut avoir aussi des raisons de penser que le droit et la morale devraient rester séparés. ■

Débat organisé par
Frédéric Joignot.
(19 juin 2009)

Zemmour le dézingueur dézingué

Le journaliste voudrait être reconnu pour ses talents d'écrivain. Mais c'est en qualité de polémiste du samedi soir, aux dérapages pas toujours très contrôlés, qu'il s'est fait connaître du grand public.

Fatigué, Eric Zemmour. Épuisé, même. On le sent fébrile, dans ce café parisien, où il enchaîne les rendez-vous. Certes, il veut bien rencontrer des journalistes. « Mais à une condition, que vous parliez de mon livre. » Il sort donc ces jours-ci son dixième livre, *Mélancolie française*, chez Fayard. Ça devrait marcher, vu le battage entretenu autour du bonhomme. D'autant que, comme d'habitude, il y dégomme joyeusement quelques tabous, cite l'empereur romain Théodose, l'historien Edward Gibbon, Charles de Gaulle ou Karl Marx. Du Zemmour dans le texte, érudit, fanfaron, polémiste. Narcissique, aussi. « Mon livre, c'est le stade suprême du journalisme », dit-il.

À 51 ans, il est l'homme qu'on adore aujourd'hui détester, tout autant qu'on déteste l'adorer. « C'est un militant de lui-même, il est devenu son propre objet », comme aime à le décrire le journaliste Philippe Tesson, qui fut l'un de ses premiers employeurs, au *Quotidien de Paris*. Éric Zemmour, né à Montreuil-sous-Bois (Seine-Saint-Denis), fils de Roger Zemmour, ambulancier, a atteint l'un de ses objectifs. « J'ai toujours voulu être écrivain, depuis l'âge de 12 ans », se souvient-il.

Il grandit dans un quartier populaire parisien. On ne croule pas sous l'argent, chez les Zemmour, venus en France pendant la guerre d'Algérie. La mère, Lucette, figure adorée, veille sur son fils. Il enchaîne les succès scolaires, mais loupe à deux reprises le concours de l'ENA. Il sera donc journaliste, avec un but : quitter l'anonymat des foules d'écrivants. Il y est parvenu, dans des proportions qui dépassent largement ses espérances. « Croyez-vous vraiment que j'aie programmé tout ça ? », interroge-t-il. « Tout ça », c'est ce scandale déclenché par ses propos, chez Thierry Ardisson. « La plupart des trafiquants sont noirs et arabes, c'est un fait », balance-t-il tout de go.

Des phrases comme celles-là, il en est coutumier. « Je pourrais assez facilement défendre la peine de mort », dit-il, en septembre 2009. Le 6 mars, sur France Ô, le journaliste s'essaie à un provocant « La discrimination, c'est la vie », précisant toutefois que « la vie est injuste »...

Voilà, un scandale après l'autre, Éric Zemmour se construit, accumule les ennemis, les rancœurs. « J'ai pourtant l'impression d'être utile... », dit-il. Ses admirateurs l'accompagnent d'émission en chronique, tentent tant bien que mal de suivre les méandres de ses réflexions. Il a un avis sur tout, souvent argumenté. Ce n'est pas un penseur. Plutôt un lecteur assidu, compulsif, qui agrège ses connaissances pour créer un corpus idéologique. On le traite de réactionnaire, il assume. Il vomit le « politiquement correct », les discours prémâchés, veut croire qu'aujourd'hui les leaders d'opinion sont ceux qu'il défie sur les plateaux de télé, tels le chanteur Christophe Willem ou le comique Ramzy. Il est favorable à l'assimilation, mais rejette l'intégration à la française, trop peu exigeante à son goût envers les immigrés.

Ainsi, lui, le juif pied-noir, a donné à ses trois enfants des prénoms issus du calendrier chrétien. Il n'est pas d'extrême droite, même si ses petites phrases font le miel des courants politiques radicaux. Il se dit de tradition gaulliste, voire bonapartiste. S'oppose ainsi au fédéralisme européen, en antilibéral convaincu. Pourfend ce qu'il considère comme une féminisation de la société. Assure que Noirs et Blancs forment deux races distinctes, fustige l'antiracisme des années 1980, cette « cause de bien-pensants »... Le besoin d'exister ? « Pas du tout, répond-il. Je combats le politiquement correct, je prends des risques, et les gens aiment ça. Le vrai marxiste, c'est moi, je parle du capital, du travail... »

Éric Zemmour est-il seulement de ce temps, de notre époque ? Dans ses livres, il parle d'une France rêvée, différente. On en ressort avec des images de royaume assiégé, d'empire sur le déclin. « Chez toi, il n'y a que du pessimisme », lui dit un jour le metteur en scène Bernard Murat. Il va même jusqu'à exhumer de vieilles citations du général de Gaulle pour appuyer son discours sur l'intégration impossible des immigrés. « Ceux qui prônent l'intégration ont une cervelle de colibri... », avait ainsi déclaré le vieux chef d'État. Serge Moati, réalisateur classé à gauche, a invité plus d'une fois Éric Zemmour à « Ripostes », l'émission qu'il présentait sur France 5. « C'est un formidable analyste qui a le goût du paradoxe, explique-t-il. Un type très aigu, d'une intelligence décapante. Il n'a rien d'un raciste, il aime secouer les idées. »

Évidemment, à trop parler, Eric Zemmour collectionne les polémiques, il les arbore, telles des décorations arrachées à l'empire du tempéré, du conformisme mou. Il teste ses idées dans des émissions de divertissement. Faute de mieux, il se lâche chez Thierry Ardisson ou chez Laurent Ruquier. « Ils sont les seuls à être venus me chercher, explique Éric Zemmour. Longtemps, les élites européistes m'ont fermé les portes. Ce n'est même pas une course au fric, mais j'ai découvert que les vrais maîtres-penseurs, c'est là-bas qu'on les trouve, c'est dans ces émissions que se forge le politiquement correct. »

Tout le monde s'y retrouve. Les producteurs des émissions, bien sûr, qui font du buzz. « Les polémistes ou les snipers sont là pour flinguer, estime François Jost, sociologue. Ils sont un élément essentiel de la dramaturgie d'un talk-show. » Les téléspectateurs se pressent, avides d'assister aux numéros de ce bretteur endiablé. Éric Zemmour ne compte plus ses collaborations médiatiques : RTL, France 2, RFO, Histoire. On l'invite partout, on se l'arrache, sur tous les thèmes. Une revanche ? « Si cela veut dire sortir de son milieu et grimper dans les hauteurs de la société, alors oui, répond Éric Zemmour. Pendant quinze ans, on ne m'a jamais rien proposé... »

Pendant quinze ans, il n'a donc été « que » journaliste, du *Quotidien de Paris* au *Figaro*, puis au *Figaro Magazine*. Dans la profession, il n'a pas que des amis. « C'est un formidable journaliste, mais aussi un redoutable solitaire, doté d'une très grande suffisance, souligne Philippe Tesson. Un garçon rare, irritant et agaçant, à l'égocentrisme dévorant. Au *Quotidien*, il était rejeté par la rédaction. » Au *Figaro*, qu'il rejoint en 1996, on ne l'apprécie guère non plus. Drôle de type, fiévreux, au sourire désarmant. Naïf et cruel. Nicolas Beytout, ancien patron de la rédaction du *Figaro*, ne le supportait pas.

Au service politique du quotidien, on surveille donc ce dézingueur, dont les articles se font rares. Arrive Étienne Mougeotte, chantre du libéralisme, qui décide d'exiler ce

POURQUOI CET ARTICLE ?

Le candidat au bac lira avec intérêt ce portrait d'Éric Zemmour. Écrivain et journaliste, il collectionne les polémiques suscitées par son refus assumé du « politiquement correct ». Gérard Davet souligne le paradoxe : Éric Zemmour est à la fois un produit du microcosme intellectuel parisien et la voix de la « France profonde ». Tout en délivrant des informations précieuses sur les enjeux des débats actuels autour de l'identité nationale, l'article de Gérard Davet est aussi **un modèle de portrait charge**.

souverainiste au *Figaro Magazine*. Avant d'envisager, après ses propos sur les « trafiquants », de le licencier, purement et simplement. « Ça m'a dépassé, j'ai été peiné, dit Éric Zemmour. Étienne Mougeotte ne m'a même pas parlé. » Finalement, le patron de la rédaction est revenu sur sa décision. La Société des journalistes du Figaro a pris la défense du trublion cathodique. « Moi qui ne croyais pas être populaire... », s'étonne Éric Zemmour.

Et puis les lecteurs se sont manifestés. En nombre, pro-Zemmour pour la plupart. Il ne veut pas d'un parallèle avec l'humoriste de France Inter Stéphane Guillon. « Lui, c'est un acteur comique, dit Éric Zemmour. Il est l'incarnation du conformisme absolu, le faux rebelle parfait. » Éric Zemmour est revenu sur ses propos sur « les Noirs et les Arabes ». Il a écrit à la Ligue internationale contre le racisme et l'antisémitisme (Licra), qui souhaitait le poursuivre en justice. « Ce n'est pas une lettre d'excuses, dit-il, mais une lettre d'explications. Dans cette histoire, j'ai été la victime de certaines associations qui veulent me faire la peau. »

Il accuse Thierry Ardisson d'avoir spectaculairement mis en scène ses excès de langage. Il sait bien que, souvent, il va très loin. Il suffit de le bousculer un peu. « Faut pas que je m'énerve... », admet-il. Mais peut-on « secouer les idées » en fin de soirée, face à Lady Gaga ou Christophe Willem ? « Il n'est pas calculateur, pas cynique, simplement, il est de la galaxie Gutenberg, il n'a pas les codes de la télé, décrypte son acolyte des plateaux télé, l'écrivain Éric Naulleau. Mais, au fond, c'est un type de gauche. » Ses amis le mettent en garde. À trop se disperser, on devient partie intégrante d'un système que l'on voudrait pourfendre.

L'ancien secrétaire d'État à la justice Pierre Bédier connaît l'homme par cœur. Ils se sont rencontrés sur les bancs de Sciences Po, avant qu'Éric Zemmour ne tente le concours d'entrée à l'ENA. « C'est mon ami, je l'aime, assure l'ancien élu UMP. Son problème, c'est qu'il est passé de l'écrit à la télé, et ce modèle fait pour la ménagère de moins de 50 ans est réducteur. Lui qui vit sa France de manière viscérale est devenu prisonnier d'un système. »

Isabelle Balkany, élue UMP des Hauts-de-Seine, ne dit pas autre chose. Elle le connaît bien, son Éric Zemmour. « Il n'est pas xénophobe. Mais je lui dis "Bien fait !" Je suis allée chez Ruquier à deux reprises, c'est l'enfer, les jeux du cirque. Lui qui est à la fois introverti et extraverti, du coup, on l'enferme dans un personnage. Reviens à l'écriture, Éric ! »

Il est un vrai paradoxe vivant. Ce pur produit du microcosme parisien est devenu le héraut d'une France profonde. Son discours aux accents frontistes, évidemment récupéré par les extrêmes, encensé dans la blogosphère, projette une image trouble qui n'est pas réellement la sienne.

« Je n'ai de haine pour personne, dit Éric Zemmour. Cette histoire, c'est celle d'une chasse moralisatrice au dérapage, on tue pour sauver l'âme de l'hérétique. » Éric Zemmour serait donc ce Torquemada des samedis soir, un inquisiteur soumis, à son tour, à la question.

Gérard Davet

(1er avril 2010)

ENSEIGNEMENT DE LITTÉRATURE
PREMIÈRE L

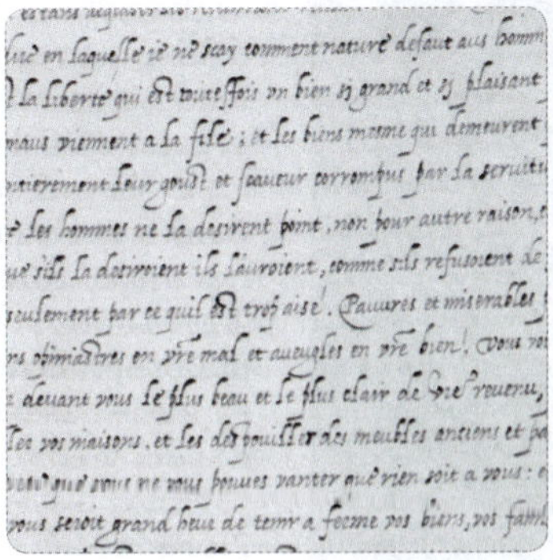

REPÈRES

Une langue officielle ?
Pour simplifier la gestion administrative du royaume de France et assurer sa centralisation, François Ier promulgue, en 1535, l'édit de Villers-Cotterêts qui fait du français la langue officielle de juridiction. Cependant, le peuple continue à utiliser les diverses langues régionales ; c'est la Révolution qui décrètera le français, « langue nationale ».

La Pléiade
La rencontre de Ronsard et Du Bellay aura une influence déterminante sur la poésie française. Au collège de Coqueret, ils étudient les Anciens sous la conduite de l'humaniste érudit Dorat. Ils formeront, avec cinq confrères, un groupe d'abord nommé la Brigade, puis la Pléiade, en hommage aux poètes grecs de l'époque alexandrine. Du Bellay aura la charge de rédiger le manifeste du groupe, dont le titre, *Défense et Illustration de la langue française* est déjà un programme. Il s'y prononce contre l'usage du grec et du latin dans la création poétique, non par refus des Anciens dont il a, comme ses compagnons, longuement étudié les œuvres, mais au contraire pour mieux en assumer l'héritage. Il propose d'en imiter les « genres » mais dans un français enrichi par les créations lexicales des auteurs. Lui-même introduit le sonnet dans la poésie, avec son premier recueil, *L'Olive*.

Le sonnet
D'origine italienne (Pétrarque), le sonnet est introduit en France à l'aube du XVIe siècle. Formé de 14 vers, répartis en deux quatrains et deux tercets, il est devenu, dans sa concision et le raffinement de ses rimes, le joyau de l'art poétique, invitant chaque génération à se dépasser. C'est le cas au XIXe siècle, où, renouvelé par Baudelaire, il devient la forme fétiche de la génération parnassienne (Leconte De Lisle, Heredia) puis de Mallarmé. Le schéma de rimes est en général le suivant :
– rimes embrassées (abba) dans les quatrains ;
– schéma (ccd) (ede) ou (ccd) (eed) dans les tercets.

Vers un espace culturel européen : Renaissance et humanisme

L'humanisme est un mouvement intellectuel et culturel qui s'est épanoui pendant la Renaissance. Il a conduit à une nouvelle vision du monde et à de nouveaux modes de connaissance à travers une remise en cause des traditions. Il est, en effet, et comme son nom le souligne, une affirmation de l'homme et une réflexion sur la place de celui-ci dans l'univers.

Érasme par Hans Holbein le Jeune, 1523.

Les origines

Au XVIe siècle, **un humaniste est un professeur qui enseigne les « humanités »**, c'est-à-dire la grammaire, la rhétorique et le commentaire des auteurs. Ces matières permettent aux étudiants de devenir des hommes au sens noble du mot, c'est-à-dire des hommes ayant une connaissance du beau, du vrai et du bien à la fois. L'humanisme correspond ainsi à un **idéal de dignité et de liberté humaine**.

Pétrarque (1304-1374) est un poète lyrique nourri de culture antique et, en particulier, de Cicéron et de Virgile. À partir de ces références, il élabore une œuvre personnelle – à la fois en langue latine et en italien – qui va être admirée et imitée aux XVe et XVIe siècles, notamment en France. En parallèle, il travaille sur des manuscrits latins et grecs. En effet, l'imprimerie, qui apparaît aux alentours de 1455, facilite la diffusion de la pensée grecque dans toute l'Europe.

Dans la seconde moitié du XVe siècle, **Marsile Ficin** traduit et commente les œuvres du philosophe grec Platon. Il cherche, dans ses écrits, à **concilier la philosophie antique et la théologie chrétienne** et exprime l'idée selon laquelle la grandeur humaine ne peut se comprendre que dans un univers ordonné par une puissance créatrice : Dieu.

Pic de la Mirandole (1463-1494), autre grande figure des débuts de l'humanisme, présente, dans le *Discours sur la dignité de l'homme* (1486), des formules pouvant être prises comme les devises des humanistes, par exemple : « Dépendre de sa propre conscience plutôt que des jugements extérieurs ».

Les principes humanistes

L'humanisme en France est souvent associé à l'imprimerie. Il est vrai que les imprimeurs de la Sorbonne, mais aussi ceux de Lyon, sont des savants ou poètes, même si l'humanisme n'a pas « attendu » l'imprimerie pour naître, et que la recherche d'une culture nouvelle a précédé cette invention essentielle. **Guillaume Budé**, juriste et érudit, est justement l'un de ces savants. En 1530, sous l'impulsion de François Ier, il fonde le **Collège royal**, devenu aujourd'hui le Collège de France. Cette institution enseigne non seulement les matières traditionnelles, c'est-à-dire la grammaire et la rhétorique, mais aussi le latin, le grec, l'hébreu, la médecine, les mathématiques, etc.

Le Collège royal se démarque de la Sorbonne, et s'oppose même à elle : d'une part en proposant des

disciplines nouvelles, d'autre part, et surtout, en osant approcher au plus près des textes sacrés.
Les savants du Collège traduisent **la Bible en français** et ils commentent ce texte, ce qui passe aux yeux des tenants de la tradition pour une quasi-hérésie. En réalité, les commentaires de la Bible étaient déjà nombreux au Moyen Âge. Mais la découverte de nouveaux manuscrits et la véritable nouveauté est de vouloir produire **un texte débarrassé des contresens accumulés par les copistes.** Cette volonté entraîne une mise à distance critique de la tradition, que les théologiens de la Sorbonne supportent difficilement.
Le Collège royal est également la manifestation de l'une des grandes ambitions de l'humanisme : **l'ambition pédagogique**. En effet, tous les humanistes ont contribué à la **diffusion du savoir**. Les manuels de grammaire, les traductions, les dictionnaires sont des outils essentiels mis à la disposition des étudiants, mais aussi des hommes de la bonne société désireux de se cultiver. Plusieurs éléments font l'originalité de cette pédagogie :
– refus du jargon spécialisé et obscur ;
– volonté de faire du manuel, non une fin en soi, mais un « passeur » (l'objectif d'une grammaire n'est pas de faire collection des règles mais de permettre la lecture directe des auteurs anciens) ;
– exercices d'application ;
– réflexion sur la façon dont l'éducation peut être « efficace » (refus de la brutalité et d'une trop grande sévérité au profit d'une attention accordée aux enfants, tentative d'abolition des classes sociales, mise en place d'un temps de « relâche », d'activités variées, de discussions libres avec le maître, etc.).
L'humanisme chercher aussi à **former des orateurs**, c'est-à-dire des hommes maîtres de leur parole et capables d'analyser la parole d'autrui : deux conditions qui permettent à chacun de devenir véritablement « citoyen » et libre. L'humaniste cherche en effet une expression juste et précise, mais aussi plaisante et émouvante, une expression imprégnée des modèles des grands auteurs, non pas pour les copier servilement, mais pour mieux dire la spécificité de sa propre voix.
Le langage est alors à la fois porteur de beauté et de vérité. Capable d'humour, usant de tous les registres (*cf.* Rabelais), il est manifestation de liberté, sans jamais être un pur jeu formel.
Le programme du Collège, ou d'autres écoles, révèle également que l'humanisme se veut multiple : les sciences accompagnent les lettres, ainsi que les arts.
Comme le montre l'opposition entre le Collège royal et la Sorbonne, **l'humanisme et la religion** ont des **liens à la fois serrés et lâches**. Serrés, parce que les humanistes entreprennent leurs études pour aller plus en profondeur dans la compréhension des textes, et pour approfondir leur foi. Lâches, parce que leurs connaissances les mènent à une mise en doute de l'enseignement traditionnel de la religion, de sa doctrine, et de ses pratiques.
Érasme, humaniste des Pays-Bas, est ainsi l'auteur d'une traduction de la Bible jugée dangereuse par les partisans de la tradition (malgré l'absence de condamnation du pape).

En Allemagne, les croyants éprouvent un sentiment de rejet vis à vis de nombreux abus ou dérives de l'Église : conduite indigne de certains ecclésiastiques, importance trop grande accordée aux rites et surtout trafic d'indulgences (« commerce » par lequel les pécheurs pouvaient racheter leurs erreurs en payant l'Église). Luther lance alors le **mouvement de la Réforme** qui vise le domaine ecclésiastique, mais aussi les structures sociales et politiques. La Réforme rejoint l'humanisme dans le refus d'une tradition sclérosée et le désir du retour au sens, au vrai, à l'aide d'une érudition maîtrisée.

Humanisme et Europe

Le mouvement humaniste ne peut pas être circonscrit dans un espace restreint – de l'Italie à l'Allemagne, en passant par la France –, non seulement **il a circulé dans l'Europe entière, mais encore il a contribué à la constituer**.

L'imprimerie permet **la diffusion de l'écrit** ; les voyages sont des moyens de connaissance « expérimentale » de l'ailleurs et du différent ; les échanges artistiques et les liens politiques aux XVe et XVIe siècles montrent l'humanisme comme un souffle passant au travers des frontières. En Angleterre, où les universités d'Oxford et Cambridge accueillent l'enseignement nouveau, **Thomas More** est l'auteur d'une œuvre novatrice : *Utopie* (1516). Aux Pays-Bas, **Érasme, surnommé « le prince des humanistes »**, publie *L'Éloge de la folie* (1509). En Espagne, l'humanisme est également très présent mais doit composer avec le dogmatisme catholique, ses contraintes, et son bras effrayant, l'Inquisition.

Conclusion

L'humanisme est donc un mouvement qui dépasse le cadre d'un pays. Du point de vue temporel, il est également difficile de lui donner des limites précises. Certains posent la chute de Constantinople comme point de départ (1453) et l'affichage des articles de protestation de Luther contre le pape comme limite finale (1517). Ces dates ont cependant quelque chose d'artificiel et de restreint. Elles ne rendent pas compte de la multiplicité d'un mouvement qui prend ses racines dans le Moyen Âge, pénètre bien avant dans le XVIe siècle, jusqu'à Montaigne qui, malgré son scepticisme, reste imprégné des ambitions et des principes humanistes.

UN ARTICLE DU *MONDE* À CONSULTER

• **La leçon de Rabelais, les yeux et les oreilles** p.80-81
(Jean Céard, 25 mars 1994)

REPÈRES

Une étiquette a posteriori.
Le terme « humanisme » ne désigne pas spécifiquement la pensée du XVIe siècle. Créé en 1765 en plein siècle des Lumières, il signifie alors « philanthropie » (intérêt pour l'homme). Ce n'est que dans la seconde moitié du XIXe, au moment où les historiens tentent de définir les époques historiques et les courants de pensée, qu'on l'applique aussi aux idées de la Renaissance. Les « humanistes » sont ainsi nommés parce qu'ils font porter leur réflexion sur des disciplines à dimension « humaine » (philosophie, arithmétique, etc.), par opposition aux dogmes dispensés par l'enseignement théologique.
Léonard de Vinci (1452-1519), à la fois ingénieur, architecte, peintre et anatomiste, incarne cet idéal de l'humaniste curieux de tout et aux talents multiples. Même s'il n'a pas reçu une formation précisément humaniste, Vinci vit dans le même univers de valeurs que les érudits. Comme ces derniers, les artistes sont fascinés par les mystères de l'univers et cherchent à les approcher. Tous désirent mieux connaître le monde, dans sa surface comme dans sa profondeur.

DATES CLÉS

1440 : Perfectionnement par Gutenberg des procédés de l'imprimerie (usage des caractères mobiles en plomb et de la presse à imprimer).
1492 : Découverte de l'Amérique par les Européens.
1515-1547 : Règne de François Ier qui favorise un développement important des arts et des lettres sous l'influence de la Renaissance italienne.
1535 : Édit de Villers-Cotterets.
1549 : Publication de *Défense et illustration de la langue française* (Du Bellay).
1562 : Début des guerres de religion entre catholiques et protestants.
1572 : Massacre de la Saint-Barthélemy : une partie de la noblesse protestante et des milliers d'anonymes sont massacrés sur l'ordre de Catherine de Médicis.
1589 : Accession d'Henri IV au trône de France. Il pacifie le royaume.
1598 : Publication de l'Édit de Nantes qui libéralise le culte de la religion protestante.

Lecture méthodique à l'oral : Explication d'un extrait d'Étienne de la Boétie, *Discours de la servitude volontaire*

REPÈRES

Deux figures de style essentielles de la provocation.

Hyperbole
L'hyperbole est une figure de style qui consiste à mettre en relief une notion, une idée, par l'exagération des termes employés. Ainsi, par exemple, dans « J'ai mille choses à te dire ! », l'exagération passe par le choix de l'adjectif numéral « mille ». L'hyperbole utilise des superlatifs, des adverbes, des comparaisons (« s'ennuyer à mourir »), des préfixes (*super-*, *hyper-*, *méga-*, etc.). Dans le texte à commenter, on trouve une hyperbole « numérique » (« le moindre homme du grand *nombre infini* de vos villes ») et une hyperbole comparative (« tant d'indignités, que les bêtes mêmes ou ne sentiraient point ou n'endureraient point »).

Question rhétorique
Une question rhétorique (ou question oratoire) est une question de discours qui induit une « réponse » évidente. Elle implique le destinataire du discours en le « forçant » à admettre le contenu de la réponse.
Dans l'extrait proposé ci-contre, La Boétie accumule plusieurs phrases de ce type : « D'où il a pris tant d'yeux, dont il vous épie, si vous ne les lui baillez ? » ; « Comment a-t-il tant de mains pour vous frapper, s'il ne les prend de vous ? » ; « Les pieds dont il foule vos cités, d'où les a-t-il, s'ils ne sont les vôtres ? » Les « yeux » du tyran, qui surveillent, les « mains » qui frappent, symboles de la coercition, les « pieds » qui foulent, symbole du mépris sont ceux du peuple, ce qui est mis en évidence ici, c'est qu'aucun homme n'a tant d'organes.
« Comment a-t-il aucun pouvoir sur vous que par vous autres mêmes ? » ; « Comment oserait-il vous courir sus, s'il n'avait intelligence avec vous ? ». Ces deux autres questions rhétoriques s'élèvent du concret (les organes) à l'abstrait (pouvoir, intelligence) pour énoncer la même évidence : c'est la soumission, voire la complicité du peuple qui « fait » le tyran.

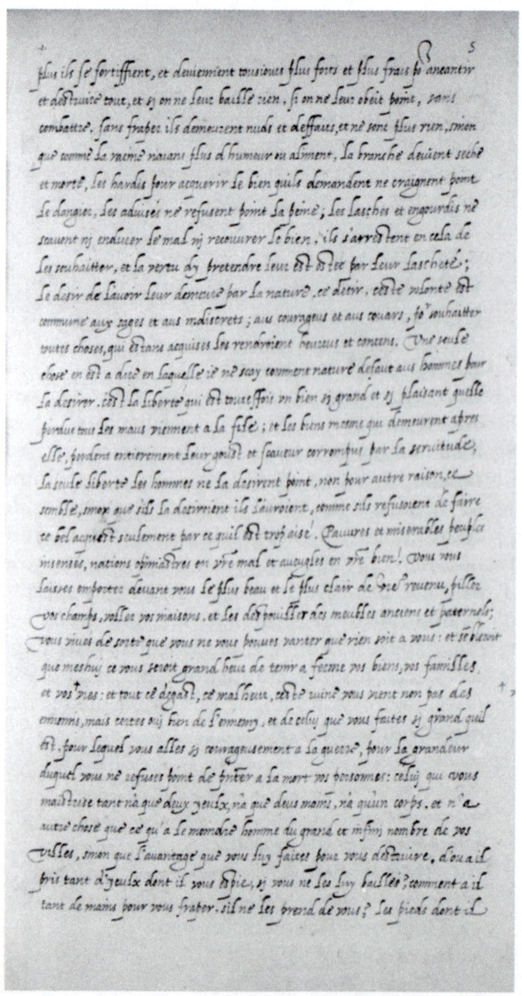

Manuscrit du *Discours de la servitude volontaire* d'Étienne de La Boétie, (1574).

Le texte

Celui qui vous maîtrise tant n'a que deux yeux, n'a que deux mains, n'a qu'un corps et n'a autre chose que ce qu'a le moindre homme du grand nombre infini de vos villes ; sinon qu'il a plus que vous tous, c'est l'avantage que vous lui faites, pour vous détruire. D'où il a pris tant d'yeux, dont il vous épie, si vous ne les lui baillez ? Comment a-t-il tant de mains pour vous frapper, s'il ne les prend de vous ? Les pieds dont il foule vos cités, d'où les a-t-il, s'ils ne sont les vôtres ? Comment a-t-il aucun pouvoir sur vous que par vous autres mêmes ? Comment oserait-il vous courir sus, s'il n'avait intelligence avec vous ? [...] Vous vous affaiblissez, afin de le faire plus fort et plus roide, à vous tenir plus court la bride ; et de tant d'indignités, que les bêtes mêmes ou ne sentiraient point, ou n'endureraient point, vous pouvez vous en délivrer, si vous essayez, non pas de vous en délivrer, mais seulement de le vouloir faire. Soyez résolus de ne servir plus, et vous voilà libres.
(Étienne de La Boétie, *Discours de la servitude volontaire*, 1548.)

Introduction

La Boétie (1530-1563) est resté dans les mémoires comme l'ami de Montaigne avec lequel il partage le même idéal de tolérance.
Dans cette œuvre de jeunesse, La Boétie réfléchit sur la tyrannie. Elle ne repose, à ses yeux, que sur le consentement du peuple qui a perdu son aspiration naturelle à la liberté.
Cet extrait correspond a un discours provocateur pour montrer que les hommes sont responsables de leur servitude.
Comment La Boétie parvient-il à convaincre les hommes qu'ils sont les propres responsables de la tyrannie qui pèse sur eux ?

Les bons outils

Observer les procédés littéraires de la provocation :
– emploi des pronoms (présence et place du vous en particulier) ;
– figures de style (questions rhétoriques, hyperbole) ;
– organisation des phrases renversant le rapport sujet/ objet.

Le plan détaillé du développement

I. Un discours polémique.

a) Les formes du discours
Multiples pronoms de 2e personne. L'impératif final appelle les hommes à réagir.

b) Inclure les interlocuteurs dans le discours
Recours aux questions rhétoriques, interpellant les lecteurs, tout en leur imposant les réponses.

c) Une portée polémique
Choix d'images frappantes, notamment celle de l'animal, pour choquer, interpeller le lecteur et le faire réagir.

II. Thèse : l'existence de la tyrannie repose sur une contradiction fondamentale.

a) L'existence d'un tyran
Définition restrictive du tyran (usage de la négation restrictive « ne... que », adjectifs numéraux, comparaison avec « le moindre homme ») : le tyran est un homme comme un autre, pourtant il les domine.

b) Le tyran, un homme surhumain
Le tyran semble donc décupler les capacités d'un seul homme (expressions hyperboliques : « vous maîtrise tant », « tant d'yeux », « tant de mains », « les pieds dont il foule vos cités »).

III. Clé de cette contradiction : les hommes créent eux-mêmes les conditions de leur esclavage.

a) Le tyran, une création de tous
Phrases renversant le rapport sujet/objet : le « vous » devient agent. C'est donc lui qui fait le tyran.

b) Le peuple n'est pas innocent
Peuple « complice » : expressions supposant un assentiment.
L'existence de la tyrannie réside donc dans la seule volonté du peuple (relevé et analyse des verbes de volonté dans les dernières lignes de l'extrait).

Conclusion

Ce texte provoque le lecteur, en inversant le rapport de responsabilité qui justifie l'existence d'une tyrannie. Cet extrait est caractéristique de l'esprit humaniste par le souci accordé à la dignité humaine.

Ce qu'il ne faut pas faire

• Relever des figures de style sans les mettre en relation avec le sens du texte.
• Se contenter de reformuler l'idée principale du texte.

RÉFLEXIONS SUR LE POUVOIR

• « Qu'une nation ne fasse aucun effort, si elle veut, pour son bonheur, mais qu'elle ne travaille pas elle-même à sa ruine. »

• « Ils ne sont grands que parce que nous sommes à genoux. »

• « Quelle malchance a pu dénaturer l'homme – seul vraiment né pour vivre libre – au point de lui faire perdre la souvenance de son premier état et le désir de le reprendre ? »
(Étienne de La Boétie, *Discours de la servitude volontaire*, 1548.)

• « Sur le plus beau trône du monde, on n'est jamais assis que sur son cul ! »

• « Qui se connaît, connaît aussi les autres, car chaque homme porte la forme entière de l'humaine condition. »

• « Il n'y a point de bête au monde tant à craindre à l'homme que l'homme. »

• « Ne cherchons pas hors de nous notre mal, il est chez nous, il est planté en nos entrailles. »
(Michel Eyquem deMontaigne, *Essais*, 1580-1588.)

• « Comment pourrais-je gouverner autrui, qui moi-même gouverner ne saurais ? »
(François Rabelais, *Gargantua*, 1534.)

• « La tâche de l'homme politique est de tirer d'affaire au moins quelques individus. »
(Thomas More, *Utopie*, 1516.)

PERSONNAGES IMPORTANTS

Grands noms de l'humanisme.

Érasme (1467-1536), à la source de la Renaissance intellectuelle
D'origine hollandaise, Érasme reprend des études à Paris, à l'âge de 25 ans, auprès des humanistes français. Il publie en 1500 ses *Adages* et en 1511, son plus célèbre ouvrage : *Éloge de la folie*. Dans cette « déclamation » qui fourmille de citations et de références savantes, Érasme ébranle les fondements de toutes les certitudes humaines. Son « relativisme » est un élément fondamental de la pensée de la Renaissance.

Agrippa d'Aubigné, poète « engagé »
Écrit entre 1577 et 1589, le long poème des *Tragiques* (10 000 vers) n'a pu paraître qu'en 1616, dans une France religieuse pacifiée. Sur un ton tour à tour épique, prophétique, parfois violemment satirique, Agrippa d'Aubigné évoque les longues luttes religieuses du XVIe siècle en pourfendant l'intolérance catholique.

Montaigne (1533-1592) et les *Essais*
Édités dans leur première version en 1580, enrichis au fils des années, les *Essais* de Montaigne inaugurent une nouvelle forme littéraire annoncée dans l'avertissement au lecteur : *« je suis moi-même la matière de mon livre »*. Recueil de réflexions sur son caractère et les épisodes de sa vie, il s'en dégage une philosophie du bonheur de portée universelle. Leur version définitive paraît à titre posthume en 1595.

La Boétie (1530-1562) précurseur des « Lumières »
Le *Discours de la servitude volontaire* de La Boétie, publié en 1574, préfigure la philosophie des Lumières. Sa thèse originale, selon laquelle le peuple qui se donne un roi ou un tyran assure volontairement son esclavage, a été populaire notamment pendant la Révolution. : *« C'est un extrême malheur que d'être assujetti à un maître, dont on ne peut être jamais assuré qu'il soit bon, puisqu'il est toujours en sa puissance d'être mauvais quand il voudra. »*

L'ARTICLE DU **Monde**

La leçon de Rabelais, les yeux et les oreilles

Avec sa volonté forcenée d'une ouverture au monde, Rabelais s'inscrit dans l'immense bouillonnement de la Renaissance.

Que nuit de toujours savoir et toujours apprendre, fût-ce d'un pot, d'une guedoufle, d'une moufle, d'une pantoufle ? » À Epistémon qui hésite à aller consulter la sibylle de Panzoust, soupçonnée d'être un suppôt du diable, Pantagruel réplique par ce plaisant éloge de la curiosité. La nature elle-même semble en établir la légitimité ; « non sans cause », dit le Géant, elle nous a fait les oreilles toujours ouvertes, « n'y apposant porte ni clôture aucune », alors que nos yeux, eux, peuvent se fermer au monde. Les yeux sont assurément l'une des voies du savoir : Pantagruel est dit « amateur de pérégrinité et désirant toujours voir et toujours apprendre ». Mais, dans cette quête, les oreilles semblent bien l'emporter. Ce n'est peut-être pas sans raison que Gargantua a choisi, pour venir au monde, de sortir par l'oreille de sa mère. Et Frère Jean, qui n'est guère avide d'accroître son savoir, soutient qu'il n'étudie jamais de peur des oreillons, des « auripeaux ». Nous sommes ainsi faits pour que « tous jours, toutes nuits, continuellement, puissions ouïr, et par ouïe perpétuellement apprendre ».

Les oreilles grandes ouvertes, attentif à tous les savoirs, Rabelais est un témoin actif de la culture de son temps. Il en a l'ampleur et brasse avec aisance théologie, droit et médecine, comme il accueille des savoirs plus secrets ou qui n'accèdent guère à l'expression écrite : on sait quel document exceptionnel est son œuvre pour les historiens de la culture populaire. De la culture de son temps, il a aussi l'ambition ; il est l'un des premiers à introduire en français le mot « encyclopédie » – et il ne lui donne pas le sens mou auquel nous sommes accoutumés : l'encyclopédie, pour lui, ne consiste pas à savoir tout de tout, mais bien à disposer d'un savoir attentif à sa propre cohérence, essentiellement soucieux d'apercevoir les connexions des disciplines. Pour traduire ce mot qui est encore un néologisme, du Bellay parle du « rond des sciences », et Guillaume Budé forge le bizarre équivalent d'« érudition circulaire ». C'est bien ainsi que Rabelais l'entend : Gargantua invite par exemple son fils à apprendre les plus beaux textes du droit civil en les confrontant avec la philosophie.

Revenir à l'authenticité

Rabelais témoigne encore de la culture de son temps quand il en recommande la méthode principale, qui porte le beau nom de « philologie » : il faut revenir aux textes rendus autant que possible à leur authenticité et débarrassés des gloses qui les chargent et les souillent, à la façon – cette rude image est de Pantagruel – d'une « belle robe d'or triomphante et précieuse à merveille » qui serait « bordée de merde ». Cette méthode consiste aussi à conjoindre sans cesse les mots et les choses, les *verba* et les *res*. Pantagruel n'étudiera pas seulement Plutarque et Platon, mais aussi Pausanias et Athénée, ces antiquaires si soigneux de consigner les choses et de nous en transmettre l'épaisseur : la philologie est tout le contraire de la logophilie, qui aime les mots pour eux-mêmes.

Comme les novateurs de son époque, Rabelais croit à l'éducation, mais, comme eux aussi, il ne la conçoit que comme une sorte de va-et-vient entre l'observation du monde et le témoignage des livres, et ceux-ci ont assez d'importance pour que, pendant les repas, on s'informe de la qualité des aliments dont on se nourrit en se reportant aux grands auteurs qui en ont traité, au point, pour en être plus assuré, de les faire apporter à table. Le savoir des autres est appelé à guider et à contrôler l'expérience ; les oreilles sont appelées à guider et à contrôler le témoignage des yeux.

Ni les yeux ni les oreilles ne suffisent séparément à fonder le savoir ; pour l'établir, leur collaboration est nécessaire. Épistémon, entrant dans la chaumine de la sibylle de Panzoust, a tort de s'assurer, au vu de sa seule apparence, qu'elle est une vraie sibylle. Mais ceux qui se contentent d'ouïr ont également tort : Ouï-dire, qui tient « école de témoignerie », est « aveugle et paralytique des jambes » ; il ne se soucie ni de regarder ni d'aller sur place et se contente de ragots et de rumeurs. La bibliothèque doit s'ouvrir sur le monde, le monde entrer dans la bibliothèque : ainsi va le savoir de la Renaissance.

Ce savoir qui fait la part si belle aux Anciens est tout entier tourné vers la modernité : la vérité est fille du temps, nous ne sommes pas condamnés à la pure répétition. C'est la conviction des hommes de la Renaissance : parmi bien d'autres, Ambroise Paré l'affirme au début de son œuvre, comme, de son côté, le cosmographe André Thevet. C'est aussi la leçon de l'oracle Bacbuc : « Vos philosophes, qui se complaignent que toutes choses ont été par les anciens écrites, que rien ne leur est laissé de nouveau à inventer, ont tort trop évident. » Et Rabelais, dans la généalogie de Pantagruel, s'amuse à parodier ceux qui, tout entiers tournés vers le passé, voudraient que toutes les inventions remontent à la plus haute Antiquité. Parmi ses lointains ancêtres, le Géant compte Gemmagog, « qui fut inventeur les souliers à poulaine », Morguan, qui « premier de ce monde joua aux dés avec ses besicles », et Happemousche, « qui premier inventa de fumer les langues de bœuf à la cheminée, car auparavant le monde les saloit comme on fait les jambons ».

En ce XVIe siècle qu'on a justement défini comme le siècle des ingénieurs, la modernité, c'est aussi le développement des techniques. Rabelais a perçu cette nouveauté. L'épisode de Messere Gaster, au *Quart Livre*, n'est pas tant l'expression d'une philosophie « matérialiste » qui placerait dans la satisfaction des besoins et des désirs de l'homme le ressort de son ingéniosité qu'une alerte méditation sur l'esprit humain qui, confronté au manque et à la pénurie, trouve dans son ingéniosité les arts aptes à aménager la nature, à apprivoiser ses forces latentes. Ingéniosité si grande que les hommes, ayant inventé l'agriculture, puis le commerce, puis, pour les défendre, l'art militaire, ne se trouvent pas démunis quand leurs ennemis s'avisent de retourner celui-ci contre eux, et découvrent la manière de forcer les boulets de canon à rebrousser chemin et à revenir à l'envoyeur ! Il y a un Léonard de Vinci en Rabelais. Il n'a évidemment pas manqué de célébrer l'art de l'imprimerie comme ses contemporains éclairés. Et il devance beaucoup d'entre eux dans la perception des changements profonds que ne manquera pas de provoquer la découverte des terres nouvelles.

POURQUOI CET ARTICLE ?

Le candidat au bac trouvera dans cet article de Jean Céard, grand spécialiste du XVIe siècle et auteur d'une édition critique de l'œuvre de Rabelais, **des éléments de réflexion indispensables pour bien situer son importance dans le XVIe siècle littéraire et philosophique**. À côté des personnages les plus connus de son œuvre, tels Pantagruel, Gargantua et Panurge, Jean Céard convoque ici d'autres figures significatives : Épistémon le précepteur, Bacbuc l'oracle, Bridoye le juge. L'analyse des épisodes dont ils sont les protagonistes montre à quel point Rabelais incarne l'esprit de la Renaissance et de l'Humanisme : il est l'inventeur de « l'encyclopédie » (au sens d'un savoir maîtrisé), partisan d'un retour aux textes débarrassés de leurs commentaires, attentif au développement des techniques. Rabelais est aussi le défenseur du français contre le latin – qu'il connaît parfaitement – et tourne en dérision les « subtiles niaiseries » des scolastiques, revendiquant l'« ignorance sacrée » à laquelle lui donne droit son immense érudition.

Ce sens de la modernité, l'usage résolu de la langue française en témoigne. Il est significatif de voir un ardent amateur de l'Antiquité jeter le discrédit sur les « rapetasseurs de vieilles ferrailles latines », les « revendeurs de vieux mots latins tout moisis et incertains » et soutenir que « notre langue vulgaire n'est tant vile, tant inepte, tant indigente et à mépriser qu'ils l'estiment ». Tout le monde se souvient de l'épisode de l'écolier limousin qui ne veut parler qu'un indigeste et prétentieux franco-latin et dédaigne « l'usance commune de parler ». Mais, à la différence des faux modernes qui ne méprisent que parce qu'ils ne savent pas, Rabelais plaide pour « notre langue gallique » parce qu'il est également chez lui dans l'antiquaille.

L'éducation des sphincters

Ce dynamisme d'un savoir tourné vers la modernité, vers les tâches du monde d'aujourd'hui, d'un savoir qui hérite pour transmettre, innerve l'œuvre de Rabelais. C'est lui qui permet de faire du petit Gargantua cet être apte à commander que révélera la guerre picrocholine. Pourtant sa nature ne l'y disposait guère ; né flegmatique, il semblait destiné, comme dit un médecin du temps, à se suffire d'un lit et d'une marmite. Sa petite enfance le fait voir livré aux manifestations de son naturel, fiantant, pissant, rendant sa gorge, rotant, éternuant et se morvant en archidiacre, peu pressé de quitter le lit et avide de gagner la table.

Voilà l'être qu'une éducation bien conduite va changer en bon roi. Ce n'aura pas été sans peine, et son père ne commence à placer en lui des espérances que lorsque l'enfant l'entretient des diverses méthodes qu'il a essayées pour mieux se torcher le cul. L'éducation d'un flegmatique commence par le contrôle des sphincters. D'autres progrès, certes, seront nécessaires. Quand le petit Gargantua, d'abord éduqué par des précepteurs sophistes, c'est-à-dire des représentants de l'âge gothique, de la culture gothique, est confronté au jeune Épistémon, fruit de la culture nouvelle, il ne sait répliquer à un discours parfaitement dominé qu'en se cachant la tête dans son bonnet et en pleurant comme une vache : « Et ne fut possible de tirer de lui une parole, non plus qu'un pet d'un âne mort. »

Être orateur, maîtriser la parole : voilà le signe d'une bonne éducation, d'un accès réussi au métier d'homme. Cet idéal d'humanité regarde l'esprit et le corps ensemble : parler, ce n'est pas seulement dire, c'est aussi pouvoir communiquer par tout son être, savoir associer son corps à l'acte de parole, car il y a, disait déjà Quintilien, une sorte d'éloquence du corps. Conception charnelle du langage dont tout lecteur de Rabelais qui a de l'oreille sent qu'elle est consubstantielle à son écriture. Etudiant à Montpellier, Rabelais a participé à la représentation d'une comédie. Chacun de ses livres s'ouvre par un prologue, terme emprunté au théâtre. Le langage ne se dit pas seulement, il se joue. Cela parce que la culture n'est pas de l'ordre de l'avoir, mais de l'ordre de l'être. « Deviens ce que tu es », recommandait Érasme : la culture bien comprise en est le moyen.

Rabelais – et c'est là une conviction profonde de l'humanisme tout entier – suggère, en effet, qu'il peut y avoir mauvais usage de la connaissance. Dans ce magnifique éloge de la culture nouvelle qu'est la célèbre lettre de Gargantua à son fils, il vaut la peine de relever ces mots révélateurs : « Je vois les brigands, les bourreaux, les aventuriers, les palefreniers de maintenant, plus doctes que les docteurs et les prêcheurs de mon temps. »

En certaines mains, la culture peut se pervertir. Si le jeune Épistémon illustre les vertus de la rhétorique, instrument de la maîtrise de la parole, d'autres peuvent la mettre au service de leur appétit de tromper ou de se tromper. Le séduisant Panurge est là pour l'attester. Conduit par son désir, amoureux de soi, il est toujours en quête d'argent et prétend que l'univers est régi par les emprunts et les dettes et qu'il ne fait que se conformer à l'ordre universel. Son interlocuteur Pantagruel ne se refuse pas au plaisir d'ouïr son beau discours, mais préférerait assurément que Panurge, au lieu de le donner pour justification de sa conduite, ne l'eût prononcé que par manière de jeu.

C'est encore Panurge qui, prêt à aller prendre conseil de la fameuse Sibylle, assure que les plus grands personnages se sont bien trouvés d'avoir recueilli les avis des femmes. Et il cite Pythagore, Socrate, Empédocle et « notre maître Ortuinus », espérant sans doute que le souvenir de la célèbre Diotime, à qui Socrate devait une partie de sa sagesse, fera oublier que le théologien Ortuinus passait pour avoir engrossé une servante – originale façon de progresser dans la sagesse grâce aux femmes. L'érudition aussi peut être mise au service d'un certain terrorisme intellectuel.

Références érudites

Humaniste, Rabelais multiplie dans son œuvre les références érudites. Certaines pages, comme au *Tiers Livre* la consultation du juge Bridoye, en sont presque illisibles. Le lecteur d'aujourd'hui les regarde avec respect, déconcerté par ce déferlement. Il ne lui reste, pour en rendre compte, qu'à louer globalement la science de Maître François, bon représentant de « l'esprit » de la Renaissance et de sa boulimie intellectuelle, ou, à l'inverse, à soupçonner Rabelais de parodier un travers de son temps. C'est aller trop vite en besogne.

Le rire de Rabelais n'épargne pas l'érudition, sans pourtant qu'il ne faille y voir que dérision. Rire de connivence quand la référence érudite est comme un signe adressé à la complicité du lecteur qui partage le même savoir : l'Europe culturelle, c'est aussi ce sentiment, très fort chez les humanistes, de former une communauté – supranationale, dirions-nous –, qui, constituée dans et par une commune passion pour les lettres antiques, fondement de l'identité européenne, a conscience de ce que la diversité de ses intérêts répond à de mêmes enjeux. Rire d'espièglerie, quand la référence érudite, plus ou moins truquée, concourt à resserrer cette complicité, mais signale aussi qu'on n'est pas prisonnier du savoir, mais capable de jouer avec lui.

Mais ce n'est pas assez dire. L'examen de l'épisode de Bridoye suggère une troisième voie, qui pourrait bien être la principale. Bridoye est un juge actif, affairé même, qui ne se détermine qu'en respectant scrupuleusement les formes juridiques, qu'en vérifiant sans cesse la conformité de ses choix avec les textes de droit ; mais, au moment de prononcer la sentence, il s'en remet au sort des dés ! Tout se passe comme si, après avoir multiplié les actes de la procédure selon les règles les mieux reçues du droit, il estimait que juger est un acte suprême qui requiert l'aide et l'assistance du ciel et que toute son activité préalable, à laquelle certes il avait le devoir de s'adonner, n'était que l'expression de sa bonne volonté. Extraordinaire apologue de la nécessité et, pourtant, du néant de l'érudition. Toute la culture de la Renaissance est là : la quête ardente du savoir se résout finalement en cet idéal auquel, dans la tradition de la docte ignorance, Lefèvre d'Étaples a donné le nom d'» ignorance sacrée ».

L'aptitude à rire de tout

Cette attitude s'exprime dans la critique véhémentement moqueuse des théologiens, des scolastiques, et de leurs « subtiles niaiseries », pour parler comme Érasme. Nulle part on ne les a raillés avec plus de verve que dans le discours que prononce Maître Janotus de Bragmardo pour obtenir restitution des cloches de Notre-Dame ; il faut l'entendre vanter « la substantifique qualité de la complexion élémentaire qui est intronifiquée en la terrestréité de leur nature quidditative », ou bâtir ce beau raisonnement : « *Omnis clocha clochabilis in clocherio clochando clochans, clochativo clochare facit clochabiliter clochantes.* » Dans la parodie burlesque du latin savant, Molière n'a pas fait mieux.

La scolastique ne s'est jamais tout à fait relevée de tels sarcasmes. Sarcasmes injustes, assurément. Mais il serait également injuste de ne pas voir dans ces partis pris, dans ces dérisions, le sentiment qui anime toute la Renaissance : la certitude de vivre un âge nouveau, de réinventer la culture, de définir une nouvelle manière de penser, de parler, d'être au monde. Cette certitude est source de gaieté, et les personnages de Rabelais sont gais : c'est la gaieté, l'aptitude à rire de tout, qui sauve ceux-là mêmes que son œuvre tourne en dérision, pour peu que leur rire ne les épargne pas. Janotus lui-même s'associe à l'immense éclat de rire qui accueille sa harangue, et l'amour de soi qui conduit Panurge ne l'empêche pas de savoir souvent garder quelque distance avec soi, rire de soi. Pour être sage, il faut savoir être fou.

Dans les temps de désenchantement et de crise – et Dieu sait si la Renaissance a connu de profondes crises, dont la plus apparente est l'éclatement de la chrétienté millénaire –, il n'est pas sans fruit de prêter l'oreille à l'optimisme vigilant dont témoigne l'œuvre de Rabelais. Né au soir du XVe siècle, il ignore la mélancolie des fins de siècle. ■

Jean Céard

(25 mars 1994)

Les réécritures, du XVIIe siècle à nos jours

Un écrivain est avant tout un lecteur : il est nourri de littérature. De fait, lorsqu'un auteur décide de prendre la plume, il est déjà imprégné des textes, des histoires et du style de ceux qui l'ont précédé : il emprunte donc des chemins déjà parcourus. Quelles formes peut prendre cet emprunt ? Comment l'emprunt s'intègre-t-il au texte nouveau, et comment en révèle-t-il l'originalité ?

REPÈRES

Différentes réécritures de Madame Bovary.

Madame Bovary est le roman qui a le plus suscité le « désir palimpsestueux » (selon le mot de Genette) des réécritures : pastiches, parodies, transpositions, suites et développements romanesques sur les personnages secondaires dont voici quelques exemples...

• Alain Ferry, *Mémoire d'un fou d'Emma*, 2009.
Un homme abandonné par sa femme trouve la consolation dans la relecture de *Madame Bovary*.

• Claro, *Madman Bovary*, 2008.
Avec le même point de départ, le narrateur trouve ici dans le roman de Flaubert un antidote en « entrant » dans le texte pour en modifier l'intrigue et la structure, en endossant diverses identités : puce, voyeur, pique-assiette, rôdeur et passager clandestin de la nef flaubertienne en déroute.

• Philippe Doumenc, *Contre-enquête sur la mort d'Emma Bovary*, 2007.
À partir des derniers mots chuchotés par Emma : « Assassinée, pas suicidée. », deux policiers de Rouen sont dépêchés à Yonville afin d'élucider l'affaire. Plusieurs suspects possibles : un mari cocufié, un prêteur sur gages, deux femmes de caractère, un cynique libertin, un pharmacien concupiscent...

• Antoine Billot, *Monsieur Bovary*, 2006.
Monsieur Bovary était-il vraiment ce cocu pitoyable, ce praticien incompétent ? Réponse dans une dizaine de cahiers manuscrits découverts au début de ce siècle dans un grenier. La signature, un «B» énigmatique, pourrait être celle d'un des acolytes silencieux du narrateur de *Madame Bovary*, qui, dans le premier chapitre fait entendre sa voix diluée dans le « nous » d'un sujet pluriel.
Dans cette veine de réécriture centrée sur Charles Bovary : Laura Grimaldi, *Monsieur Bovary*, 1991 et Jean Améry, *Charles Bovary, Médecin de campagne, Portrait d'un homme simple*, 1991.

Les différents modes de la réécriture

Un texte littéraire peut, tout d'abord, contenir un certain nombre de fragments venus d'un ou de plusieurs autre(s) texte(s). Dans ce cas, l'auteur intègre à son œuvre des éléments propres à l'éclairer ou l'enrichir. **La citation est un court extrait, reproduit généralement entre guillemets ou en italiques.** Elle peut être présente dans le récit, ou bien dans le discours des personnages, ou encore en épigraphe – c'est-à-dire au début d'une œuvre ou d'un chapitre. Le sens de la citation influe sur le sens du texte de différentes façons : elle peut venir appuyer une argumentation ou, au contraire, faire l'objet d'une contestation. Elle permet parfois de caractériser un personnage (notamment lorsque l'auteur, ou un personnage, qualifie le héros du nom d'un autre personnage célèbre : un Dom Juan, un Rastignac, etc.).
Exemple : l'épigraphe du roman *Les Gommes* d'Alain Robbe-Grillet (1985) est une citation de Sophocle : « Le temps, qui veille à tout, a donné la solution malgré toi ». Cette phrase initiale met le lecteur sur la piste de la mythologie grecque, et, avec le terme « solution », lui indique que le roman tourne peut-être autour d'une énigme.
L'**allusion** permet de **faire écho à un texte précédent**, mais de façon implicite. La source n'est pas donnée de façon claire, et l'auteur compte alors sur la **culture de son lecteur**, avec lequel il tisse un **lien de connivence**. Exemple : dans le même roman de Robbe-Grillet, on trouve ainsi le dialogue suivant : « – Dis-moi un peu quel est l'animal qui est parricide le matin... – Il ne manquait plus que cet abruti-là, s'écrie Antoine. Tu ne sais même pas ce que c'est qu'une oblique, je parie ? – Tu m'as l'air oblique, toi, dit l'ivrogne d'un ton suave. Les devinettes, c'est moi qui les pose. J'en ai une tout exprès pour mon vieux copain... [...] – Quel est l'animal qui est parricide le matin, inceste à midi et aveugle le soir ? » Il est ainsi fait allusion au mythe d'Œdipe, en le détournant : la forme des questions est la même, mais la réponse attendue n'est plus « l'homme » mais « Œdipe ». Ce dialogue vient donc s'ajouter à l'épigraphe et forme un réseau souterrain, qui permet au lecteur de comprendre que le texte qu'il découvre prend sens à partir du mythe antique.
Le pastiche est l'imitation du style d'un auteur. Dans ce cas, l'écrivain B « joue » à écrire comme l'écrivain A,

la plupart du temps en amplifiant certaines marques de son écriture (par exemple, la longueur et la complexité des phrases de Proust). **L'intention peut être comique, voire satirique**, mais elle peut constituer également un simple **jeu avec le lecteur**, qui prend plaisir à reconnaître le style de l'auteur imité.

La parodie consiste en une déformation du style, ou du texte d'origine. Il peut y avoir un changement de registre (du tragique au comique, de l'épique au prosaïque, etc.), ou changement de genre (du théâtre à la chanson). Si le plus souvent, la parodie a, comme le pastiche, un but comique, elle peut cependant avoir pour objectif de **souligner l'écart entre le texte source et le texte actuel, afin de renouveler une réflexion**.

Exemple : dans *La Machine infernale*, Cocteau s'empare lui aussi du mythe d'Œdipe ; lorsqu'arrive le moment de l'énigme posée par le Sphinx au héros, voici le dialogue qui nous est livré : « *(Le Sphinx, qui est d'abord apparu à Œdipe sous les traits d'une jeune fille, lui donne la solution de l'énigme.) Le Sphinx* – [...] Je te demanderais par exemple : Quel est l'animal qui marche sur quatre pattes le matin, sur deux pattes à midi, sur trois pattes le soir ? Et tu chercherais, tu chercherais. À force de chercher, ton esprit se poserait sur une petite médaille de ton enfance, ou tu répéterais un chiffre, ou tu compterais les étoiles entre deux colonnes détruites ; et je te remettrais au fait en te dévoilant l'énigme. Cet animal est l'homme qui marche à quatre pattes lorsqu'il est enfant, sur deux pattes quand il est valide, et lorsqu'il est vieux, avec la troisième patte d'un bâton. *Œdipe* – C'est trop bête ! »

La transformation du texte initial a pour conséquence d'ôter à Œdipe sa grandeur, sa sagacité, puisque la solution lui est donnée par le Sphinx lui-même. La réplique du personnage « C'est trop bete ! », par son registre familier, souligne le prosaïsme choisi par Cocteau : le tragique n'est plus le domaine réservé des héros, mais il rejoint ici la sphère commune.

La **traduction** est encore un autre mode de réécriture ; le passage d'une langue à une autre entraîne de **nombreuses transformations**, et pose **des problèmes d'interprétations** au traducteur. En effet, il est délicat de parvenir à traduire le sens exact d'un mot ou d'une phrase, mais aussi ses connotations, le registre de langue, etc. De plus, chaque langue s'accompagne d'une culture propre, et **aucune transposition n'est jamais parfaite**, ce que le proverbe italien « Traduttore, traditore » (« Traducteur, traître ») met en lumière.

DEUX ARTICLES DU *MONDE* À CONSULTER

- **Victor Hugo appartient à tous** p. 86-87
(Dominique Noguez, 27 juin 2001)

- **Les infortunes des « Misérables »** p. 87-88
(Alain Salles et Martine Silber, 18 mai 2001)

La transposition ou l'imitation est une variation littéraire assumée à partir d'un sujet, d'un thème déjà exploité par un autre auteur, ou encore d'un « mythe » (comme celui d'Œdipe, mais aussi celui de Faust, de Dom Juan, etc.). Des auteurs comme Racine ou Corneille, au XVIIe siècle, puisent ainsi dans le fonds antique pour écrire leurs tragédies. **Le changement de forme**, par exemple l'adaptation d'un roman au cinéma, est également une forme de transposition.

Les positions face à ces procédés d'écriture

On peut d'abord considérer qu'une écriture totalement vierge de toute référence à d'autres textes est une illusion. **Écrire, c'est forcément réécrire** :
– soit parce que de façon inconsciente, tout auteur est imprégné de ceux qui l'ont précédé ;
– soit parce que, de façon volontaire, les auteurs cherchent à rendre hommage à leurs prédécesseurs ou, au contraire, à les tourner en dérision.

Dans tous les cas, **la création est une inscription dans une lignée d'œuvres**. Cette position est celle de la Renaissance et du XVIIe siècle. L'humanisme, qui redécouvre les textes de l'Antiquité, puis le classicisme, ne conçoivent pas l'écriture autrement que comme l'imitation des Anciens. La valeur d'une œuvre ne réside pas, alors, dans le fait d'être totalement inédite : elle réside dans sa capacité à redonner vie à l'œuvre ancienne, et à l'enrichir par un style propre.

Cependant, **on peut également considérer que l'emprunt n'est pas loin du plagiat**, c'est-à-dire du « pillage » d'œuvres, et de la répétition, c'est-à-dire du ressassement sans apport nouveau. De plus, le fait de penser, comme le faisaient les Classiques, que l'imitation est la seule voie possible, comporte des risques, en particulier celui de briser un élan créateur original. Les modèles peuvent alors devenir les gardiens d'une prison littéraire.

Au XIXe siècle, **les Romantiques voient la réécriture comme un carcan**. Pour eux, les modèles jusque-là admis sont des prescripteurs de normes facteurs de sclérose.

Mais, tout en respectant le désir de nouveauté et en acceptant une ouverture, il faut admettre que celui qui écrit ne peut faire autrement que de **puiser dans un fonds** (que ce soit au niveau des mots, du lexique, ou des thèmes). **La réécriture est créative, dynamique, lorsqu'elle articule l'ancien et l'inédit**. Il faut, pour cela, que l'auteur comprenne et écoute la source qu'il a choisie, mais sans la recopier servilement. Un angle novateur est nécessaire pour « dépoussiérer » le modèle, de même que le modèle est nécessaire pour donner vie au successeur. C'est le sens de la formule de Paul Valéry : « Le lion est fait de mouton assimilé. »

D'autre part, chaque œuvre d'art est multiple, riche d'interprétations différentes. Les réécrire, c'est finalement leur redonner sa richesse, en accentuant un aspect jusque-là peut-être négligé ou minimisé.

• *Cette diablesse de Madame Bovary*,
Lionel Acher, 2001
Alliée au Diable, Madame Bovary ressuscitée, alias Fausta de la Vaubyessard, règle ses comptes avec tous ces hommes qui furent causes de ses malheurs et se venge de Flaubert lui-même.

• *Emma, Oh ! Emma !*,
Jacques Cellard, 1992.
Une réécriture iconoclaste où Jacques Cellard donne la pleine mesure de ses talents d'auteur romanesque : intrigue sans faille, mouvement dramatique, psychologie pénétrante et surtout une maîtrise de l'écriture qui est un défi à Flaubert.

• *Madame Bovary sort ses griffes*,
Patrick Meney, 1991.
Transposition parodique dans le monde de la publicité, de la sponsorisation et de la privatisation, où Gustave Flaubert se voit prié par son éditeur de revoir sa copie.

• *Mademoiselle Bovary*,
Raymond Jean, 1991.
Berthe, la fille de Mme Bovary, ouvrière dans une filature normande, vient demander des comptes à Flaubert : inversant fiction et réalité, Raymond Jean s'introduit avec une irrévérence affectueuse dans le chef-d'œuvre qu'il admire.

• *Mademoiselle Bovary*,
Maxime Benoît-Jeannin, 1991.
Mademoiselle Bovary non seulement redonne vie aux personnages du roman précédent (Homais, Rodolphe, l'usurier Lheureux...) mais s'enrichit plus encore de figures inattendues et hautes en couleur telles que Bouvard et Pécuchet, Baudelaire, les frères Goncourt... L'auteur accomplit le projet inachevé de son grand-père, son homonyme, qui avait reçu de Flaubert l'autorisation d'écrire une « suite .

• *Madame Homais*,
Sylvère Monod, 1988.
Sylvère Monod conte la vie de la femme du pharmacien, avant, pendant et après le séjour des Bovary à Yonville. Le bon Charles ne fut pas le seul mari trompé de la commune.

Commentaire de texte :

LA FABLE DE LA FONTAINE

Le Chêne un jour dit au Roseau :/ « Vous avez bien sujet d'accuser la Nature ;/ Un Roitelet pour vous est un pesant fardeau./ Le moindre vent, qui d'aventure/ Fait rider la face de l'eau,/ Vous oblige à baisser la tête :/ Cependant que mon front, au Caucase pareil,/ Non content d'arrêter les rayons du soleil,/ Brave l'effort de la tempête./ Tout vous est Aquilon, tout me semble Zéphyr./ Encor si vous naissiez à l'abri du feuillage/ Dont je couvre le voisinage,/ Vous n'auriez pas tant à souffrir :/ Je vous défendrais de l'orage ;/ Mais vous naissez le plus souvent/ Sur les humides bords des Royaumes du vent./ La nature envers vous me semble bien injuste.
– Votre compassion, lui répondit l'Arbuste,/ Part d'un bon naturel ; mais quittez ce souci./ Les vents me sont moins qu'à vous redoutables./ Je plie, et ne romps pas. Vous avez jusqu'ici/ Contre leurs coups épouvantables/ Résisté sans courber le dos ;/ Mais attendons la fin. » Comme il disait ces mots,/ Du bout de l'horizon accourt avec furie/ Le plus terrible des enfants/ Que le Nord eût portés jusque-là dans ses flancs./ L'Arbre tient bon ; le Roseau plie./
Le vent redouble ses efforts,/ Et fait si bien qu'il déracine/ Celui de qui la tête au Ciel était voisine/ Et dont les pieds touchaient à l'Empire des Morts.
(Jean de La Fontaine, *Fables*).

LA FABLE D'ÉSOPE

Le roseau et l'olivier disputaient de leur endurance, de leur force, de leur fermeté. L'olivier reprochait au roseau son impuissance et sa facilité à céder à tous les vents. Le roseau garda le silence et ne répondit mot. Or le vent ne tarda pas à souffler avec violence. Le roseau, secoué et courbé par les vents, s'en tira facilement ; mais l'olivier, résistant aux vents, fut cassé par leur violence.
Cette fable montre que ceux qui cèdent aux circonstances et à la force ont l'avantage sur ceux qui rivalisent avec de plus puissants.
(Ésope, « Le Roseau et l'Olivier »)

Le texte

Le chêne un jour dit au roseau :
« N'êtes-vous pas lassé d'écouter cette fable ?
La morale en est détestable ;
Les hommes bien légers de l'apprendre aux marmots.
Plier, plier toujours, n'est-ce pas déjà trop
Le pli de l'humaine nature ? »
« Voire, dit le roseau, il ne fait pas trop beau ;
Le vent qui secoue vos ramures
(Si je puis en juger à niveau de roseau)
Pourrait vous prouver d'aventure,
Que nous autres, petites gens,
Si faibles, si chétifs, si humbles, si prudents,
Dont la petite vie est le souci constant,
Résistons pourtant mieux aux tempêtes du monde
Que certains orgueilleux qui s'imaginent grands. »
Le vent se lève sur ces mots, l'orage gronde.
Et le souffle profond qui dévaste les bois,
Tout comme la première fois,
Jette le chêne fier qui le narguait par terre.
« Hé bien, dit le roseau, le cyclone passé –
Il se tenait courbé par un reste de vent –
Qu'en dites-vous donc mon compère ?
(Il ne se fût jamais permis ce mot avant.)
Ce que j'avais prédit n'est-il pas arrivé ? »
On sentait dans sa voix sa haine
Satisfaite. Son morne regard allumé.
Le géant, qui souffrait, blessé,
De mille morts, de mille peines,
Eut un sourire triste et beau ;
Et, avant de mourir, regardant le roseau,
Lui dit : « Je suis encore un chêne. »
(Jean Anouilh, « Le Chêne et le Roseau », *Fables*.)

Introduction

La Fontaine, célèbre fabuliste du XVIIe siècle, mais aussi partisan des Anciens, c'est-à-dire de l'imitation des textes de l'Antiquité, s'est en grande partie inspiré des fables d'Ésope pour composer ses propres récits. Ainsi, sa fable « Le Chêne et le Roseau » trouve son origine dans « Le Roseau et l'Olivier » d'Ésope.
À son tour, l'écrivain et dramaturge Jean Anouilh s'est inspiré de la réalisation de La Fontaine pour donner sa propre version de cette fable, également intitulée « Le Chêne et le Roseau ». Comme son prédécesseur, Anouilh présente le dialogue entre les deux végétaux, l'un droit et « grand », l'autre petit et souple, puis la tempête qui s'abat sur eux, déracinant le chêne mais laissant la vie sauve au roseau. Pourtant, au-delà de ces emprunts, parfois parodiques, Anouilh livre ici un apologue à la morale implicite radicalement différente : le chêne apparaît noble, alors que le roseau est finalement plutôt mesquin et haineux. Comment Anouilh reprend-il ici ce récit célèbre pour donner à entendre une morale inattendue ?
Dans un premier temps, nous observerons ce récit vif et plaisant, avant de nous intéresser aux caractéristiques de la récriture. Nous étudierons enfin les deux personnages et la morale de l'apologue.

Le plan détaillé du développement

I. Un récit vif et plaisant

a) Un récit vif et dense

Brièveté, 31 vers, alternance aléatoire octosyllabes/alexandrins. Variété des rimes utilisées : croisées puis suivies succèdent aux rimes embrassées.
Peu de détails et absence d'indices spatio-temporels précis « un jour », dans « les bois ». Les personnages ne sont pas décrits, ils sont simplement désignés avec le déterminant défini : « le chêne », « le roseau ». Densité : dialogue initial introduit par un seul vers, suivi d'une péripétie narrée en 4 vers ; dernier dialogue, après la tempête = dénouement agonie du chêne et une ultime réplique.
Transition : La concision et la versification de la fable en font donc un texte plaisant à lire, d'autant plus qu'il se caractérise aussi par une grande vivacité.

b) Un récit vivant

Récit central de la tempête au présent de narration.
Théâtralité : large part du dialogue, répliques introduites par la répétition du verbe « dire ». Enchaînement de questions / réponses.
Oralité : interjection suivie de l'adverbe « Hé bien », première réponse du roseau qui semble d'abord décalée par rapport à la question du chêne mimant ainsi une conversation banale et quotidienne.
Mélange de registres de langue : soutenu (« lassé », « d'aventure » ou « ramures ») et familier (« marmots »).
Transition : Ainsi, les personnages prennent vie à travers le dialogue qui donne une grande vivacité à la fable, tout comme dans le texte original de La Fontaine.

II. Une récriture parodique

a) Les effets d'écho

Éléments repris de La Fontaine : le titre de la fable, les personnages, le schéma général de l'apologue (deux végétaux confrontés à la même péripétie, mort du chêne et survie du roseau). Premier vers de la version d'Anouilh identique à celui de La Fontaine : « Le chêne un jour dit au roseau ».
Répétition du verbe « plier » par le chêne = écho de la célèbre réplique du roseau : « Je plie et ne romps pas. »
Fable brève faisant alterner alexandrins et octosyllabes.
Termes archaïsants connotés XVIIe siècle : inversion de l'adjectif « l'humaine nature », « voire », synonyme ancien de « vraiment », « mon compère ».
Transition : À l'évidence, cette fable est bien une récriture de celle de La Fontaine, dont elle reprend clairement les caractéristiques. Cependant, cette reprise se nuance d'une certaine distance amusée, qui donne à la fable moderne des accents parodiques.

b) Une récriture amusée

Allusions à la version de La Fontaine : la tempête se déchaîne « tout comme la première fois ». Les personnages eux-mêmes semblent connaître la fable de La Fontaine : « N'êtes-vous pas lassé d'écouter cette fable ?/ La morale en est détestable ».

Jean Anouilh, « Le Chêne et le Roseau »

L'usage que les adultes font des fables de La Fontaine lues aux enfants : « Les hommes [sont] bien *légers* de l'apprendre aux *marmots.* » = ton critique + terme familier et péjoratif suggèrent avec humour une forme de supériorité, témoignant ainsi d'une grande distance par rapport à la fable originale.
Transition : En effet, même si le chêne meurt aussi dans cette version, la morale qui se dégage de l'apologue est bien différente de celle de La Fontaine.

III. La morale

a) Le roseau

Le roseau se caractérise par sa lâcheté. Il se réfugie derrière le groupe qu'il prétend former avec « les petites gens ». Au lieu de parler simplement en son nom, il utilise le pronom personnel « nous », en affirmant par exemple « nous autres [...] résistons [...] mieux ». Discours revendiquant sa petitesse. Répétition de l'adjectif « petit » ; énumération d'adjectifs : « si faibles, si chétifs, si humbles, si prudents ». Répétition de « si » rythme régulier de l'alexandrin (quatre groupes de trois syllabes) suggèrent une forme de mesquinerie. Méchanceté dans le dénouement, attitude haineuse mise en valeur dans la brève phrase nominale : « Son morne regard allumé. » Les « peines » du chêne lui permettent d'exprimer sa « haine », comme le soulignent les deux termes à la rime.
Transition : Le portrait du roseau est donc bien négatif et s'oppose à celui du chêne.

b) Le chêne

Le chêne se caractérise par son orgueil et sa fierté.
Première réplique : arrogance face au roseau, auquel il reproche implicitement de « plier ».
Ironie envers lui et envers la morale de La Fontaine : répétition de « plier », en jouant sur le mot pour mieux dénoncer cette faiblesse humaine (« le pli de l'humanité »)
Transformation du personnage dans le dénouement : devient héroïque et touchant :
– champ lexical de la souffrance (« souffrait », « blessé », « morts », « peines », « triste », souligné d'ailleurs par l'enjambement du vers 27 au vers 28) ;
– rythme saccadé des derniers vers, accents pathétiques à l'agonie de l'arbre ;
– appellation métaphorique « le géant » et répétition de « mille » qui lui confèrent une dimension quasiment épique.
Transition : Sa grandeur s'oppose de façon flagrante à la petitesse du roseau. Sa dernière réplique révèle sa noblesse : au moment de mourir, il réaffirme une identité à laquelle il n'a pas voulu renoncer. Par là, l'auteur suggère une morale originale.

c) La morale

Les végétaux personnifiés représentent deux types d'ho-Comportement et discours caractéristiques d'humains confrontés aux « tempêtes » symbolisant les événements difficiles, les crises de la vie. Évocation explicite des hommes : « l'humaine nature », « petites gens », « certains orgueilleux ». Ces pluriels et l'usage du « nous » permettent d'ailleurs de donner une portée générale au discours du roseau, encore renforcée par le verbe au présent gnomique : « nous [...] résistons ». La position du narrateur se dessine de plus en plus clairement au fil de la fable :
– commentaire entre parenthèses (« Il ne fût jamais permis ce mot avant » = lâcheté et vindicte du roseau qui apostrophe le chêne en le nommant « mon compère ») ;
– pronom personnel indéfini « on », = narrateur témoin (« on sentait [...] sa haine satisfaite »).
Critiquant ainsi le roseau et sa mesquinerie, il laisse le dernier mot au chêne, qui meurt, certes, mais devient par là même héroïque et garde toute sa grandeur jusqu'à la fin. À un homme qui choisirait de se soumettre et de courber l'échine, le narrateur préfère l'homme qui résiste et ne renonce pas à son identité et à ses valeurs, quitte à en mourir.

Conclusion

Avec « Le Chêne et le Roseau », Anouilh offre une réécriture originale de la fable de La Fontaine. Déjouant les attentes du lecteur, il transforme les caractéristiques des deux personnages pour livrer une fable plaisante, aux accents parodiques, et surtout nous incite à porter un regard plus critique sur cette « humaine nature » si encline à « plier ». À un peuple humble mais parfois servile, Anouilh oppose la grandeur et la fierté de celui qui refuse de céder. Dans cette perspective, le chêne ne rappelle-t-il pas Antigone, autre personnage célèbre de l'œuvre d'Anouilh, auquel il a consacré une tragédie ?

Ce qu'il ne faut pas faire

Choisir de traiter ce sujet sans connaître « Le Chêne et le Roseau » de La Fontaine.

Illustrations de Thomas Tessier.

SUJETS TOMBÉS AU BAC SUR CE THÈME

Dissertations

– La transposition d'une œuvre d'un genre dans un autre vous paraît-elle être un enrichissement ou un appauvrissement ? (Sujet national, 2003, série L)
– Quand vous abordez une œuvre, cherchez-vous plutôt la nouveauté et l'originalité, ou appréciez-vous les œuvres qui s'inspirent de situations, de thèmes ou de personnages connus ? (Amérique du Nord, 2006, série L)
– Selon vous, réécrire, est-ce chercher à dépasser son modèle ? Vous pourrez vous intéresser à d'autres genres que le roman. (Sujet national, 2010, série L)

Victor Hugo appartient à tous

Dans l'affaire *Cosette*, les arguments des descendants d'Hugo contre François Cérésa ne tiennent pas. Lauretta Hugo trouve l'idée d'une « suite des *Misérables* » aussi scandaleuse que la sortie, en 1997, du *Bossu de Notre-Dame*, dessin animé américain de l'entreprise Walt Disney qui reprenait *Notre-Dame de Paris* sans citer une seule fois le nom de son auteur. Elle a tort.

Dans ce dernier cas, une œuvre était pillée sans vergogne, sans reconnaissance aucune pour son pays d'origine ni pour l'individu qui l'avait créée ; la démarche relevait de la prédation et du mépris culturel (donnez-moi vos créations et ensuite passez à la caisse – non pour toucher des droits mais pour payer votre entrée !).

Dans l'autre cas, ce qui la chagrine – la mention faite du nom de son ancêtre et du titre de son roman dans la promotion du nouveau livre – est précisément la preuve que sa création ne lui est pas déniée. On pourrait même y voir la plus belle forme d'hommage. Car ce n'est pas un mince travail, même si on en escompte de substantielles retombées commerciales, que d'écrire plusieurs tomes de cinq cents pages, et qui se tiennent, avec des personnages qu'on n'a pas choisis !

D'autant qu'une suite, contrairement à une adaptation théâtrale ou cinématographique, n'altère en rien l'œuvre originale. Au contraire, elle incite à y revenir, comme à sa source et à son aune. Elle se sert de sa notoriété, mais en même temps la ravive.

Pourquoi donc s'indigner soudain d'une pratique littéraire tout à fait courante et qui remonte au moins aux successeurs d'Homère, Eugammon, Quintus de Smyrne ou Virgile ? Hugo lui-même s'y est livré : dans sa *Légende des siècles*, « Le Mariage de Roland » et « Aymerillot » poursuivent *La Chanson de Roland*. Mieux, une première suite aux *Misérables* est déjà parue en 1996 chez Lattès, la *Cosette* de Laura Kalpakian, sans susciter la moindre émotion.

Autre grief : en faisant échapper Javert au suicide et en le faisant s'amender, François Cérésa aurait trahi en quelque sorte rétrospectivement *Les Misérables*. C'est doublement faux. D'une part, chez Hugo, au moment où il se donne la mort, le persécuteur de Jean Valjean est déjà sur la voie de la rédemption ; il ne se jette dans la Seine que par désaveu de lui-même. D'autre part, le propre d'une suite réussie – c'est souvent le cas quand un auteur se continue lui-même (comme Rabelais dans le *Tiers Livre* ou Cervantès dans la seconde partie de son *Don Quichotte*) – est de rompre peu ou prou avec l'œuvre de départ, d'être pleine de rebondissements et quasiment imprévisible.

Dans ces conditions, rien n'empêche de penser que l'auteur des *Misérables*, si l'envie de poursuivre l'avait pris, aurait lui-même pu ressusciter Javert, à l'instar de Sir Conan Doyle ressuscitant Sherlock Holmes. Son roman, comme tous les grands romans populaires de l'époque, n'est-il pas plein de tels coups de théâtre (voyez les réapparitions de Thénardier) ? L'assignation adressée aux éditions Plon par Pierre Hugo se raccroche désespérément à une phrase que son arrière-arrière-grand-père aurait dite sur la mort de Javert : « Si cette fin n'émeut pas, je renonce à écrire jamais ! » Hélas ! cette belle hyperbole n'a pas du tout le sens que notre plaideur veut lui donner : c'est l'exclamation d'un auteur fier d'avoir réussi son coup, non un appel à interdire quoi que ce soit.

Plaideurs ou non, les descendants de Victor Hugo ont un même tort : celui, je le crains, de n'avoir pas bien compris ce qu'est la littérature. Suite, réponse, reprise, adaptation, pastiche, parodie, allusion, mise en abyme, traduction, mise en vers, la littérature s'est toujours nourrie de littérature (et la peinture de peinture, la musique de musique, etc.). C'est ce que, voilà plus de trente ans, du côté de la revue *Tel Quel*, Julia Kristeva théorisait sous le nom d'« intertextualité ». Croire qu'on écrit en dehors d'une langue et d'une tradition littéraire – qu'on la suive, qu'on s'y oppose ou qu'on en joue – c'est croire, comme la colombe de Kant, qu'on volerait mieux s'il n'y avait pas d'air !

Mais le pire, c'est, comme Pierre Hugo, de faire juges de ces questions esthétiques non les spécialistes – critiques, écrivains, historiens de la littérature – ni les lecteurs, mais des hommes que rien ne prépare, ès qualités, à les comprendre : avocats et magistrats. Et de contribuer un peu plus, sur le modèle américain, à une préoccupante judiciarisation de la culture. Les procès pleuvent aujourd'hui comme à Gravelotte sur les auteurs et les éditeurs. Dans leur diversité, ils ont les mêmes caractéristiques : le détournement de la loi, l'appât du gain, la réduction préoccupante du domaine public.

On utilise désormais à cet effet le droit des marques et le droit moral. L'un permet, moyennant une modique redevance, de « déposer » à l'Institut de la propriété industrielle des noms de personnages, et même de simples mots, pour confisquer des réalités culturelles qui appartiennent à tous. L'autre permet de prendre en otage des œuvres pourtant libres de droits.

Distinct du droit d'auteur, ce droit moral garantit à l'auteur le « respect de son nom, de sa qualité et de son œuvre » : il le protège, par exemple, contre d'éventuels éditeurs indélicats qui mutileraient ou retoucheraient son œuvre. Personne ne trouvera à y redire : il est normal que l'auteur ait son mot à dire sur ce qu'on publie sous son nom. Mais ce droit ne cesse pas avec sa mort ; il est « perpétuel, inaliénable et imprescriptible ». Là encore, rien à redire, s'il préserve l'intégrité de l'œuvre à travers les âges et s'il est exercé de façon sage et désintéressée. Tout dépend de qui l'exerce. Or revoici les descendants ! S'il peut, en effet, être conféré à un tiers par testament de l'auteur, il est également et automatiquement dévolu par la loi aux héritiers, de génération en génération, jusqu'à la fin des temps ! Et il fournit aux moins scrupuleux d'entre eux une manne supplémentaire, quand bien même l'œuvre serait tombée depuis longtemps dans le domaine public.

En fait, en demandant 4,5 millions de francs (!) de dommages et intérêts au nom de son ancêtre, Pierre Hugo a le mérite involontaire de nous inciter à reposer le problème des ayants droit d'écrivains. Quelques-uns, certes, sont irréprochables, dévoués, larges d'esprit,

POURQUOI CET ARTICLE ?

En 2001, à la veille du bicentenaire de la naissance de Victor Hugo (1802) Olivier Orban, patron de la maison d'édition Plon, cherche un écrivain capable d'écrire une suite des *Misérables*. Il retient François Cérésa, qui ressuscite l'inspecteur Javert. Celui-ci devient un héros positif dans les deux volumes publiés, avec un succès relatif, au printemps et à l'automne 2001 : *Cosette ou le temps des illusions*, puis *Marius ou le fugitif*. Cette publication suscite la colère de Pierre Hugo, descendant de Victor, qui réclame son interdiction et des dommages et intérêts. Un premier jugement du tribunal de Paris est favorable à Plon. Le plaignant fait appel. En 2004, la cour rend un arrêt qui contredit la première sentence, estimant que les livres de François Cérésa portent atteinte au droit moral du grand Victor Hugo. Au nom de la liberté d'expression et de création, Plon forme un pourvoi en cassation. Les héritiers de Victor Hugo sont finalement déboutés en 2008 par la cour d'appel de Paris. Sur la problématique des « suites » d'œuvres célèbres, le candidat au bac lira avec intérêt le texte de Dominique Noguez qui présente **une défense vigoureuse du droit aux réécritures**. Pour lui, « Suite, réponse, reprise, adaptation, pastiche, parodie, allusion, mise en abyme, traduction, mise en vers, la littérature s'est toujours nourrie de littérature. »

se démenant pour arracher à l'oubli les textes, tous les textes, de celui ou de celle qu'ils représentent. Mais auprès d'eux, combien d'héritiers abusifs, agissant en censeurs et en rapaces ! Tous n'ont pas le courage, comme Madeleine Gide, de faire leurs mauvais coups du vivant de l'auteur (brûler ses lettres, en l'occurrence). De la femme de Jules Renard caviardant son *Journal* à la sœur de Nietzsche tripatouillant *La Volonté de puissance*, les exemples sont légion.

On n'a pas fait la Révolution, nuit du 4 août comprise, pour voir repoindre, deux siècles plus tard, dynasties et privilèges ! Le droit moral d'un écrivain, surtout lorsque, comme Hugo, il a incarné un moment de l'histoire d'un peuple, devrait appartenir à ce peuple tout entier et, d'une façon générale, à tous ceux qui, à travers le monde, aiment son œuvre. À eux de la protéger : collectivement, dans le cas d'affaires comme celle du *Bossu de Notre-Dame*, en protestant et en boycottant, ou bien, si des décisions sont à prendre pour la publication d'inédits, de lettres ou de brouillons, et dans le sens le plus libéral, par l'intermédiaire d'associations compétentes, réunissant spécialistes, critiques et représentants des institutions littéraires. Des descendants de l'auteur pourraient y siéger, mais seulement dans la mesure où ils feraient la preuve d'une réelle connaissance de l'œuvre et sans voix prépondérante.

Bref, on aurait envie de reprendre dans cette affaire le mot du peintre Apelle au cordonnier qui prétendait juger l'un de ses portraits : « *sutor, ne supra crepidam !* », « cordonnier, pas plus haut que la chaussure » ! Homme de loi, pas plus haut que ta robe ! Si ton code est flou ou détourné, ne juge pas ! Et vous, chers descendants, contentez-vous de descendre ! ■

Dominique Noguez
(27 juin 2001)

Les infortunes des « Misérables »

Les héritiers de Victor Hugo demandent l'interdiction de la suite écrite par François Cérésa. Le coup éditorial devient une polémique judiciaire. Cosette rejoint au tribunal Lara, Scarlett et Tintin.

C'est la recette d'un cocktail éditorial concocté par Plon : un mythe littéraire (« le roman français le plus lu en France et à l'étranger »), une histoire toujours populaire (« dix millions et demi de téléspectateurs ont vu la série sur TF1 »), des bons sentiments (Javert veut réparer le mal qu'il a fait), beaucoup de publicité (1,5 million de francs [228 673 €]), des bonnes feuilles dans *Paris Match*, des projets d'adaptation. En secouant bien, Plon espérait obtenir « l'événement éditorial de l'année », ainsi qu'il l'annonce dans le communiqué de présentation de *Cosette ou le Temps des illusions*. En secouant un peu plus fort, vous ajoutez des héritiers, des avocats, des juges, des partisans, des opposants, et vous obtenez une bonne polémique de printemps.

Les héritiers de Victor Hugo ont assigné Plon en justice pour atteinte au droit moral. Ils estiment que « Victor Hugo avait considéré *Les Misérables* comme une œuvre achevée, n'appelant ni suite, ni réécriture ». À propos du suicide de Javert, Victor Hugo commentait : « si cette fin n'émeut pas, je renonce à écrire jamais ». C'est cette remise en cause de la mort de Javert qui choque Pierre Hugo, aîné des ayants droit de l'écrivain. Il demande l'interdiction du livre et des dommages et intérêts de 4,5 millions de francs (686 000 €), « pour que Plon ne fasse pas de bénéfices avec *Les Misérables* et que l'argent revienne à une association ». La Société des gens de lettres s'associe à la procédure, sans demander d'interdiction du livre et pour 1 franc de dommages et intérêts. Pour son président, Georges-Olivier Chateaureynaud, « il faut que le principe du droit moral soit réaffirmé ». Une autre descendante, Lauretta Hugo, refuse de « récupérer aucune partie de cet argent sale » et veut un procès « moral et symbolique » (Libération du 15 mai).

Pour l'avocat de François Cérésa, Jean-Claude Zylberstein, ces procédures « vont à l'encontre de ce qu'est l'histoire littéraire, qui a vu de nombreuses suites et adaptations d'œuvres préexistantes. François Cérésa a voulu rendre hommage à un élément du patrimoine littéraire. Des adaptations musicales et cinématographiques ont davantage dénaturé l'œuvre d'Hugo, sans que cela choque les héritiers ». Émmanuel Pierrat, avocat de Pierre Hugo, rétorque que ce n'est pas le principe des suites qui est contesté. « Le Nouveau Testament, c'est la suite d'un livre qui a bien marché, mais en revenant sur la mort de Javert, Cérésa intervient sur l'œuvre même de Hugo ». Le tribunal de grande instance de Paris examinera la question le 27 juin, si une conciliation n'intervient pas d'ici là. Olivier Orban avait proposé de donner un exemplaire des *Misérables* de Hugo, en même temps que Cosette. Ce qui a été refusé par les héritiers, qui voyaient là une façon de légitimer le livre de Cérésa.

Les suites romanesques sont inséparables de l'histoire littéraire. Les héritiers d'Homère n'ont pas songé à demander des comptes à James Joyce pour son Ulysse, ni ceux de Sophocle à Robbe-Grillet pour *Les Gommes* ! La reprise ou la continuation d'un texte est pratique courante au Moyen Âge (*Le Roman de la Rose*) comme au XVIIe siècle (de Corneille à La Fontaine). Le fils de Paul Féval a écrit Le Fils de Lagardère – avec l'autorisation de l'ayant droit qu'il était – tandis que Roger Nimier a ajouté un D'*Artagnan amoureux* à la trilogie de Dumas – c'est l'une des références de François Cérésa. Au début de l'année, Charles-Henri Buffard a imaginé *La Fille d'Emma* sans tapage chez Grasset, tandis que l'écrivain argentin Edoardo Berti a mis ses pas dans ceux de Nathaniel Hawthorne.

Dans le cas présent il y a une volonté, parfaitement assumée, d'exploitation commerciale. Le livre se vend davantage sur le nom d'Hugo et la renommée de l'œuvre que sur celui de Cérésa, dont les livres précédents n'ont jamais bénéficié d'une mise en place de 65 000 exemplaires. Dans l'histoire récente, deux cas ont eu autant de retentissement : un auteur anglais, Alexander Mollin, a publié *La Fille de Lara*, qui serait passée inaperçue s'il n'avait pas été présenté comme la suite du *Docteur Jivago*. Publié par Transworld en Angleterre, traduit chez Bertelsmann en Allemagne, le livre a dépassé 150 000 exemplaires. Après des bagarres judiciaires dans plusieurs pays, Feltrinelli, titulaire des droits mondiaux de l'œuvre de Pasternak, a obtenu l'interdiction du livre.

Les suites d'*Autant en emporte le vent* constituent un vrai feuilleton. La première, commandée par les héritiers de Margaret Mitchell et due à une romancière spécialisée en best-sellers romanesques, Alexandra Ripley, est une jolie histoire de gros sous qui a rapporté énormément d'argent à ses promoteurs. Une autre, « autorisée », a vu l'abandon de l'écrivain Pat Conroy devant les exigences de la famille, une autre encore, tout aussi « autorisée », serait en cours de rédaction... En revanche, une suite non autorisée, intitulée *Done Gone with the Wind*, d'Alice Randall, donnant la parole aux Noirs de la plantation, a été interdite par un juge fédéral avant même sa publication (*Le Monde des livres* du 4 mai).

Les animateurs de sites Internet consacrés à Tintin ont, eux, été contraints, sous menace judiciaire, soit de se saborder (comme les sites consacrés au Petit Prince), soit de retirer les pages mettant à disposition des internautes des parodies de Tintin et en particulier la suite de L'AlphArt, qu'Hergé n'avait pas eu le temps de terminer. La veuve d'Hergé s'est opposée à tous les projets d'achèvement de l'histoire.

A-t-on le droit de voler le héros d'un roman et de lui prêter des aventures que son auteur n'avait pas prévues ? Michel Tournier, qui a publié en 1967 *Vendredi ou les limbes du Pacifique*, qu'il a réécrit pour les enfants en 1971 en le titrant *Vendredi ou la Vie sauvage*, se sent bien sûr concerné : « Je dois tant à Daniel Defœ auquel j'ai emprunté son Robinson Crusœ et son Vendredi ! Je vais fréquemment dans les écoles dialoguer avec des jeunes ayant lu mon Vendredi et j'ai encore sur le cœur la question d'un élève auquel n'avait pas échappé cette parenté : "Ça vous arrive souvent de recopier vos livres dans ceux des autres ?" Mais je ne manque pas d'arguments pour ma défense. Je pense que certains héros de romans, aussi célèbres soient-il, demeurent prisonniers et inséparables de l'œuvre qu'ils habitent, poursuit-il. Valmont ne sort pas des *Liaisons dangereuses*, ni Julien Sorel du *Rouge et le Noir*. Ceux-là doivent y demeurer en paix. Il en va autrement de certains autres qui s'en échappent et deviennent de véritables mythes. Que faut-il pour cela ? Il faut qu'ils incarnent un certain aspect de la condition humaine. Tristan, c'est l'amour absolu, Dom Juan, la séduction, Faust, le savoir dévoyé, Robinson Crusœ, la solitude de l'île déserte. Moyennant quoi, ils s'évadent de leur œuvre natale et se mettent à animer des romans, des comédies et des opéras auxquels leur auteur n'aurait jamais songé. Oui, je le crois sincèrement, on a plus que jamais le droit d'écrire des « robinsonnades ». Les mânes de Daniel Defœ peuvent reposer en paix ». La justice dira si les « cosetteries » de Plon et de François Cérésa empêchent celles de Victor Hugo de reposer en paix.

Alain Salles et Martine Silber
(18 mai 2001)

POURQUOI CET ARTICLE ?

Cet article analyse les arguments des deux parties dans le procès intenté par un descendant de Victor Hugo à l'auteur d'une suite des *Misérables*. La pratique des suites d'œuvres connues n'est pas nouvelle. Le candidat au bac en trouvera ici de multiples exemples. Sur le fond, la position de Michel Tournier, auteur d'une réécriture de *Robinson Crusoé*, est particulièrement significative. Pour lui, **un héros de roman peut sortir de l'œuvre originale et connaître un nouveau destin romanesque dès lors qu'il est devenu un « mythe »**.

LE GUIDE PRATIQUE

TEXTE OFFICIEL

L'épreuve écrite de français

Durée : 4 heures / Coefficients : 3 en série L ; 2 en séries ES et S et 2 en séries technologiques (hors STAV).

Les épreuves anticipées de français portent sur le contenu du programme de première ; elles évaluent grâce à un sujet unique les objets d'étude communs à l'ensemble des séries et, pour la série L, ceux de français et de littérature. Elles permettent de vérifier les compétences acquises en français tout au long de la scolarité et portent sur les contenus du programme de la classe de première. Elles évaluent les compétences et connaissances suivantes :
- maîtrise de la langue et de l'expression ;
- aptitude à lire, à analyser et à interpréter des textes ;
- aptitude à tisser des liens entre différents textes pour dégager une problématique ;
- aptitude à mobiliser une culture littéraire fondée sur les travaux conduits en cours de français, sur des lectures et une expérience personnelles ;
- aptitude à construire un jugement argumenté et à prendre en compte d'autres points de vue que le sien ;
- exercice raisonné de la faculté d'invention.

Les sujets prennent appui sur un ensemble de textes (corpus), pouvant comprendre un document iconographique aidant à sa compréhension. Ce corpus peut également consister en une œuvre intégrale brève ou un extrait long et doit s'inscrire dans le cadre d'un ou de plusieurs objets d'étude du programme de première, imposés dans la série du candidat.

Accompagné, ou non, de questions, le sujet offre le choix entre trois types de travaux d'écriture, liés à la totalité ou à une partie des textes étudiés : un commentaire, une dissertation ou une écriture d'invention. Cette production écrite est notée au moins sur 16 points pour les séries générales et sur 14 points pour les séries technologiques quand elle est précédée de questions, sur 20 dans toutes les séries quand il n'y a pas de questions.

Méthodologie

La dissertation

I. Lire le corpus de textes

Les textes proposés vous fourniront un certain nombre de pistes de réflexion, d'arguments et d'exemples que vous pourrez réutiliser dans votre dissertation.

II. Analyser le sujet

• Abordez le sujet sans idée préconçue. Posez-vous vraiment la question formulée par le sujet. S'il s'agit d'une citation, mobilisez vos connaissances sur son auteur, l'œuvre dont elle est issue, etc.

• Arrêtez-vous sur chaque terme du sujet et demandez-vous ce qu'il implique. Soyez attentif aux expressions employées : « dans quelle mesure... » « peut-on vraiment dire ». Interrogez-vous : s'agit-il de réfuter une thèse ? de la discuter ? de la soutenir ?

• Dès la lecture du sujet, notez au brouillon les idées qui vous viennent immédiatement à l'esprit : vous en écarterez sûrement certaines, mais cela vous permettra de solliciter rapidement vos ressources.

III. Construire le plan

• On distingue principalement trois types de plan :

– **le plan dialectique** confronte différentes thèses, avant de donner un avis personnel 4 sujets du type « *Pensez-vous que...?* » « *Dans quelle mesure peut-on dire que...?* », etc. ;

– **le plan thématique** organise un raisonnement à l'appui d'une thèse, tentant d'en dégager tous les aspects de façon cohérente 4 questions du type « *Qu'est-ce que... une œuvre engagée... un dénouement réussi... ?* ou « *Montrez que...* » ;

– **le plan comparatif** met en parallèle deux thèmes ou deux concepts tout au long du devoir et s'achève sur une synthèse qui peut, selon le cas, mettre en évidence les ressemblances, les différences ou proposer un dépassement.

• Le plan doit être construit selon une progression logique : suivez un **fil conducteur** qui vous mène à une conclusion. Le plan achevé, toutes vos idées doivent y avoir trouvé leur place.

IV. Rédiger l'introduction

• Procédez en trois étapes : **amenez le sujet**, **dégagez la problématique**, **annoncez le plan**.

• **Le sujet** : vous devez le resituer dans son contexte (histoire littéraire, évolution d'un genre, événements historiques, etc.) en montrant qu'il a un intérêt, qu'il ne sort pas de nulle part. Les phrases trop vagues et générales (du type « de tous temps, les hommes... ») sont à proscrire. Ensuite, citez la phrase du sujet : s'il s'agit d'une citation un peu longue, vous pouvez la tronquer en conservant les mots essentiels.

• **Dégager la problématique** revient à montrer en quoi la question posée par le sujet donne matière à

et conseils

réfléchir. Cette étape doit vous permettre d'indiquer dans quel sens va progresser votre argumentation. Le plus souvent, on peut formuler la problématique sous forme d'une ou plusieurs questions.
• Enfin, vous devez **annoncer votre plan**, en mettant l'accent sur les articulations logiques entre les parties.

V. Rédiger le développement
• L'organisation générale du développement doit montrer que votre dissertation est cohérente et progresse : chaque partie ou sous-partie doit s'achever sur **une transition** qui **récapitule** ce qui vient d'être dit et **fait le lien** avec la partie suivante.
• Il est important d'illustrer chaque idée par des **exemples** tirés de votre expérience de lecteur et d'élève. Un exemple doit être concis et présenté uniquement en fonction de l'idée qu'il sert. Si vous choisissez d'introduire des **citations** (tirées, par exemple, du corpus proposé), veillez à bien leur **attribuer un auteur**, à les mettre entre **guillemets**, à les retranscrire à la lettre et à signaler par des crochets ([...]) tout passage supprimé.
• Pensez à soigner la présentation en **aérant** votre devoir par des sauts de lignes.

VI. Rédiger la conclusion
• La conclusion est peut-être la dernière étape de la dissertation, mais ce n'est pas la moins importante. C'est sur cette note finale que le correcteur restera. Il est conseillé de rédiger au brouillon la conclusion, avant même de commencer le développement. Vous saurez ainsi dès le départ où vous souhaitez aboutir.
• La conclusion a une double fonction : d'une part **récapituler** le chemin parcouru en mettant l'accent sur ce que vous avez démontré ou sur l'opinion personnelle que vous avez développée ; d'autre part, **élargir le sujet**, par exemple en évoquant une autre œuvre du même auteur, un courant littéraire qui s'est opposé par la suite à celui dont vous avez parlé.

Attention ! La conclusion ne doit jamais vous servir à ajouter, à la dernière minute, une idée oubliée.

Le commentaire de texte

I. Lire le corpus de textes
• Bien que le commentaire ne porte généralement pas sur la totalité des textes du corpus, vous pourrez vous appuyer sur ces documents pour comprendre le sens du texte à commenter, sa place dans l'histoire littéraire, ses enjeux, etc.

II. Dégager des axes de lecture
• Lisez d'abord le texte plusieurs fois, sans vous laisser décourager si vous avez du mal à le cerner : appuyez-vous sur les connaissances que vous avez de l'auteur, du genre, de l'époque à laquelle il a été écrit. N'hésitez pas annoter le texte au cours de la lecture. Notez au brouillon vos premières impressions, quitte à les retravailler ensuite et à en éliminer certaines.
• Puis, analysez le texte plus en détail. Vous pouvez commencer par faire une étude linéaire qui aboutira à une série de remarques que vous regrouperez ensuite selon les **axes de lecture** choisis. Ils doivent rendre compte des caractéristiques du texte : selon le cas, vous pourrez en exprimer l'originalité (par rapport aux conventions d'une époque, par exemple), dégager une conjugaison ou une opposition de thèmes, montrer en quoi un premier niveau de lecture est supplanté par un second, moins évident mais plus profond, etc.
• Ces axes seront les différentes parties de votre plan. Deux écueils principaux sont à éviter :
– **ne pas tomber dans la paraphrase** du texte (« d'abord l'auteur parle de... ensuite il parle de... ») ;
– **ne pas non plus séparer le fond de la forme**.

III. Rédiger l'introduction
L'introduction d'un commentaire procède en trois étapes :
– **présenter le texte** et son **auteur** (titre de l'ouvrage, situation dans l'histoire littéraire, situation de l'extrait au sein de l'ouvrage, forme, etc.) ;
– **exposer votre approche** du texte ;
– **annoncer votre plan** (deux ou trois axes de lecture, articulés entre eux).

IV. Citer le texte
• Chacune de vos remarques doit s'appuyer sur le texte. Lorsque vous faites une citation, veillez à la retranscrire à la lettre et à signaler par des crochets ([...]) tout passage supprimé.
• Attention, une citation ne remplace pas une remarque sur le texte, mais vient soutenir votre interprétation. En d'autres termes, citer ne vous dispense pas d'analyser.
• Enfin, utilisez des expressions variées pour introduire vos citations : l'auteur « souligne », « évoque », « dépeint », « tourne en dérision », « met en évidence », « met en valeur », etc.

V. Rédiger la conclusion
La conclusion a une double fonction : dresser le **bilan de votre lecture** et **faire une ouverture**, par exemple en effectuant un rapprochement avec un autre texte du même auteur, ou avec un autre auteur de la même période.

ZOOM SUR...

L'oral de français : une question de fond et de forme.

Si l'examinateur juge avant tout de vos aptitudes et connaissances, il sera sensible également à la façon dont vous vous présenterez, à votre comportement face au sujet et face à lui. Consciemment ou non, il sera influencé par votre ton, votre façon de vous tenir, etc. Voici quelques conseils pour vous y préparer.

À l'oral, vous êtes évalués à la fois sur le contenu de ce que vous dites, les connaissances que vous avez accumulées tout au long de votre scolarité, mais aussi sur la forme de votre exposé, la manière dont vous vous exprimez.
Faites attention à ne pas parler trop vite et à **bien articuler** en posant votre voix : non seulement cela permettra à l'examinateur de comprendre sans difficulté ce que vous dites, mais cela vous aidera aussi à avoir confiance en vous.
Par ailleurs, sachez que **la qualité de votre raisonnement et votre aptitude à présenter des arguments de manière ordonnée** sont très largement pris en compte dans la notation. Pensez-y au moment de la préparation et, dans le fil de votre exposé, utilisez des mots de liaison : cela donnera le sentiment à l'examinateur que votre pensée est structurée, que vous savez où vous allez, et il aura moins de mal à vous suivre que si vous passez sans transition d'une idée à l'autre. N'hésitez pas à écrire sur votre brouillon ces connecteurs logiques pour ne pas oublier de les employer le moment venu !
N'ayez pas peur enfin de ménager **quelques silences** (pas trop longs, tout de même...) après votre introduction, entre les différentes parties de votre exposé, et avant la conclusion. De la même manière que vous sautez des lignes à l'écrit sur votre copie, **cette pause assumée montrera que vous avez la maîtrise de votre discours** et signifiera clairement que vous passez à une autre étape de votre raisonnement.

COACHING

10 conseils pour faire bonne impression à l'oral.

1. ARRIVEZ À L'HEURE

Cela peut paraître évident ! Sauf cas de force majeure, si vous arrivez en retard, vous aurez déjà fait mauvaise impression... avant même d'avoir ouvert la bouche !

2. AVANT DE PASSER, RESTEZ CONCENTRÉ

Avant de passer l'épreuve, vous devrez probablement attendre dans un couloir, ou dans une salle, le plus souvent avec d'autres candidats. Durant ces instants, il est important de rester concentré, de rassembler calmement ses idées. Chercher, par exemple, des informations auprès des autres candidats (sur l'examinateur, les questions qu'il pose, etc.) ne peut que vous stresser davantage et ne vous apportera rien.

3. RESTEZ NATUREL

Choisissez une tenue correcte mais dans laquelle vous êtes à l'aise. Ne forcez pas le ton de votre voix.

4. SOYEZ POLI ET SOURIANT

Ce n'est pas parce que vous êtes stressé, fatigué, angoissé ou au contraire trop sûr de vous qu'il faut en oublier la politesse. Rester correct et aimable, toujours poli sans obséquiosité ne peut que vous être favorable.

5. MAÎTRISEZ VOTRE STRESS

Le trac, tout le monde l'a, même ceux qui ont l'air très à l'aise. La difficulté, c'est de le surmonter. Il existe quelques techniques simples pour essayer : respirez à fond, évitez de trop bouger, installez-vous correctement sur votre chaise, parlez calmement. Concentrez-vous sur ce que vous avez à faire et sur ce que vous voulez dire, plutôt que sur l'air plus ou moins « sympathique » de votre examinateur.

LE CORPUS DE TEXTES

Quel que soit le sujet que vous décidez de traiter, vous disposez d'un corpus de textes qui ont nécessairement un lien entre eux : vous devez donc vous demander ce qui les rapproche (problématique, thèmes évoqués, genre, registre, etc.) et ce qui les distingue. Lisez-les très attentivement et n'oubliez pas d'étudier soigneusement le paratexte (nom de l'auteur, titre, date, introduction éventuelle, etc.).

L'écrit d'invention

I. Lire le corpus de textes

L'écrit d'invention n'est pas un exercice de pure imagination : vous devez vous appuyer fortement sur les textes du corpus, en comprendre les caractéristiques, les lire à la lumière des genres littéraires et des objets d'étude au programme.

II. Respecter les contraintes du sujet

• Vous pourrez être invité à rédiger un **article** (éditorial, article polémique, article critique – éloge ou blâme, etc.), une **lettre** (réponse à une lettre présentée dans le corpus, courrier des lecteurs, lettre ouverte, lettre fictive d'un personnage tiré d'un texte, etc.), un **monologue** délibératif, un **dialogue** théâtral, un **essai**, un **récit** didactique (fable, apologue, etc.), une **réécriture** (parodie, pastiche), etc.

• Votre devoir devra donc respecter un certain nombre de **contraintes liées à la forme et au genre littéraire**. Avant de rédiger, récapitulez ce que vous en savez : procédés d'écriture utilisés, registre (comique, tragique, polémique, etc.), point de vue du narrateur, mise en forme (une lettre ou un texte de théâtre, par exemple, ont des caractéristiques très spécifiques), etc.

III. Soigner l'expression

• Selon le sujet, vous pourrez être amené à vous exprimer de différentes manières : la rédaction d'un blâme, par exemple, impose souvent d'employer un vocabulaire péjoratif ; un discours enflammé recourt à des phrases exclamatives ; une description s'appuie sur de nombreux adjectifs ; une argumentation est structurée par des connecteurs, etc.

• Dans tous les cas de figure, veillez à employer un vocabulaire riche et varié, traquez les répétitions maladroites et relisez-vous attentivement.

La question liminaire

I. Comprendre la question

• La (ou les) question(s) liminaire(s) s'appuie(nt) directement sur le corpus de textes, en vous invitant selon le cas :

– à **situer** les documents dans leur contexte (mise en relation avec un mouvement littéraire) ;

– à **dégager un thème** commun à plusieurs documents ;

– à **comparer** les différents genres et registres ;

– à **confronter** les textes pour montrer à la fois leurs **points communs** et leurs **spécificités**.

• Ces textes ont toujours un rapport avec les **genres littéraires** et les **objets d'étude** au programme : vous devez donc mobiliser les **connaissances** acquises au cours de l'année.

II. Rédiger et organiser la réponse

• Votre réponse doit se présenter sous la forme d'un texte construit et correctement rédigé : **les notes et les abréviations sont à proscrire**.

• Bien que la question posée nécessite de vous appuyer sur les textes, prenez garde à ne pas transformer votre réponse en un catalogue de citations qui n'apporte aucun élément d'analyse. **Toute citation doit en effet venir à l'appui d'une interprétation.**

• Enfin, votre réponse doit être **organisée** : quel que soit le type de rapprochement que vous avez à faire, il

faut dégager des **points communs** ou des **différences**, en ne perdant pas de vue la spécificité de chaque document.

La lecture méthodique à l'oral

I. Lire le texte

Le passage que vous aurez à expliquer est tiré de la liste d'œuvres et de textes que vous avez étudiés au cours de l'année. Lisez attentivement le texte plusieurs fois en mobilisant vos connaissances sur l'auteur, le genre, la période, la forme, etc. Au fil de la lecture, n'hésitez pas à annoter le texte. Listez au brouillon les premières idées qui vous viennent.

II. Dégager un axe de lecture

• Il faut dégager un **axe de lecture**, une perspective qui orientera votre explication et montrera l'intérêt du passage étudié. Pour déterminer cet axe, posez-vous des questions : *Qui parle ? De quoi ? Quel est l'enjeu du texte ? Quel est son plan (les différents mouvements du passage) ? Quel registre et quelle tonalité sont employés ? En quoi ce passage est-il caractéristique d'un mouvement ou d'un genre ?*, etc.

• Attention à ne pas calquer artificiellement une perspective sur un texte en récitant un cours.

III. Conduire l'explication

• La lecture méthodique est structurée en quatre étapes :

– **l'introduction** situe le texte dans l'œuvre et dans l'histoire littéraire ;

– **la lecture à haute voix** doit montrer que vous comprenez le sens du texte et respectez son ton, sa forme, etc. (en poésie, faites attention en particulier au mètre du vers) ;

– **l'analyse** proprement dite développe votre axe de lecture en vous appuyant sur le texte ;

– **la conclusion** récapitule les points les plus importants et tente une **ouverture** vers d'autres problématiques ou d'autres textes.

• Pour développer votre axe de lecture, vous pouvez **suivre l'ordre du texte** ou choisir **une approche synthétique** qui examine le texte en son entier sous différents angles à chaque fois (comme dans un plan thématique de commentaire composé). ■

L'IMPORTANCE DE LA PRÉPARATION ET DU BROUILLON

Bien sûr, tout se joue au moment où vous passez devant l'examinateur. Mais la préparation est un moment indispensable pour mettre toutes les chances de votre côté. Alors, utilisez bien le temps qui vous est imparti. Si besoin, commencez par vous relaxer en respirant profondément, puis lisez tranquillement l'énoncé du sujet.

Notez quelques idées en vrac avant de réfléchir à l'organisation de votre exposé. Préparez-vous alors un brouillon clair, qui vous servira d'appui pendant tout le temps de l'épreuve. N'hésitez pas à écrire gros, uniquement sur le recto et en numérotant les pages : cela vous évitera de mélanger vos feuilles et de commencer votre exposé par la conclusion…

Vous n'avez pas le temps de tout rédiger, mais prenez soin d'écrire entièrement votre introduction : vous vous sentirez plus à l'aise pour commencer, sans oublier pour autant de lever les yeux vers l'examinateur. De plus, celui-ci aura une meilleure impression si vous débutez d'un ton assuré, grâce à votre brouillon rédigé, que si vous vous lancez dans une improvisation plus hasardeuse…

Pour le corps de votre exposé, utilisez en revanche la technique de prise de notes, en soulignant les idées phares, et en mettant en avant les transitions entre chaque idée ou chaque partie : écrivez les mots de liaison, pour que votre interlocuteur puisse facilement suivre le cheminement de votre pensée.

Inscrivez sur votre brouillon le mot « conclusion » et, lors de l'oral, n'hésitez pas à employer une formule du type « j'en viens à la conclusion » ou « en conclusion, on peut dire que… ». Vous signifierez ainsi clairement à l'examinateur que votre exposé touche à sa fin.

Ainsi muni d'un brouillon clair et bien organisé, vous aurez moins de mal à prendre de l'assurance lors de l'épreuve. Car si jamais vous perdez un peu le fil, vous savez que vous pourrez vous raccrocher à lui. Comme une soupape de sécurité, il vous évitera de paniquer.

6. APPORTEZ VOTRE MATÉRIEL

Rien de plus agaçant pour un examinateur qu'un candidat qui n'a pas de quoi noter, qui fouille dans son sac à la recherche d'une gomme ou – pire – de sa liste de textes. Et ne pas avoir ses affaires, c'est aussi source de stress pour le candidat… !

7. UTILISEZ PLEINEMENT LE TEMPS DE PRÉPARATION

Vous avez en général autour de 20 minutes de préparation. Mettez ce temps à profit pour élaborer un plan. Ne rédigez surtout pas l'ensemble de votre réponse, notez uniquement quelques points de repère et les transitions. En revanche, réfléchissez aux mots que vous allez utiliser et aux différentes questions que l'examinateur pourrait vous poser.

8. SOYEZ INTÉRESSANT

Pensez que l'examinateur a beaucoup de candidats à voir dans la journée, essayez donc de susciter son intérêt. Parlez-lui posément en le regardant. Ne lisez pas vos notes car cela donne un ton monocorde très ennuyeux à écouter. Au contraire, n'hésitez pas à improviser pour rendre votre discours plus vivant.

9. SOYEZ CONFIANT… MAIS PAS ARROGANT

Il ne faut pas arriver non plus trop sûr de vous le jour de l'oral. L'examinateur est là pour estimer vos connaissances à leur juste valeur, ni pour vous « aider » ni pour vous « sacquer ». En d'autres termes, prenez conscience qu'il s'agit là d'une véritable épreuve, aussi importante que l'écrit qui se prépare avec sérieux et motivation.

10. APRÈS L'ÉPREUVE, NE VOYEZ PAS TOUT EN NOIR

Si l'examinateur vous a posé des questions, ce n'est pas forcément parce que votre exposé était insuffisant… S'il ne souriait pas, ce n'est pas parce qu'il ne vous « aimait » pas, etc. Faites la chasse aux idées sombres et préparez-vous plutôt pour l'écrit s'il n'a pas encore eu lieu !

Crédits iconographiques

LE PERSONNAGE DE ROMAN, DU XVIIE SIÈCLE À NOS JOURS

Définition(s) et évolution du genre romanesque du XVIIe siècle à nos jours

p. 6 : Mme de La Fayette DR – p. 7 : Montesqieu DR ; Jean-Jacques Rousseau DR –
p. 8 : Balzac © Getty Images/ Photos.com/ Thinkstock – p. 9 : Flaubert DR

Le personnage de roman : du héros à l'anti-héros

p. 12 : Cosette DR – p. 13 : Jeanne DR – p. 14 : Livres ancien © Fotolia

Personnage romanesque et vision(s) du monde

p. 18 : Voltaire © Pierre-Marie Philipp/ Fotolia – p. 19 : Gargouille DR – p. 20 : Fond papier DR

LE TEXTE THÉÂTRAL ET SA REPRÉSENTATION DU XVIIE SIÈCLE À NOS JOURS

L'évolution des formes théâtrales depuis le XVIIe siècle

p. 26 : Molière © Georgios Kollidas/ iStockphoto/ Thinkstock ; Racine © Getty Images/ Photos.com/ Thinkstock ;
Pierre Corneille DR – p. 27 : *Les Comédiens italiens* DR ; Ubu Roi DR ;
Richelieu © Getty Images/ Photos.com/ Thinkstock – p. 28 : Caligula © Plrang/ Fotolia

Le théâtre et la question de la mise en scène

p. 32 : Masques © Thinkstock – p. 33 : Téâtre © Getty Images/ Photos.com/ Thinkstock –
p. 34 : Alfred de Musset DR – p. 36 : Beaumarchais DR

ÉCRITURE POÉTIQUE ET QUÊTE DU SENS, DU MOYEN ÂGE À NOS JOURS

Place et fonction du poète au fil des époques

p. 40 : Rimbaud DR – p. 41 : Ronsard DR

Versification et formes poétiques

p. 47 : *L'Inspiration du poète* DR – p. 49 : Érato © Gallica

L'écriture poétique : redécouvrir la langue, redécouvrir le monde

p. 52 : Baudelaire DR – p. 53 : Calligramme DR – p. 55 : Calligraphie © Sqback/ iStockphoto

LA QUESTION DE L'HOMME DANS LES GENRES DE L'ARGUMENTATION, DU XVIE SIÈCLE À NOS JOURS

Les formes de l'argumentation

p. 61 : Allégorie de la rhétorique DR ; Discours © Hemera/ Thinkstock –
p. 62 : Victor Hugo © iStockphoto/ Thinkstock

La réflexion sur l'homme à travers les textes argumentatifs

p. 67 : Rabelais DR – p. 68 : Jean de La Bruyère DR

ENSEIGNEMENT DE LITTÉRATURE – PREMIÈRE L

Vers un espace culturel européen : Renaissance et humanisme

p. 76 : Érasme © Photos.com/ Getty Images/ Thinkstock – p. 78 : Manuscrit de La Boétie © Gallica

Les réécritures, du XVIIe siècle à nos jours

p. 82 : Livres © Franck Boston/ Fotolia – p. 85 Le Chêne et le Roseau © Thomas Tessier

LE GUIDE PRATIQUE

p. 89 : Femme © iStockphoto – p. 90 : Élèves © iStockphoto –
p. 92 : Livres, Oral et Élèves © iStockphoto – p. 93 : Diplôme DR